目 录

考　点	试题	法条
第一编　总论	1	53
专题一　刑事诉讼法概述	1	53
考点 1　刑事诉讼法与刑法的关系	1	
考点 2　刑事诉讼的基本理念和范畴	1	53
专题二　刑事诉讼法的基本原则	2	53
考点 3　刑事诉讼基本原则的特点	2	
考点 4　具有法定情形不予追究刑事责任原则	2	53
考点 5　严格遵守法律程序原则	3	
考点 6　未经法院依法判决，对任何人都不得确定有罪原则	3	53
考点 7　保障诉讼参与人的诉讼权利原则	3	
考点 8　认罪认罚从宽原则	3	53
考点 9　其他基本原则	4	
专题三　刑事诉讼中的专门机关和诉讼参与人	4	55
考点 10　专门机关	4	55
考点 11　诉讼参与人	5	56
专题四　管辖	5	57
考点 12　立案管辖	5	57
考点 13　审判管辖	6	59
考点 14　特殊情况的管辖	7	
专题五　回避	7	61
考点 15　回避的对象与理由	7	61
考点 16　回避的程序	8	62
专题六　辩护与代理	8	62
考点 17　有效辩护原则	8	
考点 18　辩护的种类	8	62
考点 19　辩护人的诉讼地位	9	
考点 20　辩护人的范围	9	65
考点 21　辩护人的诉讼权利和诉讼义务	9	65
考点 22　值班律师制度	10	71
考点 23　刑事代理	10	
专题七　刑事证据	11	72
考点 24　证据的基本属性	11	

考点 25 刑事证据规则	11	72
考点 26 刑事证据的种类	12	76
考点 27 刑事证据的分类	13	
考点 28 证据的审查认定	14	76
考点 29 刑事诉讼证明	15	79
专题八 强制措施	17	80
考点 30 强制措施适用的原则	17	
考点 31 拘传	17	
考点 32 取保候审	17	80
考点 33 监视居住	18	81
考点 34 拘留	18	83
考点 35 逮捕	19	85
考点 36 强制措施的变更和解除	20	87
专题九 附带民事诉讼	20	87
考点 37 附带民事诉讼当事人	20	
考点 38 附带民事诉讼的提起与审判程序	21	87
专题十 期间、送达	22	89
考点 39 期间	22	89
考点 40 送达	23	90

第二编 分论

	23	90
专题十一 立案	23	90
考点 41 立案材料的来源和条件	23	
考点 42 立案程序和立案监督	23	90
专题十二 侦查	24	92
考点 43 侦查行为	24	92
考点 44 侦查终结	27	96
考点 45 补充侦查	27	98
专题十三 起诉	27	98
考点 46 起诉概述	27	
考点 47 审查起诉	27	98
考点 48 不起诉	28	101
专题十四 刑事审判概述	29	103
考点 49 刑事审判的特征	29	
考点 50 刑事审判原则	29	103
考点 51 审级制度	30	
考点 52 审判组织	30	103
考点 53 人民陪审员制度	30	

专题十五 第一审程序	31	104
考点 54　公诉案件庭前审查	31	
考点 55　庭前准备	32	104
考点 56　法庭审判程序	32	105
考点 57　延期审理、中止审理和终止审理	33	110
考点 58　法庭秩序	34	
考点 59　自诉案件审理程序	34	110
考点 60　简易程序	35	111
考点 61　速裁程序	36	113
考点 62　单位犯罪案件审理程序	36	
考点 63　一审裁判	37	114
专题十六 第二审程序	38	116
考点 64　第二审程序的提起	38	116
考点 65　上诉不加刑原则	38	118
考点 66　二审审理与裁判	39	118
专题十七 死刑复核程序	41	121
考点 67　判处死刑立即执行案件的复核程序	41	121
考点 68　判处死刑缓期二年执行案件的复核程序	42	122
专题十八 审判监督程序	42	123
考点 69　审判监督程序的功能和理念	42	
考点 70　审判监督程序的提起	43	123
考点 71　审判监督审理程序	43	125
专题十九 涉外刑事诉讼程序与司法协助制度	44	126
考点 72　涉外刑事诉讼程序	44	126
考点 73　刑事司法协助	44	127
专题二十 执行	44	128
考点 74　执行机关	44	
考点 75　各种判决、裁定的执行程序	45	128
考点 76　死刑执行的变更	46	128
考点 77　暂予监外执行	46	131
考点 78　减刑、假释	46	

第三编　特别程序	47	132
专题二十一　未成年人刑事案件诉讼程序	47	132
考点 79　未成年人刑事案件诉讼程序	47	132
专题二十二　当事人和解的公诉案件诉讼程序	49	137
考点 80　当事人和解的公诉案件诉讼程序	49	137
专题二十三　缺席审判程序	50	137

考点 81　缺席审判程序 ……………………………………………………………	50	137
专题二十四　犯罪嫌疑人、被告人逃匿、死亡案件违法所得的没收程序 ……………	50	139
考点 82　犯罪嫌疑人、被告人逃匿、死亡案件违法所得的没收程序 …………	50	139
专题二十五　依法不负刑事责任的精神病人的强制医疗程序 ………………………	51	139
考点 83　依法不负刑事责任的精神病人的强制医疗程序 ………………………	51	139
答案速查 …………………………………………………………………………………		142

刑事诉讼法 [试题]

 扫一扫,"码"上做题   微信扫码,即可线上做题、看解析。
多种做题模式:章节自测、单科集训、随机演练等。

第一编 总 论

专题一 刑事诉讼法概述

考点1 刑事诉讼法与刑法的关系

1. 2016/2/64/多①

刑事诉讼法的独立价值之一是具有影响刑事实体法实现的功能。下列哪些选项体现了这一功能?

A. 被告人与被害人达成刑事和解而被法院量刑时从轻处理
B. 因排除犯罪嫌疑人的口供,检察院作出证据不足不起诉的决定
C. 侦查机关对于已超过追诉期限的案件不予立案
D. 只有被告人一方上诉的案件,二审法院判决时不得对被告人判处重于原判的刑罚

考点2 刑事诉讼的基本理念和范畴

2. 2017/2/22/单

关于我国刑事诉讼构造,下列哪一选项是正确的?

A. 自诉案件审理程序适用当事人主义诉讼构造
B. 被告人认罪案件审理程序中不存在控辩对抗
C. 侦查程序已形成控辩审三方构造
D. 审查起诉程序中只存在控辩关系

3. 2015/2/22/单

关于刑事诉讼价值的理解,下列哪一选项是错误的?

A. 公正在刑事诉讼价值中居于核心的地位
B. 通过刑事程序规范国家刑事司法权的行使,是秩序价值的重要内容
C. 效益价值属刑事诉讼法的工具价值,而不属刑事诉讼法的独立价值
D. 适用强制措施遵循比例原则是公正价值的应有之义

4. 2014/2/22/单

社会主义法治公平正义的实现,应当高度重视程序的约束作用,避免法治活动的任意性和随意化。据此,下列哪一说法是正确的?

A. 程序公正是实体公正的保障,只要程序公正就能实现实体公正
B. 刑事程序的公开与透明有助于发挥程序的约束作用
C. 为实现程序的约束作用,违反法定程序收集的证据均应予以排除
D. 对复杂程度不同的案件进行程序上的繁简分流会限制程序的约束作用

5. 2014/2/24/单

关于刑事诉讼构造,下列哪一选项是正确的?

A. 刑事诉讼价值观决定了刑事诉讼构造
B. 混合式诉讼构造是当事人主义吸收职权主义的因素形成的
C. 职权主义诉讼构造适用于实体真实的诉讼目的
D. 当事人主义诉讼构造与控制犯罪是矛盾的

6. 2014/2/64/多

关于"宪法是静态的刑事诉讼法、刑事诉讼法是动态的宪法",下列哪些选项是正确的?

A. 有关刑事诉讼的程序性条款,构成各国宪法中关于人权保障条款的核心
B. 刑事诉讼法关于强制措施的适用权限、条件、程序与辩护等规定,都直接体现了宪法关于公民人身、住宅、财产不受非法逮捕、搜查、扣押以及被告人有权获得辩护等规定的精神
C. 刑事诉讼法规范和限制了国家权力,保障了公民享有宪法规定的基本人权和自由
D. 宪法关于人权保障的条款,都要通过刑事诉讼法保证刑法的实施来实现

---

① 指 2016 年/试卷二/第 64 题/多选——编者注。

7． 2013/2/22/单

在刑事司法实践中坚持不偏不倚、不枉不纵、秉公执法原则，反映了我国刑事诉讼"惩罚犯罪与保障人权并重"的理论观点。如果有观点认为"司法机关注重发现案件真相的立足点是防止无辜者被错误定罪"，该观点属于下列哪一种学说？

A．正当程序主义
B．形式真实发现主义
C．积极实体真实主义
D．消极实体真实主义

8． 2013/2/23/单

在刑事诉讼中，法官消极中立，通过当事人举证、辩论发现事实真相，并由当事人推动诉讼进程。这种诉讼构造属于下列哪一种类型？

A．职权主义　　B．当事人主义
C．纠问主义　　D．混合主义

9． 2012/2/22/单

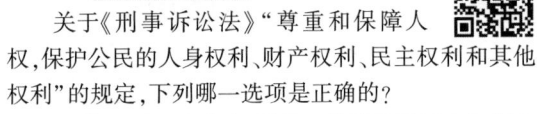

关于《刑事诉讼法》"尊重和保障人权，保护公民的人身权利、财产权利、民主权利和其他权利"的规定，下列哪一选项是正确的？

A．体现了以人为本、保障和维护公民基本权利和自由的理念
B．体现了犯罪嫌疑人、被告人权利至上的理念
C．体现了实体公正与程序公正并重的理念
D．体现了公正优先、兼顾效率的理念

10． 2012/2/23/单

甲发现自家优质甜瓜常被人夜里偷走，怀疑乙所为。某夜，甲带上荧光恐怖面具，在乙偷瓜时突然怪叫，乙受到惊吓精神失常。甲后悔不已，主动承担乙的治疗费用。公安机关以涉嫌过失致人重伤将甲拘留，乙父母向公安机关表示已谅解甲，希望不追究甲的责任。在公安机关主持下，乙父母与甲签订和解协议，公安机关将案件移送检察院并提出从宽处理建议。下列社会主义法治理念和刑事诉讼理念的概括，哪一选项与本案处理相一致？

A．既要充分发挥司法功能，又要构建多元化的矛盾纠纷化解机制
B．既要坚持法律面前人人平等，又要考虑对特殊群体区别对待
C．既要追求公平正义，又要兼顾诉讼效率
D．既要高度重视程序的约束作用，又不应忽略实体公正

11． 2012/2/64/多

关于刑事诉讼的秩序价值的表述，下列哪些选项是正确的？

A．通过惩罚犯罪维护社会秩序
B．追究犯罪的活动必须是有序的
C．刑事司法权的行使，必须受到刑事程序的规范
D．效率越高，越有利于秩序的实现

专题二　刑事诉讼法的基本原则

考点3　刑事诉讼基本原则的特点

12． 2014/2/65/多

关于刑事诉讼基本原则，下列哪些说法是正确的？

A．体现刑事诉讼基本规律，有着深厚的法律理论基础和丰富的思想内涵
B．既可由法律条文明确表述，也可体现于刑事诉讼法的指导思想、目的、任务、具体制度和程序之中
C．既包括一般性原则，也包括独有原则
D．与规定具体制度、程序的规范不同，基本原则不具有法律约束力，只具有倡导性、指引性

考点4　具有法定情形不予追究刑事责任原则

13． 2014/2/23/单

社会主义法治要通过法治的一系列原则加以体现。具有法定情形不予追究刑事责任是《刑事诉讼法》确立的一项基本原则，下列哪一案件的处理体现了这一原则？

A．甲涉嫌盗窃，立案后发现涉案金额400余元，公安机关决定撤销案件
B．乙涉嫌抢夺，检察院审查起诉后认为犯罪情节轻微，不需要判处刑罚，决定不起诉
C．丙涉嫌诈骗，法院审理后认为其主观上不具有非法占有他人财物的目的，作出无罪判决
D．丁涉嫌抢劫，检察院审查起诉后认为证据不足，决定不起诉

14． 2009/2/30/单

检察院立案侦查甲刑讯逼供案。被害人父亲要求甲赔偿丧葬费等经济损失。侦查中，甲因病猝死。对于此案，检察院下列哪一做法是正确的？

A．移送法院以便审理附带民事诉讼部分
B．撤销案件
C．决定不起诉
D．决定不起诉并对民事部分一并作出处理

15． 2008/2/66/多

关于依法不追究刑事责任的情形，下列哪些选项是正确的？

A．犯罪嫌疑人甲和被害人乙在审查起诉阶段就赔偿达成协议，被害人乙要求不追究甲刑事责任

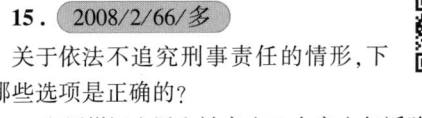

B. 甲侵占案,被害人乙没有起诉
C. 高某犯罪情节轻微,对社会危害不大
D. 犯罪嫌疑人白某在被抓获前自杀身亡

考点5 严格遵守法律程序原则

16． 2015/2/64/多

关于程序法定,下列哪些说法是正确的?
A. 程序法定要求法律预先规定刑事诉讼程序
B. 程序法定是大陆法系国家法定原则的重要内容之一
C. 英美国家实行判例制度而不实行程序法定
D. 以法律为准绳意味着我国实行程序法定

17． 2012/2/65/多

二审法院发现一审法院的审理违反《刑事诉讼法》关于公开审判、回避等规定的,应当裁定撤销原判、发回原审法院重新审判。关于该规定,下列哪些说法是正确的?
A. 体现了分工负责、互相配合、互相制约的原则
B. 体现了严格遵守法定程序原则的要求
C. 表明违反法定程序严重的,应当承担相应法律后果
D. 表明程序公正具有独立的价值

考点6 未经法院依法判决,对任何人都不得确定有罪原则

18． 2013/2/64/多

社会主义法治的公平正义,要通过法治的一系列基本原则加以体现。"未经法院依法判决,对任何人都不得确定有罪"是《刑事诉讼法》确立的一项基本原则。关于这一原则,下列哪些说法是正确的?
A. 明确了定罪权的专属性,法院以外任何机关、团体和个人都无权行使这一权力
B. 确定被告人有罪需要严格依照法定程序进行
C. 表明我国刑事诉讼法已经全面认同和确立无罪推定原则
D. 按照该规定,可以得出疑罪从无的结论

考点7 保障诉讼参与人的诉讼权利原则

19． 2016/2/65/多

关于保障诉讼参与人的诉讼权利原则,下列哪些选项是正确的?
A. 是对《宪法》和《刑事诉讼法》尊重和保障人权的具体化
B. 保障诉讼参与人的诉讼权利,核心在于保护犯罪嫌疑人、被告人的辩护权
C. 要求诉讼参与人在享有诉讼权利的同时,还应承担法律规定的诉讼义务

D. 保障受犯罪侵害的人的起诉权和上诉权,是这一原则的重要内容

考点8 认罪认罚从宽原则

20． 2022 回忆/多

胡某在与白某交往期间,以投资为由从白某处骗得5万元,后因涉嫌诈骗被立案侦查。在审查起诉阶段,胡某认罪认罚,积极退还部分款项并取得白某谅解。在法院适用速裁程序审理此案时,胡某辩称欺骗白某感情为真,但5万元系借款,会积极退赔剩余款项。对此,下列哪些说法是正确的?
A. 检察院可提出加重犯罪嫌疑人刑罚的量刑建议
B. 胡某的表态不影响对"认罪"的认定
C. 法院可将速裁程序转为简易程序继续审理
D. 法院仍可按照积极退赔从宽量刑

21． 2021 回忆/任

蔡某涉嫌寻衅滋事,人民检察院对蔡某决定逮捕,蔡某在侦查阶段拒不认罪,在审查起诉之后自愿认罪认罚,但是在赔偿方面未与被害人付某达成一致意见。关于本案认罪认罚程序的适用,人民检察院的下列处理正确的是:
A. 人民检察院向人民法院提起公诉时可以建议法院适用速裁程序审理
B. 人民检察院可积极促成蔡某与付某进行刑事和解
C. 人民检察院应及时对蔡某进行羁押必要性审查
D. 若人民检察院认为可以对蔡某使用非监禁刑,可以自行进行社会调查

22． 2021 回忆/多

陈某实施合同诈骗后向公安机关自首,主动交代犯罪事实,并自愿认罪认罚。关于本案处理,下列哪些选项是正确的?
A. 陈某的认罪认罚可导致程序从简,包括降低证据要求
B. 如陈某有转移财产行为,不应适用认罪认罚从宽制度
C. 如陈某不同意适用速裁程序,不影响认定其认罪
D. 陈某的自首与认罪认罚可作重复评价

23． 2021 回忆/多

岳某因涉嫌抢夺罪被立案侦查,后被移送审查起诉,下列关于其认罪认罚的说法正确的是:
A. 岳某在审查起诉阶段拒绝签署认罪认罚具结

书,不影响其在审判阶段认罪认罚
B. 岳某在侦查阶段被逮捕后,若其认罪认罚,检察院应当开展羁押必要性审查
C. 若检察院在审查起诉阶段发现岳某在侦查阶段认罪认罚不是其真实意愿,可以重新对岳某开展认罪认罚工作
D. 在侦查阶段,岳某认罪认罚,但没有委托辩护人,也拒绝值班律师提供法律帮助,侦查机关应当通知法律援助机构为其提供法律援助辩护

24．2021 回忆/多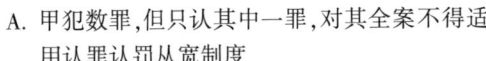

关于认罪认罚从宽制度,下列哪些表述是正确的?
A. 甲犯数罪,但只认其中一罪,对其全案不得适用认罪认罚从宽制度
B. 乙是穷凶极恶的杀人犯,即使其认罪认罚并且积极赔偿并取得了被害人亲属谅解,也可对其不予从宽处罚
C. 认罪认罚从宽制度只能适用某一诉讼阶段
D. 丙在审查、起诉时认罪认罚,到了审判阶段不认罪认罚的,不能适用认罪认罚从宽制度

考点9 其他基本原则

25．2017/2/64/多

某市发生一起社会影响较大的绑架杀人案。在侦查阶段,因案情重大复杂,市检察院提前介入侦查工作。检察官在开展勘验、检查等侦查措施时在场,并就如何进一步收集、固定和完善证据以及适用法律向公安机关提出了意见,对已发现的侦查活动中的违法行为提出了纠正意见。关于检察院提前介入侦查,下列哪些选项是正确的?
A. 侵犯了公安机关的侦查权,违反了侦查权、检察权、审判权由专门机关依法行使的原则
B. 体现了分工负责,互相配合,互相制约的原则
C. 体现了检察院依法对刑事诉讼实行法律监督的原则
D. 有助于严格遵守法律程序原则的实现

专题三 刑事诉讼中的专门机关和诉讼参与人

考点10 专门机关

26．2021 回忆/多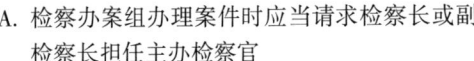

下列关于检察院办理刑事案件的表述,哪些是正确的?
A. 检察办案组办理案件时应当请求检察长或副检察长担任主办检察官

B. 以检察院名义制发的法律文书,检察长可以授权检察官签发
C. 检察委员会可以对部分办案事项作出决定并承担相应司法责任
D. 上级检察院认为下级检察院作出的不起诉决定错误,可以撤销不起诉决定

27．2017/2/65/多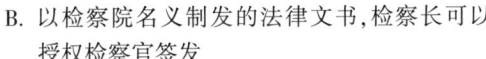

某案件经中级法院一审判决后引起社会的广泛关注。为回应社会关注和保证办案质量,在案件由高级法院作出二审判决前,基于我国法院和检察院的组织体系与上下级关系,最高法院和最高检察院可采取下列哪些措施?
A. 最高法院可听取高级法院对该案的汇报并就如何审理提出意见
B. 最高法院可召开审判业务会议对该案的实体和程序问题进行讨论
C. 最高检察院可听取省检察院的汇报并对案件事实、证据进行审查
D. 最高检察院可决定检察机关在二审程序中如何发表意见

28．2016/2/23/单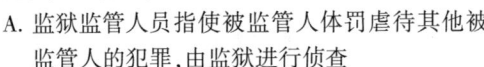

关于监狱在刑事诉讼中的职权,下列哪一选项是正确的?
A. 监狱监管人员指使被监管人体罚虐待其他被监管人的犯罪,由监狱进行侦查
B. 罪犯在监狱内犯罪并被发现判决时所没有发现的罪行,应由监狱一并侦查
C. 被判处有期徒刑罪犯的暂予监外执行均应当由监狱提出书面意见,报省级以上监狱管理部门批准
D. 被判处有期徒刑罪犯的减刑应当由监狱提出建议书,并报法院审核裁定

29．2015/2/65/多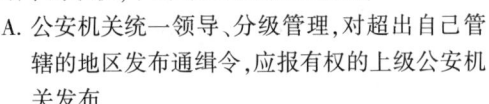

关于公检法机关的组织体系及其在刑事诉讼中的职权,下列哪些选项是正确的?
A. 公安机关统一领导、分级管理,对超出自己管辖的地区发布通缉令,应报有权的上级公安机关发布
B. 基于检察一体化,检察院独立行使职权是指检察系统整体独立行使职权
C. 检察院上下级之间是领导关系,上级检察院认为下级检察院二审抗诉不当的,可直接向同级法院撤回抗诉
D. 法院上下级之间是监督指导关系,上级法院如认为下级法院审理更适宜,可将自己管辖的案件交由下级法院审理

考点 11 诉讼参与人

30． 2017/2/66/多
在袁某涉嫌故意杀害范某的案件中，下列哪些人员属于诉讼参与人？
A．侦查阶段为袁某提供少数民族语言翻译的翻译人员
B．公安机关负责死因鉴定的法医
C．就证据收集合法性出庭说明情况的侦查人员
D．法庭调查阶段就范某死因鉴定意见出庭发表意见的有专门知识的人

31． 2017/2/67/多
犯罪嫌疑人、被告人在刑事诉讼中享有的诉讼权利可分为防御性权利和救济性权利。下列哪些选项属于犯罪嫌疑人、被告人享有的救济性权利？
A．侦查机关讯问时，犯罪嫌疑人有申辩自己无罪的权利
B．对办案人员人身侮辱的行为，犯罪嫌疑人有提出控告的权利
C．对办案机关应退还取保候审保证金而不退还的，犯罪嫌疑人有申诉的权利
D．被告人认为一审判决量刑畸重，有提出上诉的权利

32． 2015/2/66/多
关于刑事诉讼当事人中的被害人的诉讼权利，下列哪些选项是正确的？
A．撤回起诉、申请回避
B．委托诉讼代理人、提起自诉
C．申请复议、提起上诉
D．申请抗诉、提出申诉

33． 2014/2/25/单
关于被害人在刑事诉讼中的权利，下列哪一选项是正确的？
A．自公诉案件立案之日起有权委托诉讼代理人
B．对因作证而支出的交通、住宿、就餐等费用，有权获得补助
C．对法院作出的强制医疗决定不服的，可向作出决定的法院申请复议一次
D．对检察院作出的附条件不起诉决定不服的，可向上一级检察院申诉

34． 2009/2/66/多
高某系一抢劫案的被害人。关于高某的诉讼权利，下列哪些选项是正确的？
A．有权要求不公开自己的姓名和报案行为
B．如公安机关不立案，有权要求告知不立案的原因
C．作为证据使用的鉴定意见，经申请可以补充或者重新鉴定
D．如检察院作出不起诉决定，也可以直接向法院提起自诉

35． 2007/2/76/多
下列哪些人是承担控诉职能的诉讼参与人？
A．公诉人 B．自诉人
C．被害人 D．控方证人

36． 2006/2/22/单
关于被害人在法庭审理中的诉讼权利，下列哪一选项是错误的？
A．有权委托诉讼代理人
B．有权申请回避
C．无权参与刑事部分的法庭调查和辩论，只能参加附带民事诉讼部分的审理活动
D．对刑事判决部分不能提起上诉

专题四 管 辖

考点 12 立案管辖

37． 2020 回忆/多
张某和李某结婚，婚后育一子张小某。8 年后，张某和李某离婚，张小某随父亲张某一同生活，次年，张某与陈某再婚。在生活中，继母陈某长期虐待张小某，下列哪些表述是正确的？
A．陈某虐待张小某，李某可以向法院提起自诉
B．陈某虐待张小某，邻居王某可以向法院提起自诉
C．陈某虐待张小某，张小某没有能力告诉，公安机关可以对陈某立案侦查
D．陈某虐待张小某，只有张某可以向法院提起自诉

38． 2019 回忆/单
张某涉嫌贩卖毒品罪在 A 省 B 市被立案侦查，侦查中聘请该市著名律师陈某为辩护人，下列哪一项说法是正确的？
A．辩护人陈某在 B 市甲区帮助张某隐瞒证据毁灭罪证，可以由 B 市公安机关立案侦查
B．辩护人陈某在 B 市乙区犯盗窃罪，可以由 B 市下属的乙区公安局立案侦查
C．辩护人陈某涉嫌向张某案件的侦查人员行贿，可以由与 B 市同级的 C 市公安局立案侦查
D．辩护人陈某在 B 市丙区涉嫌强奸罪，应当由 B 市以外的侦查机关立案侦查

39． 2015/2/67/多

孙某系甲省乙市海关科长，与走私集团通谋，利用职权走私国家禁止出口的文物，情节特别严重。关于本案管辖，下列哪些选项是正确的？

A．可由公安机关立案侦查
B．经甲省检察院决定，可由检察院立案侦查
C．甲省检察院决定立案侦查后可根据案件情况自行侦查
D．甲省检察院决定立案侦查后可根据案件情况指定甲省丙市检察院侦查

40． 2009/2/22/单

下列哪一案件应由公安机关直接受理立案侦查？

A．林业局副局长王某违法发放林木采伐许可证案
B．吴某破坏乡长选举案
C．负有解救被拐卖儿童职责的李某利用职务阻碍解救案
D．某地从事实验、保藏传染病菌种的钟某，违反国务院卫生行政部门的有关规定，造成传染病菌种扩散构成犯罪的案件

考点13 审判管辖

41． 2023 回忆/单

岳某被某市甲区法院判决构成诈骗罪后提出上诉。市中级法院审理期间，岳某因另一起案件涉嫌诈骗罪被起诉至该市乙区法院。关于本案，市中级法院的下列哪一做法是正确的？

A．中止审理，等待乙区法院的审理结果
B．继续审理，暂不用考虑另一诈骗案件
C．撤销原判，一并提审两个诈骗案件
D．发回重审，由甲区法院将另一诈骗案件并案审理

42． 2020 回忆/多

中国公民甲乘坐某国船只，在公海上航行，甲与另一中国公民乙发生口角，遂殴打起来，致其死亡并将其抛入海中。下列选项正确的有：

A．在中国的初次停泊处法院可以管辖
B．乙在离境前居住地法院有管辖权
C．甲入境后居所地法院有管辖权
D．甲在中国入境地法院有管辖权

43． 2019 回忆/多

案发前，曾任甲市乙区法院院长的齐某是甲市中院副院长，也是该院审委会成员，后因涉嫌职务犯罪被起诉至乙区法院。关于该案的处理，下列哪些说法是不正确的？

A．齐某可以申请甲市乙区法院全体人员回避

B．乙区法院可以直接请求省高院指定其他法院管辖
C．乙区法院可以报请上一级法院指定管辖
D．乙区法院可以直接移送至甲市以外的法院管辖

44． 2016/2/24/多

甲省A市副市长涉嫌受贿2000万元，为保证诉讼顺利进行，拟指定甲省B市管辖。关于本案指定管辖，下列哪些选项是不正确的？①

A．如指定B市中级法院审理，应由B市检察院侦查并提起公诉
B．甲省检察院可指定B市检察院审查起诉并指定B市中级法院审理
C．可由最高检察院直接指定B市检察院立案侦查
D．如甲省高级法院指定B市中级法院审理，A市中级法院应将案卷材料移送B市中级法院

45． 2014/2/66/多

某县破获一抢劫团伙，涉嫌多次入户抢劫，该县法院审理后认为，该团伙中只有主犯赵某可能被判处无期徒刑。关于该案的移送管辖，下列哪些选项是正确的？

A．应当将赵某移送中级法院审理，其余被告人继续在县法院审理
B．团伙中的未成年被告人应一并移送中级法院审理
C．中级法院审查后认为赵某不可能被判处无期徒刑，可不同意移送
D．中级法院同意移送的，应当书面通知其同级检察院

46． 2013/2/65/多

周某采用向计算机植入木马程序的方法窃取齐某的网络游戏账号、密码等信息，将窃取到的相关数据存放在其租用的服务器中，并利用这些数据将齐某游戏账户内的金币、点券等虚拟商品放在第三方网络交易平台上进行售卖，获利5000元。下列哪些地区的法院对本案具有管辖权？

A．周某计算机所在地
B．齐某计算机所在地
C．周某租用的服务器所在地
D．经营该网络游戏的公司所在地

47． 2011/2/23/单

美国人杰克与香港居民赵某在内地私

---

① 原为单选题，根据新法答案有变化，调整为多选题。

· 6 ·

藏枪支、弹药,公安人员查缉枪支、弹药时,赵某以暴力方法阻碍公安人员依法执行职务。下列哪一说法是正确的?

A. 全案由犯罪地的基层法院审判,因为私藏枪支、弹药罪和妨碍公务罪都不属于可能判处无期徒刑以上刑罚的案件
B. 杰克由犯罪地中级法院审判,赵某由犯罪地的基层法院审判
C. 杰克由犯罪地中级法院审判,赵某由中级法院根据具体案件情况而决定是否交由基层法院审判
D. 全案由犯罪地的中级法院审判

48. 2006/2/25/单

王某担任甲省副省长期间受贿 50 多万元,有关法院指定乙省 W 市中级人民法院管辖。该项指定应当由下列哪一法院作出?
A. 甲省高级人民法院
B. 乙省高级人民法院
C. W 市中级人民法院
D. 最高人民法院

49. 2006/2/66/多

甲非法拘禁乙于某市 A 区,后又用汽车经该市 B 区、C 区,将乙转移到 D 区继续拘禁。对于甲所涉非法拘禁案,下列哪些法院依法享有管辖权?
A. A 区法院
B. B 区法院
C. C 区法院
D. D 区法院

考点14 特殊情况的管辖

50. 2021 回忆/多

我国某省居民姜某乘船从甲市出发前往乙市,在船途经丙市水域时,姜某在船上厕所拍摄淫秽视频。后船到达乙市后,姜某又乘车前往丁市,在丁市网上传播淫秽视频。该船均在我国水域航行。下列哪些法院具有管辖权?
A. 甲市人民法院
B. 乙市人民法院
C. 丙市人民法院
D. 丁市人民法院

51. 2018 回忆/多

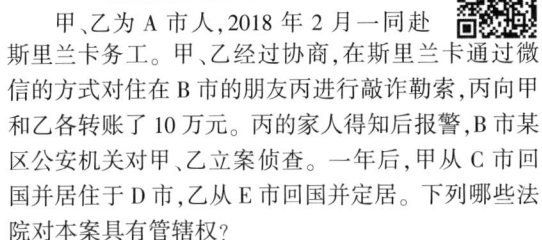

甲、乙为 A 市人,2018 年 2 月一同赴斯里兰卡务工。甲、乙经过协商,在斯里兰卡通过微信的方式对住在 B 市的朋友丙进行敲诈勒索,丙向甲和乙各转账了 10 万元。丙的家人得知后报警,B 市某区公安机关对甲、乙立案侦查。一年后,甲从 C 市回国并居住于 D 市,乙从 E 市回国并定居。下列哪些法院对本案具有管辖权?
A. A 市法院
B. C 市法院

C. D 市法院
D. E 市法院

52. 2016/2/92/任

甲、乙(户籍地均为 M 省 A 市)共同运营一条登记注册于 A 市的远洋渔船。某次在公海捕鱼时,甲乙二人共谋杀害了与他们素有嫌隙的水手丙。该船回国后首泊于 M 省 B 市港口以作休整,然后再航行至 A 市。从 B 市起航后,在途经 M 省 C 市航行至 A 市过程中,甲因害怕乙投案自首一直将乙捆绑拘禁于船舱。该船于 A 市靠岸后案发。
关于本案管辖,下列选项正确的是:
A. 故意杀人案和非法拘禁案应分别由中级法院和基层法院审理
B. A 市和 C 市对非法拘禁案有管辖权
C. B 市中级法院对故意杀人案有管辖权
D. A 市中级法院对故意杀人案有管辖权

53. 2008/2/21/单

张某,甲市人,中国乙市远洋运输公司"黎明号"货轮船员。"黎明号"航行在公海时,张某因与另一船员李某发生口角将其打成重伤。货轮返回中国首泊丙市港口时,张某趁机潜逃,后在丁市被抓获。该案应当由下列哪一法院行使管辖权?
A. 甲市法院
B. 乙市法院
C. 丙市法院
D. 丁市法院

专题五 回避

考点15 回避的对象与理由

54. 2022 回忆/单

张某涉嫌诈骗一案由甲市乙县法院审理,法官王某担任审判长,林某担任书记员。一审判决张某有期徒刑 5 年,张某以事实不清为由提起上诉。二审由甲市中院审理,法官赵某担任审判长,后裁定发回重审。重审期间,王某被任命为乙县法院的专职审委会委员。该案经合议庭报请审委会讨论后,改判张某有期徒刑 4 年,张某不服再次上诉。下列哪一说法是正确的?
A. 二审法院应当开庭审理
B. 该案被发回重审后,林某不能继续担任该案的书记员
C. 王某不能参与审委会对该案的讨论
D. 张某再次提起上诉后,赵某不能作为该案的审判长

55. 2017/2/24/单

齐某在 A 市 B 区利用网络捏造和散布虚假事实,宣称刘某系当地黑社会组织"大哥",A 市中级法院院长王某为其"保护伞"。刘某以齐某诽谤

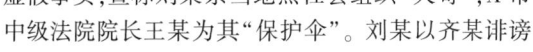

为由，向B区法院提起自诉。关于本案处理，下列哪一选项是正确的？
A. B区法院可以该案涉及王某为由裁定不予受理
B. B区法院受理该案后应请求上级法院指定管辖
C. B区法院受理该案后，王某应自行回避
D. 齐某可申请A市中级法院及其下辖的所有基层法院法官整体回避

56． 2015/2/68/多
未成年人小付涉嫌故意伤害袁某，袁某向法院提起自诉。小付的父亲委托律师黄某担任辩护人，袁某委托其在法学院上学的儿子担任诉讼代理人。本案中，下列哪些人有权要求审判人员回避？
A. 黄某　　　　B. 袁某
C. 袁某的儿子　D. 小付的父亲

57． 2014/2/67/多
林某盗版销售著名作家黄某的小说涉嫌侵犯著作权罪，经一审和二审后，二审法院裁定撤销原判，发回原审法院重新审判。关于该案的回避，下列哪些选项是正确的？
A. 一审法院审判委员会委员甲系林某辩护人妻子的弟弟，黄某的代理律师可申请其回避
B. 一审书记员乙系林某的表弟而未回避，二审法院可以此为由裁定发回原审法院重审
C. 一审合议庭审判长丙系黄某的忠实读者，应当回避
D. 丁系二审合议庭成员，如果林某对一审法院重新审判作出的裁判不服再次上诉至二审法院，丁应当自行回避

考点16 回避的程序

58． 2013/2/28/单
法院审理过程中，被告人赵某在最后陈述时，以审判长数次打断其发言为理由申请更换审判长。对于这一申请，下列哪一说法是正确的？
A. 赵某的申请理由不符合法律规定，法院院长应当驳回申请
B. 赵某在法庭调查前没有申请回避，法院院长应当驳回申请
C. 如法院作出驳回申请的决定，赵某可以在决定作出后五日内向上级法院提出上诉
D. 如法院作出驳回申请的决定，赵某可以向上级法院申请复议一次

59． 2011/2/24/单　新法改编
郭某(16岁)与罗某发生争执，被打成轻伤，遂向法院提起自诉。法庭审理中，罗某提出审

判员李某曾在开庭前违反规定与自诉人父亲及姐姐会见，要求李某回避，但郭某父亲及姐姐均否认此事。法院院长经过审查作出李某回避的决定。下列何人有权要求对回避决定进行复议？
A. 郭某　　　　B. 郭某父亲
C. 李某　　　　D. 均无权复议

60． 2010/2/21/单
甲涉嫌刑讯逼供罪被立案侦查。甲以该案侦查人员王某与被害人存在近亲属关系为由，提出回避申请。对此，下列哪一选项是错误的？
A. 王某可以口头提出自行回避的申请
B. 作出回避决定以前，王某不能停止案件的侦查工作
C. 王某的回避由公安机关负责人决定
D. 如甲的回避申请被驳回，甲有权申请复议一次

61． 2007/2/34/单
庭审过程中，被告人赵某指出，公诉人的书记员李某曾在侦查阶段担任鉴定人，并据此要求李某回避。对于赵某的回避申请，下列哪一选项是正确的？
A. 法庭应以不属于法定回避情形为由当庭驳回
B. 法庭应以符合法庭回避情形为由当庭作出回避决定
C. 李某应否回避需提交法院院长决定
D. 李某应否回避需提交检察院检察长决定

专题六　辩护与代理

考点17 有效辩护原则

62． 2015/2/69/多
关于有效辩护原则，下列哪些理解是正确的？
A. 有效辩护原则的确立有助于实现控辩平等对抗
B. 有效辩护是一项主要适用于审判阶段的原则，但侦查、审查起诉阶段对辩护人权利的保障是审判阶段实现有效辩护的前提
C. 根据有效辩护原则的要求，法庭审理过程中一般不应限制被告人及其辩护人发言的时间
D. 指派没有刑事辩护经验的律师为可能被判处无期徒刑、死刑的被告人提供法律援助，有违有效辩护原则

考点18 辩护的种类

63． 2013/2/38/单
在法庭审判中，被告人翻供，否认犯罪，当庭拒绝律师为其进行有罪辩护。合议庭对此

问题的处理,下列哪一选项是正确的?
A. 被告人有权拒绝辩护人辩护,合议庭应当准许
B. 辩护律师独立辩护,不受当事人意思表示的约束,合议庭不应当准许拒绝辩护
C. 属于应当提供法律援助的情形的,合议庭不应当准许拒绝辩护
D. 有多名被告人的案件,部分被告人拒绝辩护人辩护的,合议庭不应当准许

64. 2008/2/26/单

关于辩护,下列哪一选项是正确的?
A. 被告人王某在犯罪时17周岁,在审判时已满18周岁,法院应当为其指定辩护人
B. 被告人李某可能被判处死刑,在审判时法院为其指定辩护人。在法庭审理过程中,李某当庭拒绝指定的辩护人为其辩护,法院另行为其指定辩护人。在重新开庭审后,李某再次拒绝法庭为其指定的辩护人,合议庭不予准许
C. 法院为外籍被告人汤姆(25周岁)指定了辩护人,在法庭审理过程中,汤姆拒绝法院为其指定的辩护人,提出自行委托辩护人,法庭准许后,汤姆自行委托了辩护人。再次开庭审理后,汤姆再次拒绝辩护人为其辩护,要求另行委托辩护人,合议庭不予准许
D. 被告人当庭拒绝辩护人为其辩护的,法庭应当允许,宣布延期审理。延期审理的期限为十日,准备辩护时间计入审限

考点19 辩护人的诉讼地位

65. 2007/2/66/多

关于律师担任刑事案件被告人的辩护人,下列哪些选项是正确的?
A. 辩护人不是被告人的代言人
B. 辩护人应当维护被告人的合法权益
C. 辩护人须按照被告人的要求作无罪辩护
D. 辩护人有权独立发表辩护意见

考点20 辩护人的范围

66. 2016/2/25/单

法官齐某从A县法院辞职后,在其妻洪某开办的律师事务所从业。关于齐某与洪某的辩护人资格,下列哪一选项是正确的?
A. 齐某不得担任A县法院审理案件的辩护人
B. 齐某和洪某不得分别担任同案犯罪嫌疑人的辩护人
C. 齐某和洪某不得同时担任同一犯罪嫌疑人的辩护人
D. 洪某可以律师身份担任A县法院审理案件的辩护人

67. 2013/2/29/单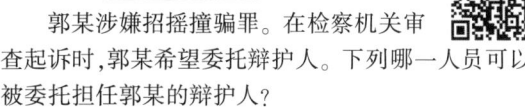

鲁某与洪某共同犯罪,洪某在逃。沈律师为鲁某担任辩护人。案件判决生效三年后,洪某被抓获并被起诉。关于沈律师可否担任洪某辩护人,下列哪一说法是正确的?
A. 沈律师不得担任洪某辩护人
B. 如果洪某系法律援助对象,沈律师可以担任洪某辩护人
C. 如果被告人洪某同意,沈律师可以担任洪某辩护人
D. 如果公诉人未提出异议,沈律师可以担任洪某辩护人

68. 2009/2/23/单

郭某涉嫌招摇撞骗罪。在检察机关审查起诉时,郭某希望委托辩护人。下列哪一人员可以被委托担任郭某的辩护人?
A. 郭某的爷爷,美籍华人
B. 郭某的儿子,16岁
C. 郭某的朋友甲,曾为郭某招摇撞骗伪造国家机关证件
D. 郭某的朋友乙,司法行政部门负责人

考点21 辩护人的诉讼权利和诉讼义务

69. 2017/2/25/单

成年人钱甲教唆未成年人小沈实施诈骗犯罪,钱甲委托其在邻市检察院担任检察官助理的哥哥钱乙担任辩护人,小沈由法律援助律师武某担任辩护人。关于本案处理,下列哪一选项是正确的?
A. 钱甲被拘留后,钱乙可为其申请取保候审
B. 本案移送审查起诉时,公安机关应将案件移送情况告知钱乙
C. 检察院讯问小沈时,武某可在场
D. 如检察院对钱甲和小沈分案起诉,法院可并案审理

70. 2016/2/26/单

郭某涉嫌参加恐怖组织罪被逮捕,随后委托律师姜某担任辩护人。关于姜某履行辩护职责,下列哪一选项是正确的?
A. 姜某到看守所会见郭某时,可带1至2名律师助理协助会见
B. 看守所可对姜某与郭某的往来信件进行必要的检查,但不得截留、复制
C. 姜某申请法院收集、调取证据而法院不同意的,法院应书面说明不同意的理由
D. 法庭审理中姜某作无罪辩护的,也可当庭对郭某从轻量刑的问题发表辩护意见

71． 2016/2/27/单

根据《刑事诉讼法》的规定，辩护律师收集到的下列哪一证据应及时告知公安机关、检察院？

A．强奸案中被害人系精神病人的证据
B．故意伤害案中犯罪嫌疑人系正当防卫的证据
C．投放危险物质案中犯罪嫌疑人案发时在外地出差的证据
D．制造毒品案中犯罪嫌疑人犯罪时刚满16周岁的证据

72． 2012/2/25/单

关于辩护律师在刑事诉讼中享有的权利和承担的义务，下列哪一说法是正确的？

A．在侦查期间可以向犯罪嫌疑人核实证据
B．会见在押的犯罪嫌疑人、被告人，可以了解案件有关情况
C．收集到的有利于犯罪嫌疑人的证据，均应及时告知公安机关、检察院
D．在执业活动中知悉犯罪嫌疑人、被告人曾经实施犯罪的，应及时告知司法机关

73． 2011/2/64/多

关于犯罪嫌疑人、被告人有权获得辩护原则，下列哪些说法是正确的？

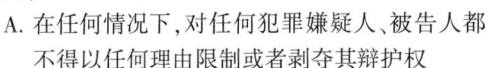

A．在任何情况下，对任何犯罪嫌疑人、被告人都不得以任何理由限制或者剥夺其辩护权
B．辩护权是犯罪嫌疑人、被告人最基本的诉讼权利，有关机关应当为每个犯罪嫌疑人、被告人免费提供律师帮助
C．为保障辩护权，任何机关都有为犯罪嫌疑人、被告人提供辩护帮助的义务
D．辩护不应仅是形式上的，而且应当是实质意义上的

74． 2006/2/67/多

犯罪嫌疑人甲委托其弟乙作为自己的辩护人。在审查起诉阶段，乙享有哪些诉讼权利？

A．甲被超期羁押时，有权要求解除强制措施
B．申请检察人员回避
C．向检察机关陈述辩护意见
D．经被害人同意，向其收集与本案有关的材料

考点22 值班律师制度

75． 2023 回忆/单

秦某因涉嫌运输毒品罪被批准逮捕，未委托辩护人。审查起诉期间，值班律师彭某为秦某提供法律帮助。关于本案的处理，下列哪一选项是正确的？

A．即使秦某未约见彭某，彭某也可经办案机关许可主动会见秦某
B．即使秦某自愿认罪认罚，彭某也可以量刑建议过重为由拒绝在具结书上签字
C．为了彭某的安全，办案机关可在彭某会见秦某时安排人员在场
D．检察院应准许彭某查阅、摘抄、复制案卷材料

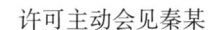

76． 2020 回忆/单

下列关于值班律师的哪一项表述是正确的？

A．值班律师依法享有会见权、阅卷权以及提出建议权
B．值班律师为犯罪嫌疑人、被告人提供法律咨询是辩护权的体现
C．值班律师可以出庭为被告人发表对案件的看法
D．犯罪嫌疑人、被告人拒绝认罪认罚的案件不适用值班律师制度

77． 2019 回忆/多

甲、乙两人聚众斗殴均被提起公诉，需要值班律师提供法律帮助。以下关于值班律师的说法哪些是正确的？

A．审查起诉阶段，甲认罪认罚需要值班律师提供法律咨询，值班律师要求阅卷的，检察院应当准许
B．甲在值班律师在场时签了认罪认罚具结书，然后自行聘请了辩护人，值班律师在场签订的认罪认罚具结书自动失效
C．审查起诉阶段，犯罪嫌疑人认罪认罚的，人民检察院应当听取值班律师意见
D．一名值班律师能同时为甲、乙两名犯罪嫌疑人提供法律咨询

考点23 刑事代理

78． 2012/2/24/单

关于诉讼代理人参加刑事诉讼，下列哪一说法是正确的？

A．诉讼代理人的权限依法律规定而设定
B．除非法律有明文规定，诉讼代理人也享有被代理人享有的诉讼权利
C．诉讼代理人应当承担被代理人依法负有的义务
D．诉讼代理人的职责是帮助被代理人行使诉讼权利

79． 2010/2/22/单

在张某故意毁坏李某汽车案中，张某聘请赵律师为辩护人，李某聘请孙律师为诉讼代理人。关于该案辩护人和诉讼代理人，下列哪一选项是

正确的?
- A. 赵律师、孙律师均自案件移送审查起诉之日起方可接受委托担任辩护人、诉讼代理人
- B. 赵律师、孙律师均有权申请该案的审判人员和公诉人员回避
- C. 赵律师可在审判中向张某发问,孙律师无权向张某发问
- D. 赵律师应以张某的意见作为辩护意见,孙律师应以李某的意见为代理意见

80． 2009/2/67/多

关于刑事诉讼法定代理人与诉讼代理人的区别,下列哪些选项是正确的?
- A. 法定代理人基于法律规定或法定程序产生,诉讼代理人基于被代理人委托产生
- B. 法定代理人的权利源于法律授权,诉讼代理人的权利源于委托协议授权
- C. 法定代理人可以违背被代理人的意志进行诉讼活动,诉讼代理人的代理活动不得违背被代理人的意志
- D. 法定代理人可以代替被代理人陈述案情,诉讼代理人不能代替被代理人陈述案情

81． 2008/2/27/单

根据《刑事诉讼法》的规定,下列何人有权委托诉讼代理人?
- A. 涉嫌强奸罪被告人的父亲
- B. 抢劫案被害人的胞妹
- C. 伤害案中附带民事被告人的胞弟
- D. 虐待案自诉人的胞妹

专题七 刑事证据

考点24 证据的基本属性

82． 2014/2/27/单

关于证据的关联性,下列哪一选项是正确的?
- A. 关联性仅指证据事实与案件事实之间具有因果关系
- B. 具有关联性的证据即具有可采性
- C. 证据与待证事实的关联度决定证据证明力的大小
- D. 类似行为一般具有关联性

考点25 刑事证据规则

83． 2020 回忆/多

下列哪些行为属于非法取证,应当依法予以排除?
- A. 甲侦查人员询问女证人,以公开其隐私相威

胁,证人因担心隐私被公开造成家庭矛盾被迫提供证言
- B. 乙侦查人员首次讯问犯罪嫌疑人时通过暴力方式获取了供述,第二次讯问时没有采用暴力方式,犯罪嫌疑人作出了同样的供述
- C. 丙侦查人员对犯罪嫌疑人连续讯问25小时,但期间保持其正常饮食
- D. 丁侦查人员威胁犯罪嫌疑人不如实供述就让他正在准备高考的儿子作为证人接受询问,犯罪嫌疑人担心影响其儿子考试作出的供述

84． 2017/2/26/单

下列哪一证据规则属于调整证据证明力的规则?
- A. 传闻证据规则
- B. 非法证据排除规则
- C. 关联性规则
- D. 意见证据规则

85． 2016/2/29/单

公安机关发现一具被焚烧过的尸体,因地处偏僻且天气恶劣,无法找到见证人,于是对勘验过程进行了全程录像,并在笔录中注明原因。法庭审理时,辩护人以勘验时没有见证人在场为由,申请排除勘验现场收集的物证。关于本案证据,下列哪一选项是正确的?
- A. 因违反取证程序的一般规定,应当排除
- B. 应予以补正或者作出合理解释,否则予以排除
- C. 不仅物证应当排除,对物证的鉴定意见等衍生证据也应排除
- D. 有勘验过程全程录像并在笔录中已注明理由,不予排除

86． 2015/2/26/单

下列哪一选项属于传闻证据?
- A. 甲作为专家辅助人在法庭上就一起伤害案的鉴定意见提出的意见
- B. 乙了解案件情况但因重病无法出庭,法官自行前往调查核实的证人证言
- C. 丙作为技术人员"就证明讯问过程合法性的同步录音录像是否经过剪辑"在法庭上所作的说明
- D. 丁曾路过发生杀人案的院子,其开庭审理时所作的"当时看到一个人从那里走出来,好像喝了许多酒"的证言

87． 2014/2/28/单

下列哪一选项所列举的证据属于补强证据?
- A. 证明讯问过程合法的同步录像材料

B. 证明获取被告人口供过程合法,经侦查人员签名并加盖公章的书面说明材料
C. 根据被告人供述提取到的隐蔽性极强、并能与被告人供述和其他证据相印证的物证
D. 对与被告人有利害冲突的证人所作的不利被告人的证言的真实性进行佐证的书证

88． 2014/2/93/任

赵某、石某抢劫杀害李某,被路过的王某、张某看见并报案。赵某、石某被抓获后,2名侦查人员负责组织辨认。关于辨认笔录的审查与认定,下列选项正确的是:
A. 如对尸体的辨认过程没有录像,则辨认结果不得作为定案证据
B. 如侦查人员组织辨认时没有见证人在场,则辨认结果不得作为定案的根据
C. 如在辨认前没有详细向辨认人询问被辨认对象的具体特征,则辨认结果不得作为定案证据
D. 如对赵某的辨认只有笔录,没有赵某的照片,无法获悉辨认真实情况的,也可补正或进行合理解释

89． 2013/2/68/多

在法庭审理过程中,被告人屠某、沈某和证人朱某提出在侦查期间遭到非法取证,要求确认其审前供述或证言不具备证据能力。下列哪些情形下应当根据法律规定排除上述证据?
A. 将屠某"大"字型吊铐在窗户的铁栏杆上,双脚离地
B. 对沈某进行引诱,说"讲了就可以回去"
C. 对沈某进行威胁,说"不讲就把你老婆一起抓进来"
D. 对朱某进行威胁,说"不配合我们的工作就把你关进来"

90． 2012/2/27/单

关于辨认程序不符合有关规定,经补正或者作出合理解释后,辨认笔录可以作为证据使用的情形,下列哪一选项是正确的?
A. 辨认前使辨认人见到辨认对象的
B. 供辨认的对象数量不符合规定的
C. 案卷中只有辨认笔录,没有被辨认对象的照片、录像等资料,无法获悉辨认的真实情况的
D. 辨认活动没有个别进行的

91． 2012/2/28/单

下列哪一选项表明我国基本确立了自白任意性规则?
A. 侦查人员在讯问犯罪嫌疑人的时候,可以对讯问过程进行录音或者录像

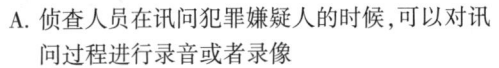

B. 不得强迫任何人证实自己有罪
C. 逮捕后应当立即将被逮捕人送交看守所羁押
D. 不得以连续拘传的方式变相拘禁犯罪嫌疑人、被告人

92． 2012/2/40/单

关于补强证据,下列哪一说法是正确的?
A. 应当具有证据能力
B. 可以和被补强证据来源相同
C. 对整个待证事实有证明作用
D. 应当是物证或者书证

93． 2012/2/42/单

关于证人证言的收集程序和方式存在瑕疵,经补正或者作出合理解释后,可以作为证据使用的情形,下列哪一选项是正确的?
A. 询问证人时没有个别进行的
B. 询问笔录反映出在同一时间内,同一询问人员询问不同证人的
C. 询问聋哑人时应当提供翻译而未提供的
D. 没有经证人核对确认并签名(盖章)、捺指印的

94． 2012/2/67/多

关于非法证据的排除,下列哪些说法是正确的?
A. 非法证据排除的程序,可以根据当事人等申请而启动,也可以由法庭依职权启动
B. 申请排除以非法方法收集的证据的,应当提供相关线索或者材料
C. 检察院应当对证据收集的合法性加以证明
D. 只有确认存在《刑事诉讼法》第54条规定的以非法方法收集证据情形时,才可以对有关证据应当予以排除

95． 2011/2/26/单

"证人猜测性、评论性、推断性的证言,不能作为证据使用",系下列哪一证据规则的要求?
A. 传闻证据规则
B. 意见证据规则
C. 补强证据规则
D. 最佳证据规则

考点26 刑事证据的种类

96． 2022回忆/多

因罗某涉嫌重大毒品犯罪,公安机关决定对其采取技术侦查。该案侦查终结后起诉至法院。审理期间,法院依职权通知鉴定人佟某、曾某出庭作证。关于本案的处理,下列哪些说法是正确的?
A. 检察院应将通过技术侦查所获得的电子数据

的原始介质移送至法院
B. 法院可以在庭外核实通过技术侦查获得的电子数据
C. 如佟某不到庭,法院审查后可以将其出具的鉴定意见作为定案的根据
D. 对出庭的鉴定人曾某的询问,发问顺序应由审判长决定

97. 2017/2/92/任

甲、乙二人系药材公司仓库保管员,涉嫌5次共同盗窃其保管的名贵药材,涉案金额40余万元。一审开庭审理时,药材公司法定代表人丙参加庭审。经审理,法院认定了其中4起盗窃事实,另1起因证据不足未予认定,甲和乙以职务侵占罪分别被判处有期徒刑3年和1年。

关于本案证据,下列选项正确的是:
A. 侦查机关制作的失窃药材清单是书证
B. 为查实销赃情况而从通信公司调取的通话记录清单是书证
C. 甲将部分销赃所得10万元存入某银行的存折是物证
D. 因部分失窃药材不宜保存而在法庭上出示的药材照片是物证

98. 2010/2/23/单

法院审理一起受贿案时,被告人石某称因侦查人员刑讯不得已承认犯罪事实,并讲述受到刑讯的具体时间。检察机关为证明侦查讯问程序合法,当庭播放了有关讯问的录音录像,并提交了书面说明。关于该录音录像的证据种类,下列哪一选项是正确的?
A. 犯罪嫌疑人供述和辩解
B. 视听资料
C. 书证
D. 物证

99. 2009/2/24/单

张某、李某共同抢劫被抓获。张某下列哪一陈述属于证人证言?
A. 我确实参加了抢劫银行
B. 李某逼我去抢的
C. 李某策划了整个抢劫,抢的钱他拿走了一大半
D. 李某在这次抢劫前还杀了赵某

100. 2009/2/69/多

关于证人与鉴定人的共同特征,下列哪些选项是正确的?
A. 是当事人以外的人
B. 与案件或案件当事人没有利害关系
C. 具有不可替代性
D. 有义务出席法庭接受控辩双方询问

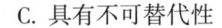

101. 2008/2/30/单

某银行被盗,侦查机关将沈某确定为犯罪嫌疑人。在进行警犬辨认时,一"功勋警犬"在发案银行四处闻了闻后,猛地扑向沈某。随后,侦查人员又对沈某进行心理测试,测试结论显示,只要犯罪嫌疑人说没偷,测谎仪就显示其撒谎。关于可否作为认定案件事实的根据,下列哪一选项是正确的?
A. 警犬辨认和心理测试结论均可以
B. 警犬辨认可以,心理测试结论不可以
C. 警犬辨认不可以,心理测试结论可以
D. 警犬辨认和心理测试结论均不可以

102. 2005/2/69/多

下列哪些证据属于书证?
A. 某强奸案,在犯罪嫌疑人住处收集的笔记本,其中记载着其作案经过及对被害人的描述
B. 某贪污案,为查明账册涂改人而进行鉴定的笔迹
C. 某故意伤害案,证人书写的书面证词
D. 某走私淫秽物品案,犯罪嫌疑人非法携带的淫秽书刊

103. 2003/2/63/多

童某涉嫌故意杀人案,有下列几种证据,其中属于书证的有哪些?
A. 受指派的精神病医院为其开具的精神病情况的诊断结论
B. 案发现场找到的童某写的一封尚未邮寄出去的家信,通过对信上的笔迹鉴定,找到了犯罪嫌疑人童某
C. 童某单位开具的关于童某一贯表现的证明
D. 被害人临死之前在地上写下的一组数字,通过数字查到了童某的门房号码

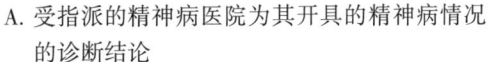

考点27 刑事证据的分类

104. 2022回忆/单

甲手写并复印了多份恐吓信敲诈乙,后案发,甲被逮捕。在讯问时,甲供述了自己敲诈勒索的过程,乙向公安机关提交了自己书写的关于被敲诈的情况说明。甲在看守所羁押期间把自己作案的过程告诉了同监室的丙,丙向看守所管理人员举报了甲。对此,下列哪一说法是正确的?
A. 甲复印的恐吓信是传来证据
B. 乙提交的情况说明是传闻证据
C. 恐吓信是言词证据
D. 丙的证言可以对甲的口供补强

105. 2016/2/67/多

甲驾车将昏迷的乙送往医院,并垫付了医疗费用。随后赶来的乙的家属报警称甲驾车撞倒乙。急救中,乙曾短暂清醒并告诉医生自己系被车辆撞倒。医生将此话告知警察,并称从甲送乙入院时的神态看,甲应该就是肇事者。关于本案证据,下列哪些选项是正确的?

A. 甲垫付医疗费的行为与交通肇事不具有关联性

B. 乙告知医生"自己系被车辆撞倒"属于直接证据

C. 医生基于之前乙的陈述,告知警察乙系被车辆撞倒,属于传来证据

D. 医生认为甲是肇事者的证词属于符合一般生活经验的推断性证言,可作为定案依据

106. 2015/2/25/单

甲涉嫌盗窃室友乙存放在储物柜中的笔记本电脑一台并转卖他人,但甲辩称该电脑系其本人所有,只是暂存于乙处。下列哪一选项既属于原始证据,又属于直接证据?

A. 侦查人员在乙储物柜的把手上提取的甲的一枚指纹

B. 侦查人员在室友丙手机中直接提取的视频,内容为丙偶然拍下的甲打开储物柜取走电脑的过程

C. 室友丁的证言,内容是曾看到甲将一台相同的笔记本电脑交给乙保管

D. 甲转卖电脑时出具的现金收条

107. 2011/2/25/单

张某伪造、变造国家机关公文、证件、印章案的下列哪一证据既属于言词证据,又属于间接证据?

A. 用于伪造、变造国家机关公文、证件、印章的设备、工具

B. 伪造、变造的国家机关公文、证件、印章

C. 张某关于实施伪造、变造行为的供述

D. 判别国家机关公文、证件、印章真伪的鉴定意见

108. 2010/2/24/单

下列哪一选项既属于原始证据,又属于间接证据?

A. 被告人丁某承认伤害被害人的供述

B. 证人王某陈述看到被告人丁某在案发现场擦拭手上血迹的证言

C. 证人李某陈述被害人向他讲过被告人丁某伤害她的经过

D. 被告人丁某精神病鉴定意见的抄本

109. 2008/2/35/单

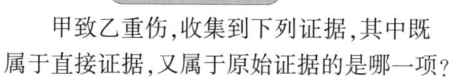

甲致乙重伤,收集到下列证据,其中既属于直接证据,又属于原始证据的是哪一项?

A. 有被害人血迹的匕首

B. 证人看到甲身上有血迹,从现场走出的证言

C. 匕首上留下的指印与甲的指纹同一的鉴定意见

D. 乙对甲伤害自己过程的陈述

110. 2008/2/74/多

下列哪些选项属于实物证据?

A. 杀人案中现场勘验笔录

B. 贪污案中证明贪污数额的账册

C. 强奸案中证明被害人精神状态的鉴定意见

D. 伤害案中证明伤害发生过程情况的监控录像

考点28 证据的审查认定

111. 2017/2/96/任

某小学发生一起猥亵儿童案件,三年级女生甲向校长许某报称被老师杨某猥亵。许某报案后,侦查人员通过询问许某了解了甲向其陈述的被杨某猥亵的经过。侦查人员还通过询问甲了解到,另外两名女生乙和丙也可能被杨某猥亵,乙曾和甲谈到被杨某猥亵的经过,甲曾目睹杨某在课间猥亵丙。讯问杨某时,杨某否认实施猥亵行为,并表示他曾举报许某贪污,许某报案是对他的打击报复。

关于本案证据,下列选项正确的是:

A. 甲向公安机关反映的情况,既是被害人陈述,也是证人证言

B. 关于甲被猥亵的经过,许某的证言可作为甲陈述的补强证据

C. 关于乙被猥亵的经过,甲的证言属于传闻证据,不得作为定案的依据

D. 甲、乙、丙因年幼,其陈述或证言必须有其他证据印证才能采信

112. 2016/2/68/多

辩护律师在庭审中对控方证据提出异议,主张这些证据不得作为定案依据。对下列哪些证据的异议,法院应当予以支持?

A. 因证人拒不到庭而无法当庭询问的证人证言

B. 被告人提供了有关刑讯逼供的线索及材料,但公诉人不能证明讯问合法的被告人庭前供述

C. 工商行政管理部门关于查处被告人非法交易行为时的询问笔录

D. 侦查人员在办案场所以外的地点询问被害人所获得的被害人陈述

· 14 ·

113. 2016/2/95/任

甲女与乙男在某社交软件互加好友,手机网络聊天过程中,甲女多次向乙男发送暧昧言语和色情图片,表示可以提供有偿性服务。二人于酒店内见面后因价钱谈不拢而争吵,乙男强行将甲女留在房间内,并采用胁迫手段与其发生性关系。后甲女向公安机关报案,乙男则辩称双方系自愿发生性关系。

乙男提供了二人之前的网络聊天记录。关于这一网络聊天记录,下列选项正确的是:

A. 属电子数据的一种
B. 必须随原始的聊天时使用的手机移送才能作为定案的依据
C. 只有经甲女核实认可后才能作为定案的依据
D. 因不具有关联性而不得作为本案定罪量刑的依据

114. 2015/2/23/单

关于证人证言与鉴定意见,下列哪一选项是正确的?

A. 证人证言只能由自然人提供,鉴定意见可由单位出具
B. 生理上、精神上有缺陷的人有时可以提供证人证言,但不能出具鉴定意见
C. 如控辩双方对证人证言和鉴定意见有异议的,相应证人和鉴定人均应出庭
D. 证人应出庭而不出庭的,其庭前证言仍可能作为证据;鉴定人应出庭而不出庭的,鉴定意见不得作为定案根据

115. 2014/2/29/单

关于鉴定人与鉴定意见,下列哪一选项是正确的?

A. 经法院通知,鉴定人无正当理由拒不出庭的,可由院长签发强制令强制其出庭
B. 鉴定人有正当理由无法出庭的,法院可中止审理,另行聘请鉴定人重新鉴定
C. 经辩护人申请而出庭的具有专门知识的人,可向鉴定人发问
D. 对鉴定意见的审查和认定,受意见证据规则的规制

116. 2014/2/69/多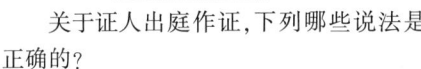

某地法院审理齐某组织、领导、参加黑社会性质组织罪,关于对作证人员的保护,下列哪些选项是正确的?

A. 可指派专人对被害人甲的人身和住宅进行保护
B. 证人乙可申请不公开真实姓名、住址等个人信息
C. 法院通知侦查人员丙出庭说明讯问的合法性,为防止黑社会组织报复,对其采取不向被告人暴露外貌、真实声音的措施
D. 为保护警方卧底丁的人身安全,丁可不出庭作证,由审判人员在庭外核实丁的证言

117. 2012/2/72/多

关于证人出庭作证,下列哪些说法是正确的?

A. 需要出庭作证的警察就其执行职务时目击的犯罪情况出庭作证,适用证人作证的规定
B. 警察就其非执行职务时目击的犯罪情况出庭作证,不适用证人作证的规定
C. 对了解案件情况的人,确有必要时,可以强制到庭作证
D. 证人没有正当理由拒绝出庭作证的,只有情节严重,才可以处以拘留,且拘留不可以超过10日

118. 2011/2/27/单

关于证据的审查判断,下列哪一说法是正确的?

A. 被害人有生理缺陷,对案件事实的认知和表达存在一定困难,故其陈述在任何情况下都不得采信
B. 与被告人有利害冲突的证人提供的对被告人不利的证言,在任何情况下都不得采信
C. 公安机关制作的放火案的勘验、检查笔录没有见证人签名,一律不得采信
D. 搜查获得的杀人案凶器,未附搜查笔录,不能证明该凶器来源,一律不得采信

119. 2011/2/66/多

具有特定情形的下列哪些证据不能作为定案的根据?

A. 视听资料的制作时间、地点存有异议,不能作出合理解释,也没有提供必要证明的
B. 在做 DNA 检测时送检材料与比对样本属于同一个来源的
C. 证人在犯罪现场听到被告人喊"给他点厉害瞧瞧"的陈述
D. 犯罪嫌疑人拒绝签名、盖章而由侦查人员在笔录上注明情况的讯问笔录

考点29 刑事诉讼证明

120. 2017/2/70/多

关于我国刑事诉讼的证明主体,下列哪些选项是正确的?

A. 故意毁坏财物案中的附带民事诉讼原告人是

证明主体
B. 侵占案中提起反诉的被告人是证明主体
C. 妨害公务案中就执行职务时目击的犯罪情况出庭作证的警察是证明主体
D. 证明主体都是刑事诉讼主体

121． 2016/2/30/单

关于《刑事诉讼法》规定的证明责任分担,下列哪一选项是正确的?
A. 公诉案件中检察院负有证明被告人有罪的责任,证明被告人无罪的责任由被告方承担
B. 自诉案件的证明责任分配依据"谁主张,谁举证"的法则确定
C. 巨额财产来源不明案中,被告人承担说服责任
D. 非法持有枪支案中,被告人负有提出证据的责任

122． 2016/2/69/多

下列哪些选项属于刑事诉讼中的证明对象?
A. 行贿案中,被告人知晓其谋取的系不正当利益的事实
B. 盗窃案中,被告人的亲友代为退赃的事实
C. 强奸案中,用于鉴定的体液检材是否被污染的事实
D. 侵占案中,自诉人申请期间恢复而提出的其突遭车祸的事实,且被告人和法官均无异议

123． 2011/2/74/多

关于死刑案件的证明对象的表述,下列哪些选项是正确的?
A. 被指控的犯罪事实的发生
B. 被告人实施犯罪的时间、地点、手段、后果以及其他情节
C. 被害人有无过错及过错程度
D. 被告人的近亲属是否协助抓获被告人

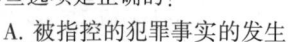

124． 2010/2/25/单

甲乙两家曾因宅基地纠纷诉至法院,尽管有法院生效裁判,但甲乙两家关于宅基地的争议未得到根本解决。一日,甲、乙因各自车辆谁先过桥引发争执继而扭打,甲拿起车上的柴刀砍中乙颈部,乙当场死亡。对此,下列哪一选项是不需要用证据证明的免证事实?
A. 甲的身份状况
B. 甲用柴刀砍乙颈部的时间、地点、后果
C. 甲用柴刀砍乙颈部时精神失常
D. 法院就甲乙两家宅基地纠纷所作出的裁判事项

125． 2009/2/70/多

关于刑事诉讼中的证明责任,下列哪些选项是正确的?
A. 总是与一定的积极诉讼主张相联系,否认一方不负证明责任
B. 总是与一定的不利诉讼后果相联系,受到不利裁判的不一定承担证明责任
C. 是提出证据责任与说服责任的统一,提出证据并非完全履行了证明责任
D. 是专属于控诉方独自承担的责任,具有一定的责任排他性

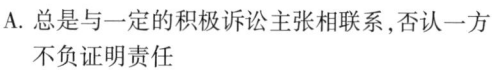

126． 2009/2/71/多

关于吴某涉嫌故意泄露国家秘密罪,下列哪些选项属于需要运用证据加以证明的事实?
A. 吴某是否为国家机关工作人员
B. 是否存在为吴某所实施的被指控事实
C. 被指控事实是否情节严重
D. 是否具有法定或酌定从重、从轻、减轻及免除处罚的情节

127． 2008/2/32/单

下列案件能够作出有罪认定的是哪一选项?
A. 甲供认自己强奸了乙,乙否认,该案没有其他证据
B. 甲指认乙强奸了自己,乙坚决否认,该案没有其他证据
C. 某单位资金30万元去向不明,会计说局长用了,局长说会计用了,该案没有其他证据
D. 甲乙二人没有通谋,各自埋伏,几乎同时向丙开枪,后查明丙身中一弹,甲乙对各自犯罪行为供认不讳,但收集到的证据无法查明这一枪到底是谁打中的

128． 2008/2/69/多

石某杀人后弃尸河中。在法庭审理中,对下列哪些事实不必提出证据证明?
A. 被弃尸的河流从案发村镇穿过的事实
B. 刑法关于杀人罪的法律规定
C. 检察机关和石某都没有异议的案件基本事实
D. 石某的精神状态

129． 2005/2/97/任

关于我国刑事诉讼中证明责任的分担,下列说法正确的是:
A. 犯罪嫌疑人应当如实回答侦查人员的提问,承担证明自己无罪的责任
B. 自诉人对其控诉承担提供证据予以证明的责任

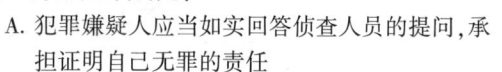

C. 律师进行无罪辩护时必须承担提供证据证明其主张成立的责任
D. 在巨额财产来源不明案中,检察机关应当证明国家工作人员的财产明显超过合法收入且差额巨大这一事实的存在

专题八 强制措施

考点30 强制措施适用的原则

130. 2019 回忆/多

下列关于强制措施性质的表述哪些是正确的?
A. 对证据不足的犯罪嫌疑人不予逮捕,体现了强制措施的法定性原则
B. 对在住处监视居住的犯罪嫌疑人,发现可能妨碍侦查而采取指定居所监视居住,体现了比例原则
C. 侦查阶段认为被逮捕的犯罪嫌疑人社会危险性降低,决定释放犯罪嫌疑人,体现了变更性原则
D. 检察院为了更方便讯问犯罪嫌疑人而批准逮捕,体现了必要性原则

131. 2017/2/71/多

我国强制措施的适用应遵循变更性原则。下列哪些情形符合变更性原则的要求?
A. 拘传期间因在身边发现犯罪证据而直接予以拘留
B. 犯罪嫌疑人在取保候审期间被发现另有其他罪行,要求其相应地增加保证金的数额
C. 犯罪嫌疑人在取保候审期间违反规定后对其先行拘留
D. 犯罪嫌疑人被羁押的案件,不能在法律规定的侦查羁押期限内办结的,予以释放

考点31 拘传

132. 2020 回忆/多

郑某因涉嫌盗窃被某区公安分局立案侦查,区公安分局对郑某采取拘传措施。对此,下列说法哪些是不正确的?
A. 某区公安分局对郑某采取拘传措施,需要经过上一级公安机关批准
B. 某区公安分局在拘传郑某前需要先传唤郑某
C. 某区公安分局如果需要对郑某采取取保候审措施,拘传时间可以延长至24小时
D. 某区公安分局可以拘传郑某至指定的酒店进行讯问

133. 2012/2/66/多

关于拘传,下列哪些说法是正确的?
A. 对在现场发现的犯罪嫌疑人,经出示工作证件可以口头拘传,并在笔录中注明
B. 拘传持续的时间不得超过12小时
C. 案情特别重大、复杂,需要采取拘留、逮捕措施的,拘传持续的时间不得超过24小时
D. 对于被拘传的犯罪嫌疑人,可以连续讯问24小时

134. 2008/2/28/单

关于法院可以决定对什么人采取拘传这一刑事强制措施,下列哪一选项是正确的?
A. 某公司涉嫌生产、销售伪劣产品罪,作为该公司诉讼代表人而拒不出庭的高某
B. 抢夺案中非在押的被告人陈某
C. 盗窃案中非在押的犯罪嫌疑人卢某
D. 贿赂案中拒不出庭的证人李某

考点32 取保候审

135. 2023 回忆/单

居住在甲市的叶某在乙市旅行期间殴打韩某,致其轻伤。叶某被乙市公安机关立案侦查并取保候审。关于叶某的取保候审,下列哪一说法是正确的?
A. 叶某的取保候审应在乙市执行
B. 公安机关应对叶某优先适用保证人保证
C. 公安机关可要求叶某不得向韩某发送短信
D. 如公安机关对叶某撤销案件,取保候审自动解除

136. 2016/2/31/单

甲与邻居乙发生冲突致乙轻伤,甲被刑事拘留期间,甲的父亲代为与乙达成和解,公安机关决定对甲取保候审。关于甲在取保候审期间应遵守的义务,下列哪一选项是正确的?
A. 将驾驶证件交执行机关保存
B. 不得与乙接触
C. 工作单位调动的,在24小时内报告执行机关
D. 未经公安机关批准,不得进入特定的娱乐场所

137. 2015/2/27/单

郭某涉嫌报复陷害申诉人蒋某,侦查机关因郭某可能毁灭证据将其拘留。在拘留期限即将届满时,因逮捕郭某的证据尚不充足,侦查机关责令其交纳2万元保证金取保候审。关于本案处理,下列哪一选项是正确的?
A. 取保候审由本案侦查机关执行

B. 如郭某表示无力全额交纳保证金,可降低保证金数额,同时责令其提出保证人
C. 可要求郭某在取保候审期间不得进入蒋某居住的小区
D. 应要求郭某在取保候审期间不得变更住址

138． 2014/2/30/单

未成年人郭某涉嫌犯罪被检察院批准逮捕。在审查起诉中,经羁押必要性审查,拟变更为取保候审并适用保证人保证。关于保证人,下列哪一选项是正确的?
A. 可由郭某的父亲担任保证人,并由其交纳1000元保证金
B. 可要求郭某的父亲和母亲同时担任保证人
C. 如果保证人协助郭某逃匿,应当依法追究保证人的刑事责任,并要求其承担相应的民事连带赔偿责任
D. 保证人未履行保证义务应处罚款的,由检察院决定

139． 2013/2/31/单

关于取保候审的程序限制,下列哪一选项是正确的?
A. 保证金应当由决定机关统一收取,存入指定银行的专门账户
B. 对于可能判处徒刑以上刑罚的,不得采取取保候审措施
C. 对同一犯罪嫌疑人不得同时使用保证金担保和保证人担保两种方式
D. 对违反取保候审规定,需要予以逮捕的,不得对犯罪嫌疑人、被告人先行拘留

140． 2010/2/68/多

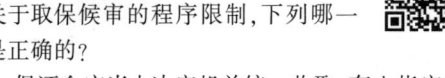

关于被法院决定取保候审的被告人在取保候审期间应当遵守的法定义务,下列哪些选项是正确的?
A. 未经法院批准不得离开所居住的市、县
B. 未经公安机关批准不得会见他人
C. 在传讯的时候及时到案
D. 不得以任何形式干扰证人作证

141． 2009/2/72/多

甲涉嫌盗窃罪被逮捕。甲父为其申请取保候审,公安机关要求甲父交纳10万元保证金。甲父请求减少保证金的数额。公安机关在确定保证金数额时应当考虑下列哪些情况?
A. 当地经济水平落后
B. 甲和甲父靠种地为生且无其他收入,生活贫困
C. 甲只偷他人一头牛,可能判处的刑罚不重
D. 甲无前科,社会危险性小,妨碍诉讼可能性小

142． 2008/2/33/单

甲将潜艇的部署情况非法提供给一外国著名军事杂志。在审判过程中,法院决定对其取保候审。关于对甲取保候审的执行机关,下列哪一选项是正确的?
A. 法院　　　　B. 公安机关
C. 军队保卫部门　D. 国家安全机关

考点33 监视居住

143． 2019回忆/多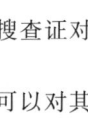

高某从某市甲区邮寄毒品给乙区的许某,许某在乙区与宋某交易时被当场抓获。关于本案的诉讼程序,下列哪些说法是正确的?
A. 乙区公安机关拘留许某2天后通知了许某的家属
B. 乙区公安机关通知甲区公安机关协助抓捕甲区的高某
C. 经宋某同意并带领,公安机关没有搜查证对其住处进行搜查
D. 公安机关查封宋某的唯一住所后,可以对其指定居所监视居住

144． 2012/2/68/多

在符合逮捕条件时,对下列哪些人员可以适用监视居住措施?
A. 甲患有严重疾病、生活不能自理
B. 乙正在哺乳自己婴儿
C. 丙系生活不能自理的人的唯一扶养人
D. 丁系聋哑人

考点34 拘留

145． 2015/2/28/单

章某涉嫌故意伤害致人死亡,因犯罪后企图逃跑被公安机关先行拘留。关于本案程序,下列哪一选项是正确的?
A. 拘留章某时,必须出示拘留证
B. 拘留章某后,应在12小时内将其送看守所羁押
C. 拘留后对章某的所有讯问都必须在看守所内进行
D. 因怀疑章某携带管制刀具,拘留时公安机关无需搜查证即可搜查其身体

146． 2012/2/29/单

甲涉嫌黑社会性质组织犯罪,10月5日上午10时被刑事拘留。下列哪一处置是违法的?
A. 甲于当月6日上午10时前被送至看守所羁押
B. 甲涉嫌黑社会性质组织犯罪,因考虑通知家属有碍进一步侦查,决定暂不通知

C. 甲在当月6日被送至看守所之前,公安机关对其进行了讯问
D. 讯问后,发现甲依法需要逮捕,当月8日提请检察院审批

147． 2008/2/76/多

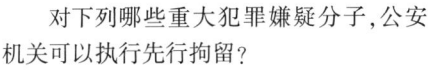

对下列哪些重大犯罪嫌疑分子,公安机关可以执行先行拘留?
A. 为投毒而买毒药的甲
B. 在其住处发现被盗金项链的乙
C. 被举报挪用公款企图逃跑的丙
D. 不讲真实姓名、住址,身份不明的丁

148． 2005/2/27/单

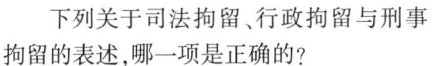

下列关于司法拘留、行政拘留与刑事拘留的表述,哪一项是正确的?
A. 司法拘留是对妨害诉讼的强制措施,行政拘留是行政制裁方法,被司法拘留和行政拘留的人均羁押在行政拘留所;刑事拘留是一种强制措施,被刑事拘留的人羁押在看守所
B. 司法拘留、行政拘留、刑事拘留都是一种处罚手段
C. 司法拘留、行政拘留、刑事拘留都是一种强制措施
D. 司法拘留、行政拘留、刑事拘留均可由公安机关决定

考点35 逮捕

149． 2021 回忆/多

甲、乙二人因涉嫌生产、销售不符合安全标准的食品罪,被刑事拘留并报请检察院审查逮捕。关于本案的审查逮捕程序,下列哪些说法是正确的?
A. 甲认罪认罚,检察院应对其进行讯问
B. 因本案在当地有重大影响,检察院可采取当面听取侦查人员、犯罪嫌疑人、辩护人等意见的方式进行公开审查
C. 因本案案情重大复杂,检察院可在收到提请批准逮捕书后20日内作出是否批准逮捕的决定
D. 乙未满16周岁,检察院对其作出不批准逮捕及终止侦查的决定

150． 2017/2/72/多

甲、乙涉嫌非法拘禁罪被取保候审。本案提起公诉后,法院认为对甲可继续适用取保候审,乙因有伪造证据的行为而应予逮捕。对于法院适用强制措施,下列哪些选项是正确的?
A. 对甲可变更为保证人保证
B. 决定逮捕之前可先行拘留乙

C. 逮捕乙后应在24小时内讯问
D. 逮捕乙后,同级检察院可主动启动对乙的羁押必要性审查

151． 2016/2/32/单

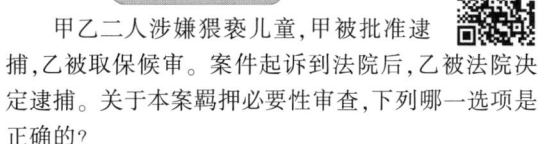

甲乙二人涉嫌猥亵儿童,甲被批准逮捕,乙被取保候审。案件起诉到法院后,乙被法院决定逮捕。关于本案羁押必要性审查,下列哪一选项是正确的?
A. 在审查起诉阶段对甲进行审查,由检察院公诉部门办理
B. 对甲可进行公开审查并听取被害儿童法定代理人的意见
C. 检察院可依职权对乙进行审查
D. 经审查发现乙系从犯、具有悔罪表现且可能宣告缓刑,不予羁押不致发生社会危险性的,检察院应要求法院变更强制措施

152． 2016/2/93/任

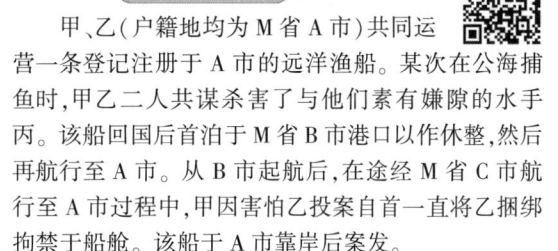

甲、乙(户籍地均为M省A市)共同运营一条登记注册于A市的远洋渔船。某次在公海捕鱼时,甲乙二人共谋杀害了与他们素有嫌隙的水手丙。该船回国后首泊于M省B市港口以作休整,然后再航行至A市。从B市起航后,在途经M省C市航行至A市过程中,甲因害怕乙投案自首一直将乙捆绑拘禁于船舱。该船于A市靠岸后案发。
关于本案强制措施的适用,下列选项正确的是:
A. 拘留甲后,应在送看守所羁押后24小时以内通知甲的家属
B. 如有证据证明甲参与了故意杀害丙,应逮捕甲
C. 拘留乙后,应在24小时内进行讯问
D. 如乙因捆绑拘禁时间过长致身体极度虚弱而生活无法自理的,可在拘留后转为监视居住

153． 2015/2/29/多

王某涉嫌在多个市县连续组织淫秽表演,2014年9月15日被刑事拘留,随即聘请律师担任辩护人,10月17日被检察院批准逮捕,12月5日被移送检察院审查起诉。关于律师提请检察院进行羁押必要性审查,下列哪些选项是不正确的?①
A. 10月14日提出申请,检察院应受理
B. 11月18日提出申请,检察院应告知其先向侦查机关申请变更强制措施
C. 12月3日提出申请,由检察院承担监所检察工作的部门负责审查
D. 12月10日提出申请,由检察院公诉部门负责审查

---

① 原为单选题,根据新法答案有变化,调整为多选题。

154. 2013/2/67/多

检察机关审查批准逮捕,下列哪些情形存在时应当讯问犯罪嫌疑人?

A. 犯罪嫌疑人的供述前后反复且与其他证据矛盾
B. 犯罪嫌疑人要求向检察机关当面陈述
C. 侦查机关拘留犯罪嫌疑人36小时以后将其送交看守所羁押
D. 犯罪嫌疑人是聋哑人

155. 2012/2/26/单

检察院审查批准逮捕时,遇有下列哪一情形依法应当讯问犯罪嫌疑人?

A. 辩护律师提出要求的
B. 犯罪嫌疑人要求向检察人员当面陈述的
C. 犯罪嫌疑人要求会见律师的
D. 共同犯罪的

156. 2011/2/67/多

逮捕条件中"有证据证明有犯罪事实"是指同时具备下列哪些情形?

A. 有证据证明犯罪事实已经发生
B. 有证据证明的犯罪事实应当是主要犯罪事实
C. 有证据证明犯罪事实是犯罪嫌疑人实施的
D. 证明犯罪嫌疑人实施犯罪的证据已有查证属实的

考点36 强制措施的变更和解除

157. 2020 回忆/单

经过羁押必要性审查,下列情形中人民检察院应当向办案机关提出释放或者变更强制措施建议,下列哪一选项正确?

A. 被告人认罪认罚
B. 没有证据证明有犯罪事实或者犯罪行为系犯罪嫌疑人、被告人所为
C. 被告人与被害方依法自愿达成和解协议,且已经履行完毕
D. 被告人患有严惩疾病,生活不能自理

158. 2016/2/70/多

下列哪些情形,法院应当变更或解除强制措施?

A. 甲涉嫌绑架被逮捕,案件起诉至法院时发现怀有身孕
B. 乙涉嫌非法拘禁被逮捕,被法院判处有期徒刑2年,缓期2年执行,判决尚未发生法律效力
C. 丙涉嫌妨害公务被逮捕,在审理过程中突发严重疾病

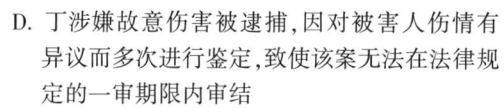

D. 丁涉嫌故意伤害被逮捕,因对被害人伤情有异议而多次进行鉴定,致使该案无法在法律规定的一审期限内审结

159. 2014/2/31/单

关于犯罪嫌疑人的审前羁押,下列哪一选项是错误的?

A. 基于强制措施适用的必要性原则,应当尽量减少审前羁押
B. 审前羁押是临时性的状态,可根据案件进展和犯罪嫌疑人的个人情况予以变更
C. 经羁押必要性审查认为不需要继续羁押的,检察院应及时释放或变更为其他非羁押强制措施
D. 案件不能在法定办案期限内办结的,应当解除羁押

160. 2008/2/34/多 新法改编

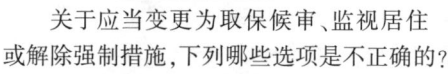

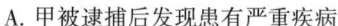

关于应当变更为取保候审、监视居住或解除强制措施,下列哪些选项是不正确的?

A. 甲被逮捕后发现患有严重疾病
B. 乙被逮捕后经检查正在怀孕
C. 丙被逮捕后侦查羁押期限届满仍须继续查证
D. 丁被逮捕后一审法院判处有期徒刑1年缓刑2年,判决尚未发生效力

专题九 附带民事诉讼

考点37 附带民事诉讼当事人

161. 2017/2/28/单

甲系某地交通运输管理所工作人员,在巡查执法时致一辆出租车发生重大交通事故,司机乙重伤,乘客丙当场死亡,出租车严重受损。甲以滥用职权罪被提起公诉。关于本案处理,下列哪一选项是正确的?

A. 乙可成为附带民事诉讼原告人
B. 交通运输管理所可成为附带民事诉讼被告人
C. 丙的妻子提起附带民事诉讼的,法院应裁定不予受理
D. 乙和丙的近亲属可与甲达成刑事和解

162. 2014/2/32/单

韩某和苏某共同殴打他人,致被害人李某死亡、吴某轻伤,韩某还抢走吴某的手机。后韩某被抓获,苏某在逃。关于本案的附带民事诉讼,下列哪一选项是正确的?

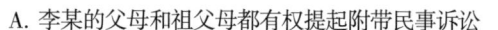

A. 李某的父母和祖父母都有权提起附带民事诉讼
B. 韩某和苏某应一并列为附带民事诉讼的被告人
C. 吴某可通过附带民事诉讼要求韩某赔偿手机

D. 吴某在侦查阶段与韩某就民事赔偿达成调解协议并全部履行后又提起附带民事诉讼,法院不予受理

考点38 附带民事诉讼的提起与审判程序

163． 2016/2/71/多

甲、乙殴打丙,致丙长期昏迷,乙在案发后潜逃,检察院以故意伤害罪对甲提起公诉。关于本案,下列哪些选项是正确的?
A. 丙的妻子、儿子和弟弟都可成为附带民事诉讼原告人
B. 甲、乙可作为附带民事诉讼共同被告人,对故意伤害丙造成的物质损失承担连带赔偿责任
C. 丙因昏迷无法继续履行与某公司签订的合同造成的财产损失不属于附带民事诉讼的赔偿范围
D. 如甲的朋友愿意代为赔偿,法院应准许并可作为酌定量刑情节考虑

164． 2015/2/30/单

法院可以受理被害人提起的下列哪一附带民事诉讼案件?
A. 抢夺案,要求被告人赔偿被夺走并变卖的手机
B. 寻衅滋事案,要求被告人赔偿所造成的物质损失
C. 虐待被监管人案,要求被告人赔偿因体罚虐待致身体损害所产生的医疗费
D. 非法搜查案,要求被告人赔偿因非法搜查所导致的物质损失

165． 2013/2/32/单

王某被姜某打伤致残,在开庭审判前向法院提起附带民事诉讼,并提出财产保全的申请。法院对于该申请的处理,下列哪一选项是正确的?
A. 不予受理
B. 可以采取查封、扣押或者冻结被告人财产的措施
C. 只有在王某提供担保后,法院才予以财产保全
D. 移送财产所在地的法院采取保全措施

166． 张一、李二、王三因口角与赵四发生斗殴,赵四因伤势过重死亡。其中张一系未成年人,王三情节轻微未被起诉,李二在一审开庭前意外死亡。
请回答第(1)、(2)题。

(1) 2013/2/95/任

本案依法负有民事赔偿责任的人是:
A. 张一、李二
B. 张一父母、李二父母
C. 张一父母、王三
D. 张一父母、李二父母、王三

(2) 2013/2/96/任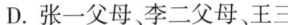

在一审过程中,如果发生附带民事诉讼原、被告当事人不到庭情形,法院的下列做法正确的是:
A. 赵四父母经传唤,无正当理由不到庭,法庭应当择期审理
B. 赵四父母到庭后未经法庭许可中途退庭,法庭应当撤诉处理
C. 王三经传唤,无正当理由不到庭,法庭应当采取强制手段强制其到庭
D. 李二父母未经法庭许可中途退庭,就附带民事诉讼部分,法庭应当缺席判决

167． 2012/2/30/单

关于附带民事诉讼案件诉讼程序中的保全措施,下列哪一说法是正确的?
A. 法院应当采取保全措施
B. 附带民事诉讼原告人和检察院都可以申请法院采取保全措施
C. 采取保全措施,不受《民事诉讼法》规定的限制
D. 财产保全的范围不限于犯罪嫌疑人、被告人的财产或与本案有关的财产

168． 2011/2/28/单

在罗某放火案中,钱某、孙某和吴某3家房屋均被烧毁。一审时,钱某和孙某提起要求罗某赔偿损失的附带民事诉讼,吴某未主张。一审判决宣告后,吴某欲让罗某赔偿财产损失。下列哪一说法是正确的?
A. 吴某可另行提起附带民事诉讼
B. 吴某不得再提起附带民事诉讼,可在刑事判决生效后另行提起民事诉讼
C. 吴某可提出上诉,请求法院在二审程序中判令罗某予以赔偿
D. 吴某既可另行提起附带民事诉讼,也可单独提起民事诉讼

169． 2010/2/76/单

某县检察院以涉嫌故意伤害罪对十六岁的马某提起公诉,被害人刘某提起附带民事诉讼。对此,下列哪一选项是正确的?[①]
A. 在审理该案时,法院只能适用《刑法》、《刑事诉讼法》等有关的刑事法律
B. 在审查起诉阶段,马某、刘某已就赔偿达成协议且马某按照协议给付了刘某五万元,法院仍

[①] 原为多选题,根据新法答案有变化,调整为单选题。

可以受理刘某提起的附带民事诉讼

C. 法院受理附带民事诉讼后,应当将附带民事起诉状副本送达马某,或者将口头起诉的内容通知马某

D. 法院可以决定查封或者扣押被告人马某的财产

170． 2009/2/28/多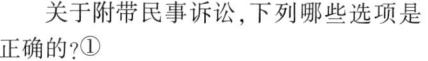

关于附带民事诉讼,下列哪些选项是正确的?①

A. 在侦查、审查起诉阶段,被害人提出赔偿要求经记录在案的,公安机关、检察院可以对民事赔偿部分进行调解

B. 在侦查、审查起诉阶段,经调解当事人达成协议并已给付,被害人又向法院提起附带民事诉讼的,法院不再受理

C. 法院审理刑事附带民事诉讼案件,可以进行调解

D. 附带民事诉讼经调解达成协议并当庭执行完毕的,无需制作调解书,也不需记入笔录

专题十 期间、送达

考点39 期间

171． 2017/2/29/单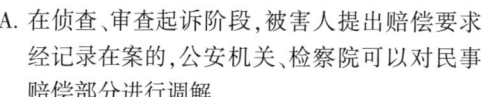

卢某妨害公务案于 2016 年 9 月 21 日一审宣判,并当庭送达判决书。卢某于 9 月 30 日将上诉书交给看守所监管人员黄某,但黄某因忙于个人事务直至 10 月 8 日上班时才寄出,上诉书于 10 月 10 日寄到法院。关于一审判决生效,下列哪一选项是正确的?

A. 一审判决于 9 月 30 日生效

B. 因黄某耽误上诉期间,卢某将上诉书交予黄某时,上诉期间中止

C. 因黄某过失耽误上诉期间,卢某可申请期间恢复

D. 上诉书寄到法院时一审判决尚未生效

172． 2015/2/31/单

关于办案期限重新计算的说法,下列哪一选项是正确的?

A. 甲盗窃汽车案,在侦查过程中发现其还涉嫌盗窃 1 辆普通自行车,重新计算侦查羁押期限

B. 乙受贿案,检察院审查起诉时发现一笔受贿款项证据不足,退回补充侦查后再次移送审查起诉时,重新计算审查起诉期限

C. 丙聚众斗殴案,在处理完丙提出的有关检察院书记员应当回避的申请后,重新计算一审审理期限

D. 丁贩卖毒品案,二审法院决定开庭审理并通知同级检察院阅卷,检察院阅卷结束后,重新计算二审审理期限

173． 2014/2/33/单

关于期间的计算,下列哪一选项是正确的?

A. 重新计算期限包括公检法的办案期限和当事人行使诉讼权利的期限两种情况

B. 上诉状或其他法律文书在期满前已交邮的不算过期,已交邮是指期间届满前将上诉状或其他法律文书递交邮局或投入邮筒内

C. 法定期间不包括路途上的时间,比如有关诉讼文书材料在公检法之间传递的时间应当从法定期间内扣除

D. 犯罪嫌疑人、被告人在押的案件,在羁押场所以外对患有严重疾病的犯罪嫌疑人、被告人进行医治的时间,应当从法定羁押期间内扣除

174． 2013/2/33/单

关于刑期计算,下列哪一说法是不正确的?

A. 甲被判处拘役六个月,其被指定居所监视居住 154 天的期间折抵刑期 154 天

B. 乙通过贿赂手段被暂予监外执行,其在监外执行的 267 天不计入执行刑期

C. 丙在暂予监外执行期间脱逃,脱逃的 78 天不计入执行刑期

D. 丁被判处管制,其判决生效前被逮捕羁押 208 天的期间折抵刑期 416 天

175． 2011/2/29/多

关于期间的计算,下列哪些说法是不正确的?②

A. 因被告人脱逃而中止审理的期间,计入审理期限

B. 法院对提起公诉案件进行审查的期限,不计入审理期限

C. 被告人要求法院另行指定辩护律师,自合议庭同意而宣布延期审理之日起至第 10 日止准备辩护的时间,计入审理期限

D. 因当事人和辩护人申请调取新的证据而延期审理期限,不计入审理期限

176． 2010/2/34/多

下列哪些段时间应计入一审案件审理期限?③

---

① 原为单选题,根据新法答案有变化,调整为多选题。
② 原为单选题,根据新法答案有变化,调整为多选题。
③ 原为单选题,根据新法答案有变化,调整为多选题。

· 22 ·

A. 需要延长审理期限的案件,办理报请高级法院批准手续的时间
B. 当事人申请重新鉴定,经法院同意延期审理的时间
C. 检察院补充侦查完毕后重新移送法院的案件,法院收到案件之日以前补充侦查的时间
D. 法院改变管辖的案件,自改变管辖决定作出至改变后的法院收到案件之日的时间

177. 2008/2/22/单

根据《刑事诉讼法》及有关司法解释的规定,下列哪一项办案期限是不能重新计算的?
A. 补充侦查完毕后的审查起诉期限
B. 发现犯罪嫌疑人另有重要罪行后的侦查羁押期限
C. 处理当事人回避申请后的法庭审理期限
D. 检察院补充侦查完毕移送法院继续审理的审理期限

考点40 送达

178. 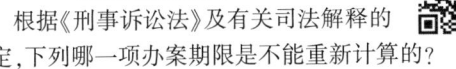 2013/2/70/多

被告人徐某为未成年人,法院书记员到其住处送达起诉书副本,徐某及其父母拒绝签收。关于该书记员处理这一问题的做法,下列哪些选项是正确的?
A. 邀请见证人到场
B. 在起诉书副本上注明拒收的事由和日期,该书记员和见证人签名或盖章
C. 采取拍照、录像等方式记录送达过程
D. 将起诉书副本留在徐某住处

第二编 分 论

专题十一 立 案

考点41 立案材料的来源和条件

179. 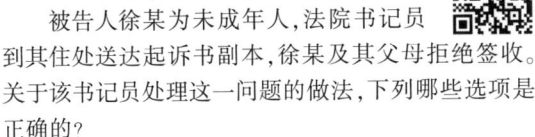 2017/2/30/单

环卫工人马某在垃圾桶内发现一名刚出生的婴儿后向公安机关报案,公安机关紧急将婴儿送医院成功抢救后未予立案。关于本案的立案程序,下列哪一选项是正确的?
A. 确定遗弃婴儿的原因后才能立案
B. 马某对公安机关不予立案的决定可申请复议
C. 了解婴儿被谁遗弃的知情人可向检察院控告
D. 检察院可向公安机关发出要求说明不立案理由通知书

考点42 立案程序和立案监督

180. 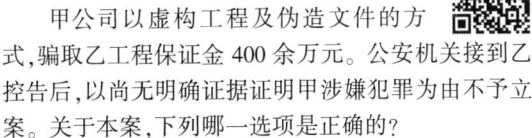 2018 回忆/多

甲因酒后驾车被某县公安局交警大队查获,经鉴定,甲每百毫升血液中含酒精90mg,属于醉酒驾车。交警大队随后将甲移送刑警大队以追究危险驾驶罪的刑事责任。刑警大队3天后对甲作出了不立案决定。下列哪些选项是不正确的?
A. 甲有权向某县公安局复议
B. 甲有权向某县公安局的上一级机关复核
C. 交警队有权向某县公安局复议
D. 交警队有权向某县公安局的上一级机关复核

181. 2016/2/72/多

公安机关获知有多年吸毒史的王某近期可能从事毒品制售活动,遂对其展开初步调查工作。关于这一阶段公安机关可以采取的措施,下列哪些选项是正确的?
A. 监听
B. 查询王某的银行存款
C. 询问王某
D. 通缉

182. 2015/2/32/单

甲公司以虚构工程及伪造文件的方式,骗取乙工程保证金400余万元。公安机关接到乙控告后,以尚无明确证据证明乙涉嫌犯罪为由不予立案。关于本案,下列哪一选项是正确的?
A. 乙应先申请公安机关复议,只有不服复议决定的才能请求检察院立案监督
B. 乙请求立案监督,检察院审查后认为公安机关应立案的,可通知公安机关立案
C. 公安机关接到检察院立案通知后仍不立案的,经省级检察院决定,检察院可自行立案侦查
D. 乙可直接向法院提起自诉

183. 2013/2/34/单

卢某坠楼身亡,公安机关排除他杀,不予立案。但卢某的父母坚称他杀可能性大,应当立案,请求检察院立案监督。检察院的下列哪一做法是正确的?
A. 要求公安机关说明不立案理由
B. 拒绝受理并向卢某的父母解释不立案原因
C. 认为符合立案条件的,可以立案并交由公安机关侦查
D. 认为公安机关不立案理由不能成立的,应当建议公安机关立案

184. 2009/2/26/单

国家机关工作人员李某多次利用职务

刑事诉讼法 [试题] · 23 ·

之便向境外间谍机构提供涉及国家机密的情报,同事赵某发现其行迹后决定写信揭发李某。关于赵某行为的性质,下列哪一选项是正确的?

  A．控告   B．告诉
  C．举报   D．报案

专题十二 侦 查

考点43 侦查行为

185． 2023 回忆/多

某地发生命案,侦查人员在勘验现场时邀请当地村委会主任刘某作为见证人。对此,下列哪些选项是正确的?
  A．刘某如请求公安机关予以安全保护,公安机关应采取保护措施
  B．刘某应在勘验笔录上签字或者盖章
  C．刘某属于本案的诉讼参与人
  D．勘验笔录的真实性有争议时,法庭可通知刘某出庭

186． 2017/2/23/单

1996 年 11 月,某市发生一起故意杀人案。2017 年 3 月,当地公安机关根据案发时现场物证中提取的 DNA 抓获犯罪嫌疑人陆某。2017 年 7 月,最高检察院对陆某涉嫌故意杀人案核准追诉。在最高检察院核准前,关于本案处理,下列哪一选项是正确的?
  A．不得侦查本案
  B．可对陆某先行拘留
  C．不得对陆某批准逮捕
  D．可对陆某提起公诉

187． 2017/2/31/单

关于侦查辨认,下列哪一选项是正确的?
  A．强制猥亵案,让犯罪嫌疑人对被害人进行辨认
  B．盗窃案,让犯罪嫌疑人到现场辨认藏匿赃物的房屋
  C．故意伤害案,让犯罪嫌疑人和被害人一起对凶器进行辨认
  D．刑讯逼供案,让被害人在 4 张照片中辨认犯罪嫌疑人

188． 2017/2/69/多

甲涉嫌利用木马程序盗取 Q 币并转卖他人,公安机关搜查其住处时,发现一个 U 盘内存储了用于盗取账号密码的木马程序。关于该 U 盘的处理,下列哪些选项是正确的?
  A．应扣押 U 盘并制作笔录
  B．检查 U 盘内的电子数据时,应将 U 盘拆分过程进行录像
  C．公安机关移送审查起诉时,对 U 盘内提取的木马程序,应附有该木马程序如何盗取账号密码的说明
  D．如 U 盘未予封存,且不能补正或作出合理解释的,U 盘内提取的木马程序不得作为定案的根据

189． 2017/2/73/多

在朱某危险驾驶案的辩护过程中,辩护律师查看了侦查机关录制的讯问同步录像。同步录像中的下列哪些行为违反法律规定?
  A．后续讯问的侦查人员与首次讯问的侦查人员完全不同
  B．朱某请求自行书写供述,侦查人员予以拒绝
  C．首次讯问时未告知朱某可聘请律师
  D．其中一次讯问持续了 14 个小时

190． 2017/2/95/任

某小学发生一起猥亵儿童案件,三年级女生甲向校长许某报称被老师杨某猥亵。许某报案后,侦查人员通过询问许某了解了甲向其陈述的被杨某猥亵的经过。侦查人员还通过询问甲了解到,另外两名女生乙和丙也可能被杨某猥亵,乙曾和甲谈到被杨某猥亵的经过,甲曾目睹杨某在课间猥亵丙。讯问杨某时,杨某否认实施猥亵行为,并表示他曾举报许某贪污,许某报案是对他的打击报复。
关于本案侦查措施,下列选项正确的是:
  A．经出示工作证件,侦查人员可在学校询问甲
  B．询问乙时,可由学校的其他老师在场并代行乙的诉讼权利
  C．可通过侦查实验确定甲能否在其所描述的时间、地点看到杨某猥亵丙
  D．搜查杨某在学校内的宿舍时,可由许某在场担任见证人

191． 2016/2/34/单

某地发生一起以爆炸手段故意杀人致多人伤亡的案件。公安机关立案侦查后,王某被确定为犯罪嫌疑人。关于本案辨认,下列哪一选项是正确的?
  A．证人甲辨认制造爆炸物的工具时,混杂了另外 4 套同类工具
  B．证人乙辨认犯罪嫌疑人时未同步录音或录像,辨认笔录不得作为定案的依据
  C．证人丙辨认犯罪现场时没有见证人在场,辨认笔录不得作为定案的依据
  D．王某作为辨认人时,陪衬物不受数量的限制

192. 2016/2/94/任

甲、乙(户籍地均为M省A市)共同运营一条登记注册于A市的远洋渔船。某次在公海捕鱼时,甲乙二人共谋杀害了与他们素有嫌隙的水手丙。该船回国后首泊于M省B市港口以作休整,然后再航行至A市。从B市起航后,在途经M省C市航行至A市过程中,甲因害怕乙投案自首一直将乙捆绑拘禁于船舱。该船于A市靠岸后案发。

本案公安机关开展侦查。关于侦查措施,下列选项正确的是:
A. 讯问甲的过程应当同步录音或录像
B. 可在讯问乙的过程中一并收集乙作为非法拘禁案的被害人的陈述
C. 在该船只上进行犯罪现场勘查时,应邀请见证人在场
D. 可查封该船只进一步收集证据

193. 2015/2/94/任

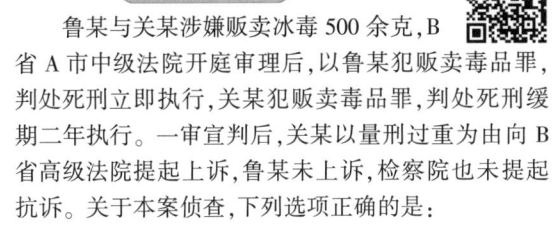

鲁某与关某涉嫌贩卖冰毒500余克,B省A市中级法院开庭审理后,以鲁某犯贩卖毒品罪,判处死刑立即执行,关某犯贩卖毒品罪,判处死刑缓期二年执行。一审宣判后,关某以量刑过重为由向B省高级法院提起上诉,鲁某未上诉,检察院也未提起抗诉。关于本案侦查,下列选项正确的是:
A. 本案经批准可采用控制下交付的侦查措施
B. 对鲁某采取技术侦查的期限不得超过9个月
C. 侦查机关只有在对鲁某与关某立案后,才能派遣侦查人员隐匿身份实施侦查
D. 通过技术侦查措施收集到的证据材料可作为定案的依据,但须经法庭调查程序查证属实或由审判人员在庭外予以核实

194. 2014/2/34/单

关于勘验、检查,下列哪一选项是正确的?
A. 为保证侦查活动的规范性与合法性,只有侦查人员可进行勘验、检查
B. 侦查人员进行勘验、检查,必须持有侦查机关的证明文件
C. 检查妇女的身体,应当由女工作人员或者女医师进行
D. 勘验、检查应当有见证人在场,勘验、检查笔录上没有见证人签名的,不得作为定案的根据

195. 2014/2/70/多

关于讯问犯罪嫌疑人,下列哪些选项是正确的?
A. 在拘留犯罪嫌疑人之前,一律不得对其进行讯问

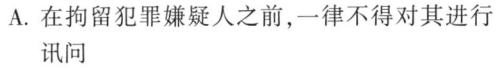

B. 在拘留犯罪嫌疑人之后,可在送看守所羁押前进行讯问
C. 犯罪嫌疑人被拘留送看守所之后,讯问应当在看守所内进行
D. 对于被指定居所监视居住的犯罪嫌疑人,应当在指定的居所进行讯问

196. 2014/2/92/任

赵某、石某抢劫杀害李某,被路过的王某、张某看见并报案。赵某、石某被抓获后,2名侦查人员负责组织辨认。关于辨认的程序,下列选项正确的是:
A. 在辨认尸体时,只将李某尸体与另一尸体作为辨认对象
B. 在2名侦查人员的主持下,将赵某混杂在9名具有类似特征的人员中,由王某、张某个别进行辨认
C. 在对石某进行辨认时,9名被辨认人员中的4名民警因紧急任务离开,在2名侦查人员的主持下,将石某混杂在5名人员中,由王某、张某个别进行辨认
D. 根据王某、张某的要求,辨认在不暴露他们身份的情况下进行

197. 2013/2/30/单

在一起聚众斗殴案件发生时,证人甲乙丙丁四人在现场目睹事实经过,侦查人员对上述四名证人进行询问。关于询问证人的程序和方式,下列哪一选项是错误的?
A. 在现场立即询问证人甲
B. 传唤证人乙到公安机关提供证言
C. 到证人丙租住的房屋询问证人丙
D. 到证人丁提出的其工作单位附近的快餐厅询问证人丁

198. 2013/2/35/单

对侦查所实施的司法控制,包括对某些侦查行为进行事后审查。下列哪一选项是正确的?
A. 事后审查的对象主要包括逮捕、羁押、搜查等
B. 事后审查主要针对的是强行性侦查措施
C. 采取这类侦查行为不可以由侦查机关独立作出决定
D. 对于这类行为,公民认为侦查机关侵犯其合法权益的,可以寻求司法途径进行救济

199. 2013/2/69/多

在侦查过程中,下列哪些行为违反我国刑事诉讼法的规定?
A. 侦查人员拒绝律师讯问时在场的要求

B. 公安机关变更逮捕措施,没有通知原批准的检察院
C. 公安机关认为检察院不批准逮捕的决定有错误,提出复议前继续拘留犯罪嫌疑人
D. 侦查机关未告知犯罪嫌疑人家属指定居所监视居住的理由和处所

200. 2012/2/71/多
关于技术侦查,下列哪些说法是正确的?
A. 适用于严重危害社会的犯罪案件
B. 必须在立案后实施
C. 公安机关和检察院都有权决定并实施
D. 获得的材料需要经过转化才能在法庭上使用

201. 侦查措施是查明案件事实的手段,与公民的权利保障密切相关。
请回答第(1)~(3)题。

(1) 2012/2/92/任
关于讯问犯罪嫌疑人的地点,下列选项正确的是:
A. 对不需要逮捕、拘留的犯罪嫌疑人,可以传唤到犯罪嫌疑人所在市、县的公安局进行讯问
B. 对不需要逮捕、拘留的犯罪嫌疑人,可以传唤到犯罪嫌疑人所在市、县的公司内进行讯问
C. 对于已经被逮捕羁押的犯罪嫌疑人,应当在看守所内进行讯问
D. 犯罪现场发现的犯罪嫌疑人,可以当场口头传唤,但须出示工作证并在讯问笔录中注明

(2) 2012/2/93/任
关于询问被害人,下列选项正确的是:
A. 侦查人员可以在现场进行询问
B. 侦查人员可以在指定的地点进行询问
C. 侦查人员可以通知被害人到侦查机关接受询问
D. 询问笔录应当交被害人核对,如记载有遗漏或者差错,被害人可以提出补充或者改正

(3) 2012/2/94/任
关于查封、扣押措施,下列选项正确的是:
A. 查封、扣押犯罪嫌疑人与案件有关的各种财物、文件只能在勘验、搜查中实施
B. 根据侦查犯罪的需要,可以依照规定扣押犯罪嫌疑人的存款、汇款、债券、股票、基金份额等财产
C. 侦查人员认为需要扣押犯罪嫌疑人的邮件、电报的时候,可通知邮电机关将有关的邮件、电报检交扣押

D. 对于查封、扣押的财物、文件、邮件、电报,经查明确实与案件无关的,应当在3日以内解除查封、扣押,予以退还

202. 2011/2/69/单
公安机关抓获一起抢夺案犯罪嫌疑人黄某、王某。王某声称被错抓,公安机关决定组织对王某进行辨认。关于公安机关的做法,下列哪一选项是正确的?①
A. 让2名被害人一同对王某进行辨认
B. 让黄某单独对王某进行辨认
C. 在辨认时没有安排见证人在场
D. 将王某混在其他5名被辨认人当中

203. 2010/2/67/多
关于司法鉴定,下列哪些选项是正确的?
A. 某鉴定机构的三名鉴定人共同对某杀人案进行法医类鉴定,这三名鉴定人依照诉讼法律规定实行回避
B. 某鉴定机构的鉴定人钱某对某盗窃案进行了声像资料鉴定,该司法鉴定应由钱某负责
C. 当事人对鉴定人胡某的鉴定意见有异议,经法院通知,胡某应当出庭作证
D. 鉴定人刘某、廖某、徐某共同对被告人的精神状况进行了鉴定,刘某和廖某意见一致,但徐某有不同意见,应当按照刘某和廖某的意见作出结论

204. 2009/2/27/单
关于侦查中的检查与搜查,下列哪一说法是正确的?
A. 搜查的对象可以是活人的身体,检查只能对现场、物品、尸体进行
B. 搜查只能由侦查人员进行,检查可以由具有专门知识的人在侦查人员主持下进行
C. 搜查应当出示搜查证,检查不需要任何证件
D. 搜查和检查对任何对象都可以强制进行

205. 2009/2/68/多
关于扣押物证、书证,下列哪些做法是正确的?
A. 侦查人员在搜查钱某住宅时,发现一份能够证明钱某无罪的证据,对此证据予以扣押
B. 在杜某故意杀人案中,侦查机关依法扣押杜某一些物品和文件。对与案件无关的物品和文件,侦查机关应当在五日内解除扣押、冻结,

---
① 原为多选题,根据新法答案有变化,调整为单选题。

退还杜某

C. 公安机关在侦查刘某盗窃案中,可以依照规定查询、冻结刘某的存款、汇款
D. 在对周某盗窃罪审查起诉中,周某死亡,检察院决定将依法冻结的周某赃款的一部分上缴国库,其余部分返还给被害人

206． 2007/2/30/单

张某因涉嫌放火罪被批准逮捕。公安机关在侦查过程中,发现张某另有抢劫罪的重大嫌疑,决定依照刑事诉讼法的规定重新计算羁押期限。关于重新计算羁押期限,下列哪一选项是正确的?

A. 报同级检察院批准
B. 报同级检察院备案
C. 报上一级公安机关批准
D. 报上一级公安机关备案

207． 2006/2/33/单

黄某住甲市 A 区,因涉嫌诈骗罪被甲市检察院批准逮捕。由于案情复杂,期限届满侦查不能终结,侦查机关报请有关检察院批准延长一个月。其后,由于该案重大复杂,涉及面广,取证困难,侦查机关报请有关检察院批准后,又延长了二个月。但是,延长二个月后,仍不能侦查终结,且根据已查明的犯罪事实,对黄某可能判处无期徒刑,侦查机关第三次报请检察院批准再延长二个月。在报请延长手续问题上,下列哪一选项是错误的?

A. 第一次延长,须经甲市检察院批准
B. 第二次延长,须经甲市检察院的上一级检察院批准
C. 第二次延长,须经甲市所属的省检察院批准
D. 第三次延长,须经甲市所属的省检察院批准

考点44 侦查终结

208． 2016/2/33/单

甲乙二人在餐厅吃饭时言语不合进而互相推搡,乙突然倒地死亡,县公安局以甲涉嫌过失致人死亡立案侦查。经鉴定乙系特殊体质,其死亡属意外事件,县公安局随即撤销案件。关于乙的近亲属的诉讼权利,下列哪一选项是正确的?

A. 就撤销案件向县公安局申请复议
B. 就撤销案件向公安局的上一级公安局申请复核
C. 向检察院侦查监督部门申请立案监督
D. 直接向法院对甲提起刑事附带民事诉讼

209． 2012/2/39/单

关于侦查程序中的辩护权保障和情况告知,下列哪一选项是正确的?

A. 辩护律师提出要求的,侦查机关可以听取辩护律师的意见,并记录在案
B. 辩护律师提出书面意见的,可以附卷
C. 侦查终结移送审查起诉时,将案件移送情况告知犯罪嫌疑人或者其辩护律师
D. 侦查终结移送审查起诉时,将案件移送情况告知犯罪嫌疑人及其辩护律师

考点45 补充侦查

210． 2015/2/70/多

关于补充侦查,下列哪些选项是正确的?

A. 审查批捕阶段,只有不批准逮捕的,才能通知公安机关补充侦查
B. 审查起诉阶段的补充侦查以两次为限
C. 审判阶段检察院应自行侦查,不得退回公安机关补充侦查
D. 审判阶段法院不得建议检察院补充侦查

专题十三 起 诉

考点46 起诉概述

211． 2013/2/36/单

只要有足够证据证明犯罪嫌疑人构成犯罪,检察机关就必须提起公诉。关于这一制度的法理基础,下列哪一选项是正确的?

A. 起诉便宜主义
B. 起诉法定主义
C. 公诉垄断主义
D. 私人诉追主义

212． 2010/2/70/多

关于我国刑事起诉制度,下列哪些选项是正确的?

A. 实行公诉为主、自诉为辅的犯罪追诉机制
B. 公诉为主表明公诉机关可主动干预自诉
C. 实行的起诉原则为起诉法定主义为主,兼采起诉便宜主义
D. 起诉法定为主要求凡构成犯罪的必须起诉

考点47 审查起诉

213． 2021 回忆/任

梁某因贪污被甲省乙市监察机关立案调查。留置期间梁某认罪认罚,积极退赃,监察机关经调查,认为犯罪事实清楚、证据确实、充分,依法移送人民检察院。在审查起诉期间,梁某拒绝律师为其辩护,下列说法正确的是:

A. 人民检察院应当通知值班律师为梁某提供法律援助

B. 乙市监察机关决定留置应当报请甲省监察机关批准
C. 监察机关可以向检察院提出认罪认罚建议
D. 移送审查起诉后,留置措施自动解除,检察院应当对梁某先行拘留

214. 2016/2/35/单

甲、乙共同实施抢劫,该案经两次退回补充侦查后,检察院发现甲在两年前曾实施诈骗犯罪。关于本案,下列哪一选项是正确的?
A. 应将全案退回公安机关依法处理
B. 对新发现的犯罪自行侦查,查清犯罪事实后一并提起公诉
C. 将新发现的犯罪移送公安机关侦查,待公安机关查明事实移送审查起诉后一并提起公诉
D. 将新发现的犯罪移送公安机关立案侦查,对已查清的犯罪事实提起公诉

215. 2013/2/25/单

高某涉嫌抢劫犯罪,公安机关经二次补充侦查后将案件移送检察机关,检察机关审查发现高某可能还实施了另一起盗窃犯罪。检察机关关于此案的处理,下列哪一选项是正确的?
A. 再次退回公安机关补充侦查,并要求在一个月内补充侦查完毕
B. 要求公安机关收集并提供新发现的盗窃犯罪的证据材料
C. 对新发现的盗窃犯罪自行侦查,并要求公安机关提供协助
D. 将新发现的盗窃犯罪移送公安机关另行立案侦查,对已经查清的抢劫犯罪提起公诉

216. 2013/2/66/多 新法改编

法院审理郑某涉嫌滥用职权犯罪案件,在宣告判决前,检察院发现郑某和张某接受秦某巨款,涉嫌贿赂犯罪,事实清楚,证据确实、充分。对于新发现犯罪嫌疑人和遗漏罪行的处理,下列哪些做法是正确的?
A. 法院可以主动将张某、秦某追加为被告人一并审理
B. 检察院可以补充起诉郑某、张某和秦某的贿赂犯罪
C. 检察院可以将张某、秦某追加为被告人,要求法院一并审理
D. 检察院应当撤回起诉,将三名犯罪嫌疑人以两个罪名重新起诉

217. 2009/2/29/单

关于检察院审查起诉,下列哪一选项是正确的?
A. 认为需要对公安机关的勘验、检查进行复验、复查的,可以自行复验、复查
B. 发现侦查人员以非法方法收集证据的,应当自行调查取证
C. 对已经退回公安机关二次补充侦查的案件,在审查起诉中又发现新的犯罪事实的,应当将已侦查的案件和新发现的犯罪一并移送公安机关立案侦查
D. 共同犯罪中部分犯罪嫌疑人潜逃的,应当中止对全案的审查,待潜逃犯罪嫌疑人归案后重新开始审查起诉

考点48 不起诉

218. 2022回忆/多

耿某醉酒驾驶电动自行车与行人宋某发生碰撞,造成宋某轻微伤。后检察院对耿某作出存疑不起诉决定。对此,检察院的下列哪些理由不成立?
A. 交通事故责任认定书确认耿某负主要责任,宋某负次要责任
B. 耿某辩称知道醉酒不能驾驶轿车,但不知道不能驾驶电动自行车
C. 鉴定机构承认耿某的血液样本被污染
D. 耿某驾驶的车符合法律规定的非机动车的标准

219. 2018回忆/多

张三系某县财政局局长,因涉嫌贪污被某县监察委员会立案调查,调查终结后,某县监察委员会将案件移送某县检察院审查起诉。下列表述哪些是错误的?
A. 某县检察院经过审查认为需要补充核实证据,应当对案件自行补充侦查
B. 某县检察院经过审查认为需要补充核实证据,可以直接作出不起诉决定
C. 某县检察院经过审查认为证据不足,经过二次退回某县监察委员会补充调查后仍然认为证据不足,可以直接作出不起诉决定
D. 某县检察院作出不起诉决定后,某县监察委员会不服,有权向某县检察院提请复议

220. 2017/2/32/单

叶某涉嫌飞车抢夺行人财物被立案侦查。移送审查起诉后,检察院认为实施该抢夺行为的另有其人。关于本案处理,下列哪一选项是正确的?
A. 检察院可将案卷材料退回公安机关并建议公安机关撤销案件
B. 在两次退回公安机关补充侦查后,检察院应

作出证据不足不起诉的决定
C. 检察院作出不起诉决定后，被害人不服向法院提起自诉，法院受理后，不起诉决定视为自动撤销
D. 如最高检察院认为对叶某的不起诉决定确有错误的，可直接撤销不起诉决定

221． 2015/2/33/单
甲、乙、丙、丁四人涉嫌多次结伙盗窃，公安机关侦查终结移送审查起诉后，甲突然死亡。检察院审查后发现，甲和乙共同盗窃1次，数额未达刑事立案标准；乙和丙共同盗窃1次，数额刚达刑事立案标准；甲、丙、丁三人共同盗窃1次，数额巨大，但经两次退回公安机关补充侦查后仍证据不足；乙对其参与的2起盗窃有自首情节。关于本案，下列哪一选项是正确的？
A. 对甲可作出酌定不起诉决定
B. 对乙可作出法定不起诉决定
C. 对丙应作出证据不足不起诉决定
D. 对丁应作出证据不足不起诉决定

222． 2014/2/35/单
检察院对孙某敲诈勒索案审查起诉后认为，作为此案关键证据的孙某口供系刑讯所获，依法应予排除。在排除该口供后，其他证据显然不足以支持起诉，因而作出不起诉决定。关于该案处理，下列哪一选项是错误的？
A. 检察院的不起诉属于存疑不起诉
B. 检察院未经退回补充侦查即作出不起诉决定违反《刑事诉讼法》的规定
C. 检察院排除刑讯获得的口供，体现了法律监督机关的属性
D. 检察院不起诉后，又发现新的证据，符合起诉条件时，可提起公诉

223． 2011/2/31/单
被害人对于检察院作出不起诉决定不服而在7日内提出申诉时，下列哪一说法是正确的？
A. 由作出决定的检察院受理被害人的申诉
B. 由与作出决定的检察院相对应的法院受理被害人的申诉
C. 被害人提出申诉同时又向法院起诉的，法院应裁定驳回起诉
D. 被害人提出申诉后又撤回的，仍可向法院起诉

224． 2008/2/24/单
某看守所干警甲，因涉嫌虐待被监管人乙被立案侦查。在审查起诉期间，A地基层检察院认为甲情节显著轻微，不构成犯罪，遂作不起诉处理。

关于该决定，下列哪一选项是正确的？
A. 公安机关有权申请复议复核
B. 某甲有权向原决定检察院申诉
C. 某乙有权向上一级检察院申诉
D. 申诉后，上级检察院维持不起诉决定的，某乙可以向该地的中级法院提起自诉

专题十四　刑事审判概述

考点49 刑事审判的特征

225． 2014/2/36/单
刑事审判具有亲历性特征。下列哪一选项不符合亲历性要求？
A. 证人因路途遥远无法出庭，采用远程作证方式在庭审过程中作证
B. 首次开庭并对出庭证人的证言质证后，某合议庭成员因病无法参与审理，由另一人民陪审员担任合议庭成员继续审理并作出判决
C. 某案件独任审判员在公诉人和辩护人共同参与下对部分证据进行庭外调查核实
D. 第二审法院对决定不开庭审理的案件，通过讯问被告人，听取被害人、辩护人和诉讼代理人的意见进行审理

考点50 刑事审判原则

226． 2017/2/74/多
《关于推进以审判为中心的刑事诉讼制度改革的意见》第13条要求完善法庭辩论规则，确保控辩意见发表在法庭。法庭应当充分听取控辩双方意见，依法保障被告人及其辩护人的辩论辩护权。关于这一规定的理解，下列哪些选项是正确的？
A. 符合我国刑事审判模式逐步弱化职权主义色彩的发展方向
B. 确保控辩意见发表在法庭，核心在于保障被告人和辩护人能充分发表意见
C. 体现了刑事审判的公开性
D. 被告人认罪的案件的法庭辩论，主要围绕量刑进行

227． 2016/2/22/单
《中共中央关于全面深化改革若干重大问题的决定》提出"让审理者裁判、由裁判者负责"。结合刑事诉讼基本原理，关于这一表述的理解，下列哪一选项是正确的？
A. 体现了我国刑事诉讼职能的进一步细化与完善
B. 体现了刑事诉讼直接原则的要求
C. 体现了刑事审判的程序性特征

D. 体现了刑事审判控辩式庭审方式改革的方向

228． 2013/2/37/单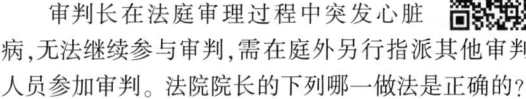
开庭审判过程中，一名陪审员离开法庭处理个人事务，辩护律师提出异议并要求休庭，审判长予以拒绝，四十分钟后陪审员返回法庭继续参与审理。陪审员长时间离开法庭的行为违背下列哪一审判原则？
A. 职权主义原则
B. 证据裁判规则
C. 直接言词原则
D. 集中审理原则

229． 2011/2/32/单
审判长在法庭审理过程中突发心脏病，无法继续参与审判，需在庭外另行指派其他审判人员参加审判。法院院长的下列哪一做法是正确的？
A. 指派一名陪审员担任审判长重新审理
B. 指派一名陪审员担任审判长继续审理
C. 指派一名陪审员并指定原合议庭一名审判员担任审判长继续审理
D. 指定一名审判员担任审判长重新审理

230． 2010/2/73/多
下列哪些选项体现了集中审理原则的要求？
A. 案件一旦开始审理即不得更换法官
B. 法庭审理应不中断地进行
C. 更换法官或者庭审中断时间较长的，应当重新进行审理
D. 法庭审理应当公开进行

231． 2009/2/25/单
下列哪一选项体现直接言词原则的要求？
A. 法官亲自收集证据
B. 法官亲自在法庭上听取当事人、证人及其他诉讼参与人的口头陈述
C. 法庭审理尽可能不中断地进行
D. 法庭审理应当公开进行证据调查与辩论

考点51 审级制度

232． 2017/2/33/单
下列哪一选项属于两审终审制的例外？
A. 自诉案件的刑事调解书经双方当事人签收后，即具有法律效力，不得上诉
B. 地方各级法院的第一审判决，法定期限内没有上诉、抗诉，期满即发生法律效力
C. 在法定刑以下判处刑罚的判决，报请最高法院核准后生效

D. 法院可通过再审，撤销或者改变已生效的二审判决

233． 2009/2/32/单
关于两审终审制度，下列哪一选项是正确的？
A. 一个案件只有经过两级法院审理裁判才能生效
B. 经过两级法院审判所作的裁判都是生效裁判
C. 一个案件经过两级法院审判后对所作的裁判不能上诉
D. 一个案件经过两级法院审判后当事人就不能对判决、裁定提出异议

考点52 审判组织

234． 2020回忆/多
关于合议庭，下列哪些说法是错误的？
A. 对于疑难、复杂、重大的案件，合议庭认为难以作出决定的，由合议庭直接提交审判委员会讨论决定
B. 合议庭进行评议的时候，如果意见分歧，应当按审判长的意见作出决定
C. 人民法院审判上诉案件，应当由审判员三人至七人组成合议庭进行
D. 合议庭的成员人数应当是单数

235． 2019回忆/多
关于审判组织，下列说法不正确的是：
A. 最高人民法院审理一审案件可以由1个审判员和2个人民陪审员组成合议庭
B. 某国企高管张某贪污1亿元，社会影响重大，市检察院公诉到中级人民法院，本案应当由人民陪审员和法官组成七人合议庭审理
C. 某区法院审理精神病人的强制医疗程序应当由3名审判员组成合议庭审理
D. 某县法院适用简易程序审理刘某侵占案，则应当由审判员1人独任审理

考点53 人民陪审员制度

236． 2021回忆/多
闵某是七人合议庭中的人民陪审员，关于闵某的权利，下列选项说法正确的是：
A. 合议庭评议，可以就法律问题发表意见
B. 开庭前可以查阅案卷
C. 庭审中经审判长同意可以询问证人
D. 判决书副本应当送交给闵某

237． 2020回忆/任
下列关于人民陪审员制度的表述，正确的是：

A. 人民陪审员可以组织自诉人和被告人进行调解
B. 三人合议庭中,人民陪审员只对事实问题进行表决
C. 人民陪审员参加七人的合议庭,由二个法官和五个陪审员组成
D. 人民陪审员由法院院长任命

238． 2015/2/35/单
罗某作为人民陪审员参与 D 市中级法院的案件审理工作。关于罗某的下列哪一说法是正确的?
A. 担任人民陪审员,必须经 D 市人大常委会任命
B. 同法官享有同等权利,也能担任合议庭审判长
C. 可参与中级法院二审案件审理,并对事实认定、法律适用独立行使表决权
D. 可要求合议庭将案件提请院长决定是否提交审委会讨论决定

239． 2013/2/26/多
关于我国人民陪审员制度与一些国家的陪审团制度存在的差异,下列哪些选项是不正确的?①
A. 人民陪审员制度目的在于协助法院完成审判任务,陪审团制度目的在于制约法官
B. 人民陪审员与法官行使相同职权,陪审团与法官存在职权分工
C. 人民陪审员在成年公民中随机选任,陪审团从有选民资格的人员中聘任
D. 是否适用人民陪审员制度取决于当事人的意愿,陪审团适用于所有案件

240． 2011/2/35/单
陪审员王某参加一起案件审判。被告辩护人当庭提出被告有正当防卫和自首情节,公诉人予以否定,提请合议庭不予采信,审判长没有就此进行调查。王某对审判长没有征询合议庭其他成员意见就决定不予调查,在评议时提出异议,但审判长不同意。对此,关于王某可以行使的权力,下列哪一选项是正确的?
A. 要求合议庭将案件提请院长决定是否展开调查
B. 要求合议庭将案件提交审判委员会讨论决定
C. 提请院长决定是否提交审判委员会讨论决定
D. 要求合议庭提请院长决定是否提交审判委员会讨论决定

241． 2009/2/74/多
张某系某基层法院陪审员,可以参与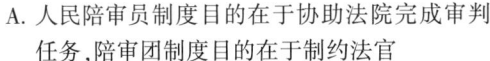审判下列哪些案件?
A. 所在区基层法院适用简易程序审理的案件
B. 所在市中级法院审理的一审案件
C. 所在市中级法院审理的二审案件
D. 所在省高级法院审理的一审案件

专题十五　第一审程序

考点54　公诉案件庭前审查

242． 2010/2/71/多
法院对检察院提起公诉的案件进行庭前审查,下列哪些做法是正确的?
A. 发现被告人张某在起诉前已从看守所脱逃的,退回检察院
B. 法院裁定准许撤诉的抢劫案,检察院因被害人范某不断上访重新起诉的,不予受理
C. 起诉时提供的一名外地证人石某没有列明住址和通讯处的,通知检察院补送
D. 某被告人被抓获后始终一言不发,也没有任何有关姓名、年龄、住址、单位等方面的信息或线索的,不予受理

243． 2008/2/71/多
某县法院在对杨某绑架案进行庭前审查中,发现下列哪些情形时,应当将案件退回检察机关?
A. 杨某在绑架的过程中杀害了人质
B. 杨某在审查起诉期间从看守所逃脱
C. 检察机关移送起诉材料未附证据目录
D. 检察机关移送起诉材料欠缺已经委托辩护人的住址、通讯处

244． 2007/2/25/多
法院对公诉案件进行审查后,应当根据不同情况作出处理。据此,下列哪些选项是错误的?②
A. 对于不属于本院管辖的,应当通知检察院撤回起诉
B. 对于被告人不在案的,应当决定退回检察院
C. 法院裁定准许撤诉的案件,没有新的事实、证据,检察院重新起诉的,应当裁定驳回起诉
D. 法院作出了证据不足、指控的犯罪不能成立的无罪判决的案件,检察院依据新的事实、证据材料重新起诉的,法院应当根据禁止重复追诉原则不予受理

---

① 原为单选题,根据新法答案有变化,调整为多选题。
② 原为单选题,根据新法答案有变化,调整为多选题。

刑事诉讼法 [试题]

考点55 庭前准备

245. 2015/2/72/多

高某利用职务便利多次收受贿赂,还雇凶将举报他的下属王某打成重伤。关于本案庭前会议,下列哪些选项是正确的?
- A. 高某可就案件管辖提出异议
- B. 王某提起附带民事诉讼的,可调解
- C. 高某提出其口供系刑讯所得,法官可在审查讯问时同步录像的基础上决定是否排除口供
- D. 庭前会议上出示过的证据,庭审时举证、质证可简化

246. 2014/2/71/多

关于庭前会议,下列哪些选项是正确的?
- A. 被告人有参加庭前会议的权利
- B. 被害人提起附带民事诉讼的,审判人员可在庭前会议中进行调解
- C. 辩护人申请排除非法证据的,可在庭前会议中就是否排除作出决定
- D. 控辩双方可在庭前会议中就出庭作证的证人名单进行讨论

考点56 法庭审判程序

247. 2022回忆/任

刘某在家突发疾病,其丈夫醉酒归来后立即拨打120,但救护车无法及时赶到。情急之下,刘某丈夫驾车送其去医院。事后刘某丈夫被人民检察院以危险驾驶罪提起公诉。关于本案的审理,下列说法正确的是:
- A. 法庭辩论中辩护人提出案发道路人员稀少的新事实,法院应恢复法庭调查
- B. 庭审后,辩护人提交120接听记录作为紧急避险的证据,该记录经庭外征求意见后可作为定案的根据
- C. 法院应对刘某危险驾驶的起因进行审查
- D. 若法院适用速裁程序审理本案,则无须对定案证据进行质证

248. 2021回忆/任

检察院以关某涉嫌盗窃罪提起公诉,关某表示认罪认罚,人民检察院建议对关某判处4年有期徒刑,法院适用简易程序审理本案。判决宣告前,法院发现关某还另有盗窃事实没有移送,于是通知检察院,检察院没有在指定时间内予以回复。下列关于法院的做法正确的是:
- A. 将简易程序转为普通程序进行审理
- B. 应当对关某判处有期徒刑4年
- C. 可以就新发现的犯罪事实自行调查

- D. 应当就起诉书指控的事实作出裁判

249. 2019回忆/单

张某因故意杀人罪被甲市检察院提起公诉,甲市中级法院以证据不足,判决张某无罪。一年后,甲市检察院发现新的证据,能证明张某构成故意杀人罪,应如何处理:
- A. 甲市检察院建议甲市中级法院撤销原无罪判决后,再提起公诉
- B. 甲市检察院直接提起公诉
- C. 甲市检察院抗诉提起再审
- D. 甲市检察院建议甲市中级法院主动再审

250. 2016/2/36/多

法院在审理胡某持有毒品案时发现,胡某不仅持有毒品数量较大,而且向他人出售毒品,构成贩卖毒品罪。关于本案,下列哪些选项是错误的?①
- A. 如胡某承认出售毒品,法院可直接改判
- B. 法院可在听取控辩双方意见基础上直接改判
- C. 法院可建议检察院补充或者变更起诉
- D. 法院可建议检察院退回补充侦查

251. 2016/2/96/任

甲女与乙男在某社交软件互加好友,手机网络聊天过程中,甲多次向乙男发送暧昧言语和色情图片,表示可以提供有偿性服务。二人于酒店内见面后因价钱谈不拢而争吵,乙男强行将甲女留在房间内,并采用胁迫手段与其发生性关系。后甲女向公安机关报案,乙男则辩称双方系自愿发生性关系。
本案后起诉至法院,关于本案审理程序,下列选项正确的是:
- A. 应当不公开审理
- B. 甲女因出庭作证而支出的交通、住宿的费用,法院应给予补助
- C. 甲女可向法院提起附带民事诉讼要求乙男赔偿因受侵害而支出的医疗费
- D. 公诉人讯问乙男后,甲女可就强奸的犯罪事实向乙男发问

252. 2015/2/36/多

关于我国刑事诉讼中起诉与审判的关系,下列哪些选项是错误的?②
- A. 自诉人提起自诉后,在法院宣判前,可随时撤回自诉,法院应准许
- B. 法院只能就起诉的罪名是否成立作出裁判

---

① 原为单选题,根据新法答案有变化,调整为多选题。

② 原为单选题,根据新法答案有变化,调整为多选题。

C. 在法庭审理过程中,法院可建议检察院补充、变更起诉
D. 对检察院提起公诉的案件,法院判决无罪后,检察院不能再次起诉

253. 2013/2/39/单

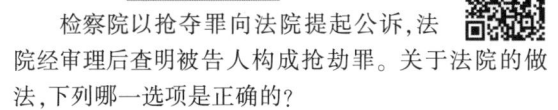

检察院以抢夺罪向法院提起公诉,法院经审理后查明被告人构成抢劫罪。关于法院的做法,下列哪一选项是正确的?

A. 应当建议检察院改变起诉罪名,不能直接以抢劫罪定罪
B. 可以直接以抢劫罪定罪,不必建议检察院改变起诉罪名
C. 只能判决无罪,检察院应以抢劫罪另行起诉
D. 应当驳回起诉,检察院应以抢劫罪另行起诉

254. 2013/2/74/多

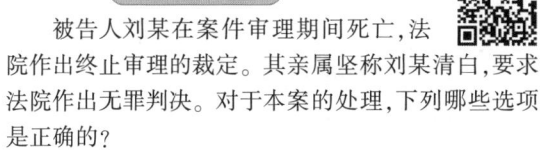

被告人刘某在案件审理期间死亡,法院作出终止审理的裁定。其亲属坚称刘某清白,要求法院作出无罪判决。对于本案的处理,下列哪些选项是正确的?

A. 应当裁定终止审理
B. 根据已查明的案件事实和认定的证据,能够确认无罪的,应当判决宣告刘某无罪
C. 根据刘某亲属要求,应当撤销终止审理的裁定,改判无罪
D. 根据刘某亲属要求,应当以审判监督程序重新审理该案

255. 2012/2/69/多

审理一起团伙犯罪案时,因涉及多个罪名和多名被告人、被害人,审判长为保障庭审秩序,提高效率,在法庭调查前告知控辩双方注意事项。下列哪些做法是错误的?

A. 公诉人和被告人仅就刑事部分进行辩论,被害人和被告人仅就附带民事部分进行辩论
B. 控辩双方仅在法庭辩论环节就证据的合法性、相关性问题进行辩论
C. 控辩双方可就证据问题、事实问题、程序问题以及法律适用问题进行辩论
D. 为保证控方和每名辩护人都有发言时间,控方和辩方发表辩论意见时间不超过30分钟

256. 2011/2/70/多

关于量刑程序,下列哪些说法是正确的?

A. 检察院可以在公诉意见书中提出量刑建议
B. 合议庭在评议前应向到庭旁听的人发放调查问卷了解他们对量刑的意见
C. 简易程序审理的案件,被告人自愿承认指控的犯罪事实和罪名且知悉认罪法律后果的,庭审理可以直接围绕量刑问题进行
D. 辩护人无权委托有关方面制作涉及未成年人的社会调查报告

257. 2009/2/34/单

检察院以涉嫌盗窃罪对赵某提起公诉。经审理,法院认为证明指控事实的证据间存在矛盾且无法排除,同时查明赵某年龄认定有误,该案发生时赵某未满16周岁。关于本案,法院应当采取下列哪一做法?

A. 将案件退回检察院
B. 终止审理
C. 作证据不足、指控的犯罪不能成立的无罪判决
D. 判决宣告赵某不负刑事责任

258. 2008/2/38/单

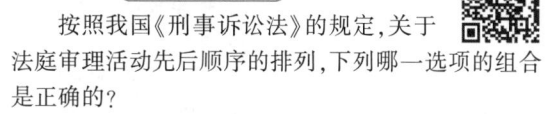

按照我国《刑事诉讼法》的规定,关于法庭审理活动先后顺序的排列,下列哪一选项的组合是正确的?

①宣读勘验笔录;②公诉人发表公诉词;③讯问被告人;④询问证人、鉴定人;⑤出示物证;⑥被告人最后陈述。

A. ②③⑤④①⑥
B. ③④⑤①②⑥
C. ②④⑤①⑥③
D. ③④①⑤②⑥

259. 2008/2/78/多

在法庭审理中,控方向法庭出示被告人实施抢劫时所持的匕首。关于该匕首,应当履行的法庭调查程序,下列哪些选项是正确的?

A. 让被害人辨认
B. 让被告人辨认
C. 听取辩护人意见
D. 听取诉讼代理人意见

考点57 延期审理、中止审理和终止审理

260. 2012/2/31/单

下列哪一选项属于刑事诉讼中适用中止审理的情形?

A. 由于申请回避而不能进行审判的
B. 需要重新鉴定的
C. 被告人患有严重疾病,长时间无法出庭的
D. 检察人员发现提起公诉的案件需要补充侦查,提出建议的

261. 2008/2/70/多

关于刑事案件的延期审理和中止审理,下列哪些说法是正确的?

A. 延期审理适用于法庭审理过程中,中止审理适

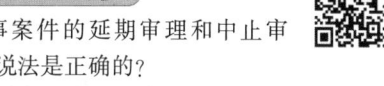

用于法院受理案件后至作出判决前

B. 导致延期审理的原因是庭审自身出现障碍，因而不停止法庭审理以外的诉讼活动，导致中止审理的原因是出现了不能抗拒的情况，使诉讼活动无法正常进行，因而暂停诉讼活动

C. 延期审理的案件再行开庭的时间具有可预见性，中止审理的案件再行开庭的时间往往无法预见

D. 不论延期审理还是中止审理，其时间都计入审理期限

262． 2008/2/77/多 新法改编

在下列哪些情形下，经公诉人建议法庭延期审理的时间一次不得超过一个月？

A. 发现事实不清、证据不足的
B. 发现遗漏罪行、遗漏同案犯罪嫌疑人，需要补充侦查或者补充提供证据的
C. 发现遗漏罪行或者遗漏同案犯罪嫌疑人，虽不需要补充侦查和补充提供证据，但需要补充、追加起诉的
D. 申请人民法院通知证人、鉴定人出庭作证的

考点58 法庭秩序

263． 2012/2/70/多

关于对法庭审理中违反法庭秩序的人员可采取的措施，下列哪些选项是正确的？

A. 警告制止
B. 强行带出法庭
C. 只能在1000元以下处以罚款
D. 只能在10日以下处以拘留

考点59 自诉案件审理程序

264． 2021 回忆/单

甲因乙诽谤自己从事淫秽色情行业，对自己造成不良影响，遂向法院提起自诉。后来由于该案社会影响重大、情节严重，危害社会公共秩序，公安机关决定立案侦查，检察院对乙依法提起公诉。下列哪一项说法是正确的？

A. 在自诉案件审理中，若乙认罪认罚且同意适用速裁程序，可以适用速裁程序
B. 在公诉案件审理中，若乙认罪认罚且同意适用速裁程序，可以适用速裁程序
C. 在检察院提起公诉后，法院可以对自诉和公诉案件一并审理
D. 不论作为公诉案件还是自诉案件，如果乙真心悔过，双方可以和解

265． 2018 回忆/多

小张(女)与单位同事小陈自由恋爱，但小张的父亲老张一直嫌弃小陈家贫而横加干涉，并多次殴打小陈逼迫小陈离开小张，小张一气之下到某县法院对老张以暴力干涉婚姻自由罪提起自诉。法院立案后，在开庭审理前，小张念及父女情义，要求撤回起诉。下列表述不正确的是：

A. 小张请求撤回起诉，某法院应当裁定准许
B. 小张请求撤回起诉，某县法院应当裁定驳回起诉
C. 若某县法院发现小张证据不足，又提不出补充证据，应当说服小张撤诉，小张拒不撤诉的，应当裁定驳回起诉
D. 若某县法院发现小张证据不足，又提不出补充证据，应当说服小张撤诉或者裁定驳回起诉

266． 2014/2/37/单

关于自诉案件的程序，下列哪一选项是正确的？

A. 不论被告人是否羁押，自诉案件与普通公诉案件的审理期限都相同
B. 不论在第一审程序还是第二审程序中，在宣告判决前，当事人都可和解
C. 不论当事人在第一审还是第二审理中提出反诉的，法院都应当受理
D. 在第二审程序中调解结案的，应当裁定撤销第一审裁判

267． 2011/2/72/多

关于自诉案件的和解和调解，下列哪些说法是正确的？

A. 和解和调解适用于自诉案件
B. 和解和调解都适用于告诉才处理和被害人有证据证明的轻微案件
C. 和解和调解应当制作调解书、和解协议，由审判人员和书记员署名并加盖法院印章
D. 对于当事人已经签收调解书或法院裁定准许自诉人撤诉的案件，被告人被羁押的，应当予以解除

268． 2010/2/31/单

某法院在审理张某自诉伤害案中，发现被告人还实施过抢劫。对此，下列哪一做法是正确的？

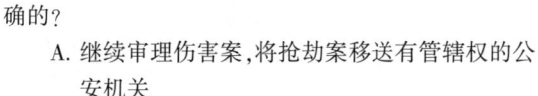

A. 继续审理伤害案，将抢劫案移送有管辖权的公安机关
B. 鉴于伤害案属于可以公诉的案件，将伤害案与抢劫案一并移送有管辖权的公安机关
C. 继续审理伤害案，建议检察院对抢劫案予以起诉
D. 对伤害案延期审理，待检察院对抢劫案起诉

后一并予以审理

269. 2010/2/74/多
下列哪些案件法院审理时可以调解?
A.《刑法》规定告诉才处理的案件
B. 被害人有证据证明的轻微刑事案件
C. 检察院决定不起诉后被害人提起自诉的案件
D. 刑事诉讼中的附带民事诉讼案件

270. 2009/2/33/单
关于自诉案件,下列哪一选项是正确的?
A. 法院都可以进行调解
B. 当事人在宣告判决前,可以自行和解
C. 被告人在诉讼过程中可以提起反诉
D. 只能由被害人亲自告诉

271. 2008/2/72/多
关于自诉案件的审理,下列哪些做法是正确的?
A. 甲、乙系一起伤害案件的自诉人,案件审理中甲撤回起诉,法院继续案件审理
B. 某伤害案,因检察院作出不起诉决定,被害人提起自诉,审理中自诉人与被告人和解而撤回自诉,法院经审查准许
C. 某遗弃案,被告人在第二审程序中提出反诉,法院予以受理并与原自诉合并审理
D. 某侵犯知识产权案,第二审中当事人和解,法院裁定准许撤回自诉并撤销一审判决

考点60 简易程序

272. 2017/2/34/单
下列哪一案件可适用简易程序审理?
A. 甲为境外非法提供国家秘密案,情节较轻,可能判处3年以下有期徒刑
B. 乙抢劫案,可能判处10年以上有期徒刑,检察院未建议适用简易程序
C. 丙传播淫秽物品案,经审查认为,情节显著轻微,可能不构成犯罪
D. 丁暴力取证案,可能被判处拘役,丁的辩护人作无罪辩护

273. 2017/2/93/任
甲、乙二人系药材公司仓库保管员,涉嫌5次共同盗窃其保管的名贵药材,涉案金额40余万元。一审开庭审理时,药材公司法定代表人丙参加庭审。经审理,法院认定其中4起盗窃事实,另1起因证据不足未予认定,甲和乙以职务侵占罪分别被判处有期徒刑3年和1年。
关于丙参与法庭审理,下列选项正确的是:

A. 丙可委托诉讼代理人参加法庭审理
B. 公诉人讯问甲和乙后,丙可就犯罪事实向甲、乙发问
C. 丙可代表药材公司在附带民事诉讼中要求甲和乙赔偿被窃的药材损失
D. 丙反对适用简易程序的,应转为普通程序审理

274. 2016/2/28/单
王某系聋哑人,因涉嫌盗窃罪被提起公诉。关于本案,下列哪一选项是正确的?
A. 讯问王某时,如有必要可通知通晓聋哑手势的人参加
B. 王某没有委托辩护人,应通知法律援助机构指派律师为其提供辩护
C. 辩护人经通知未到庭,经王某同意,法院决定开庭审理
D. 因事实清楚且王某认罪,实行独任审判

275. 2016/2/37/单
甲犯抢夺罪,法院经审查决定适用简易程序审理。关于本案,下列哪一选项是正确的?
A. 适用简易程序必须由检察院提出建议
B. 如被告人已提交承认指控犯罪事实的书面材料,则无需再当庭询问其对指控的意见
C. 不需要调查证据,直接围绕罪名确定和量刑问题进行审理
D. 如无特殊情况,应当庭宣判

276. 2014/2/72/多
方某涉嫌在公众场合侮辱高某和任某,高某向法院提起自诉。关于本案的审理,下列哪些选项是正确的?
A. 如果任某担心影响不好不愿起诉,任某的父亲可代为起诉
B. 法院通知任某参加诉讼并告知其不参加的法律后果,任某仍未到庭,视为放弃告诉,该案宣判后,任某不得再行自诉
C. 方某的弟弟系该案关键目击证人,经法院通知其无正当理由不出庭作证的,法院可强制其到庭
D. 本案应当适用简易程序审理

277. 2014/2/73/多
关于简易程序,下列哪些选项是正确的?
A. 甲涉嫌持枪抢劫,法院决定适用简易程序,并由两名审判员和一名人民陪审员组成合议庭进行审理
B. 乙涉嫌盗窃,未满16周岁,法院只有在征得乙

的法定代理人和辩护人同意后,才能适用简易程序

C. 丙涉嫌诈骗并对罪行供认不讳,但辩护人为其做无罪辩护,法院决定适用简易程序

D. 丁涉嫌故意伤害,经审理认为可能不构成犯罪,遂转为普通程序审理

278. 2011/2/71/多

关于适用简易程序审理刑事案件变更为适用普通程序,下列哪些说法是正确的?

A. 法院可以决定直接变更为普通程序审理,不需要将案件退回检察院

B. 对于自诉案件变更为普通程序的,按照自诉案件程序审理

C. 自诉案件由简易程序转化为普通程序时原起诉仍然有效,自诉人不必另行起诉

D. 在适用普通程序后又发现可适用简易程序时,可以再次变更为简易程序

279. 2009/2/76/多

关于简易程序,下列哪些选项是正确的?

A. 自诉案件都可以适用简易程序

B. 即使适用简易程序,被告人最后陈述也不能取消

C. 被告人委托辩护人的,辩护人应当出庭

D. 经审判员准许,被告人可以同公诉人进行辩论

考点61 速裁程序

280. 2019回忆/多

蒋某酒后醉驾发生交通事故,导致被害人轻伤,自己也截肢瘫痪。关于该案的刑事诉讼程序,下列哪些说法是不正确的?

A. 由于蒋某瘫痪,因此可以不签署认罪认罚具结书

B. 法院可以到蒋某家里开庭审理该案

C. 适用速裁程序审理该案,审理期限可以延长至15日

D. 如果被害人提起附带民事诉讼,则该案不能适用速裁程序

281. 2018回忆/多

关于速裁程序,下列哪些说法是不正确的?

A. 法院适用速裁程序审理案件,应当在10日内审结

B. 适用速裁程序应当当庭宣判

C. 适用速裁程序审理案件,不应当进行法庭调查、法庭辩论,但在判决宣告前应当听取辩护

人的意见

D. 对被告人适用速裁程序审理后发现可能判处的有期徒刑超过1年的,应当组成合议庭重新审理

考点62 单位犯罪案件审理程序

282. 2021回忆/单

甲公司涉嫌走私普通货物物品罪,公司的法定代表人曹某也被追责,乙律师事务所的律师程某担任甲公司的诉讼代表人。关于本案的诉讼代表人和辩护人,下列哪一项说法是正确的?

A. 程某担任诉讼代表人既可由甲公司委托,也可由检察机关指派

B. 曹某不可委托乙律师事务所的其他律师担任其辩护人

C. 程某在本案中行使辩护职能

D. 程某可以一并担任甲公司的辩护人

283. 2015/2/37/单

某国有银行涉嫌违法发放贷款造成重大损失,该行行长因系直接负责的主管人员也被追究刑事责任,信贷科科长齐某因较为熟悉银行贷款业务被确定为单位的诉讼代表人。关于本案审理程序,下列哪一选项是正确的?

A. 如该案在开庭审理前召开庭前会议,应通知齐某参加

B. 齐某无正当理由拒不出庭的,可拘传其到庭

C. 齐某可当庭拒绝银行委托的辩护律师为该行辩护

D. 齐某没有最后陈述的权利

284. 迅辉制药股份公司主要生产健骨消痛丸,公司法定代表人陆某指令保管员韩某采用不登记入库、销售人员打白条领取产品的方法销售,逃避缴税65万元。迅辉公司及陆某以逃税罪被起诉到法院。

请回答第(1)~(3)题。

(1) 2013/2/92/任

可以作为迅辉公司单位犯罪的诉讼代表人的是:

A. 公司法定代表人陆某

B. 被单位委托的职工王某

C. 保管员韩某

D. 公司副经理李某

(2) 2013/2/93/任

对迅辉公司财产的处置,下列选项正确的是:

A. 涉及违法所得及其孳息,尚未被追缴的,法院应当追缴

B. 涉及违法所得及其孳息,尚未被查封、扣押

冻结的,法院应当查封、扣押、冻结
C. 为了保证判决的执行,对迅辉公司财产,法院应当先行查封、扣押、冻结
D. 如果迅辉公司能够提供担保,对其财产也可以不采取查封、扣押、冻结

(3) 2013/2/94/任
如迅辉公司在案件审理期间发生下列变故,法院的做法正确的是:
A. 公司被撤销,不能免除单位和单位主管人员的刑事责任
B. 公司被注销,对单位不再追诉,对主管人员继续审理
C. 公司被合并,仍应将迅辉公司列为被告单位,并以其在新单位的财产范围承担责任
D. 公司被分立,应将分立后的单位列为被告单位,并以迅辉公司在新单位的财产范围承担责任

285. 2009/2/31/单
在单位犯罪案件的审理程序中,如被告单位的诉讼代表人与被指控为单位犯罪直接负责的主管人员是同一人,应当由下列哪一主体另行确定被告单位诉讼代表人?
A. 被告单位
B. 被告单位的直接主管机关
C. 检察院
D. 法院

286. 2008/2/29/单
某电子科技有限公司因涉嫌虚开增值税专用发票罪被提起公诉,公司董事长、总经理、会计等5人被认定为该单位犯罪的直接责任人员。在法院审理中,该公司被注销。关于法院的处理,下列哪一选项是正确的?
A. 继续审理
B. 终止审理
C. 终止审理,建议检察机关对公司董事长、总经理、会计等另行起诉
D. 退回检察机关,建议检察机关对公司董事长、总经理、会计等另行起诉

考点63 一审裁判

287. 2017/2/35/单
在一审法院审理中出现下列哪一特殊情形时,应以判决的形式作出裁判?
A. 经审理发现犯罪已过追诉时效且不是必须追诉的
B. 自诉人未经法庭许可中途退庭的
C. 经审理发现被告人系精神病人,在不能控制自己行为时造成危害结果的
D. 被告人在审理过程中死亡,根据已查明的案件事实和认定的证据,尚不能确认其无罪的

288. 2010/2/35/单
关于刑事判决与裁定的区别,下列哪一选项是正确的?
A. 判决解决案件的实体问题,裁定解决案件的程序问题
B. 一案中只能有一个判决,裁定可以有若干个
C. 判决只能以书面的形式表现,裁定只以口头作出
D. 不服判决与不服裁定的上诉、抗诉期限不同

289. 法院在刑事案件的审理过程中,根据对案件的不同处理需要使用判决、裁定和决定。请根据有关法律规定及刑事诉讼原理,回答第(1)~(3)题。

(1) 2009/2/95/任
关于判决、裁定、决定的适用对象,下列选项正确的是:
A. 判决不适用于解决案件的程序问题
B. 裁定不适用于解决案件的实体问题
C. 决定只适用于解决案件的程序问题
D. 解决案件的程序问题只能用决定

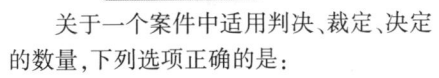

(2) 2009/2/96/任
关于一个案件中适用判决、裁定、决定的数量,下列选项正确的是:
A. 在一个案件中,可以有多个判决
B. 在一个案件中,可以有多个裁定
C. 在一个案件中,可以有多个决定
D. 在一个案件中,可以只有决定,而没有判决或裁定

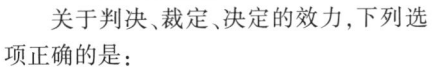

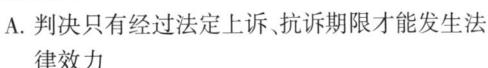

(3) 2009/2/97/任
关于判决、裁定、决定的效力,下列选项正确的是:
A. 判决只有经过法定上诉、抗诉期限才能发生法律效力
B. 裁定一经作出立即发生法律效力
C. 有些决定可以申请复议,复议期间不影响决定的效力
D. 法院减刑、假释裁定的法律效力并不最终确定,检察院认为不当而提出纠正意见的,法院应当重新组成合议庭进行审理,作出最终裁定

290. 2007/2/36/单
检察院以涉嫌诈骗罪对某甲提起公诉。经法庭审理,法院认定,某甲的行为属于刑法规定的"将代为保管的他人财物非法占为己有并拒不退还"的侵占行为。对于本案,检察院拒不撤回起诉时,

法院的哪种处理方法是正确的?
A. 裁定驳回起诉
B. 裁定终止审理
C. 迳行作出无罪判决
D. 以侵占罪作出有罪判决

291． 2006/2/79/多
下列哪些选项属于法院应当终止审理的情形?
A. 张某涉销售赃物一案,经审理认为情节显著轻微危害不大的
B. 赵某涉嫌抢劫一案,赵某在第一审开庭审理前发病猝死的
C. 李某以遭受遗弃为由提起自诉,法院审查后不予立案
D. 王某以遭受虐待为由提起自诉,后又撤回自诉的

专题十六 第二审程序

考点64 第二审程序的提起

292． 2015/2/38/单
黄某倒卖文物案于 2014 年 5 月 28 日一审终结。6 月 9 日(星期一),法庭宣判黄某犯倒卖文物罪,判处有期徒刑 4 年并立即送达了判决书,黄某当即提起上诉,但于 6 月 13 日经法院准许撤回上诉;检察院以量刑畸轻为由于 6 月 12 日提起抗诉,上级检察院认为抗诉不当,于 6 月 17 日向同级法院撤回了抗诉。关于一审判决生效的时间,下列哪一选项是正确的?
A. 6 月 9 日   B. 6 月 17 日
C. 6 月 19 日 D. 6 月 20 日

293． 2011/2/22/单
关于法定代理人对法院一审判决、裁定的上诉权,下列哪一说法是错误的?
A. 自诉人高某的法定代理人有独立上诉权
B. 被告人李某的法定代理人有独立上诉权
C. 被害人方某的法定代理人有独立上诉权
D. 附带民事诉讼当事人吴某的法定代理人对附带民事部分有独立上诉权

294． 2005/2/76/多
甲与乙婚后六年,乙又与另一男子相爱,并通过熟人办理了结婚登记手续。甲得知后将乙起诉至法院,乙被法院以重婚罪判处有期徒刑一年。对本案第一审判决,哪些人享有独立上诉权?
A. 甲   B. 乙
C. 甲、乙的父母 D. 乙的辩护人

295． 2005/2/34/单
叶某因挪用资金罪被判处有期徒刑一年缓刑两年,判决宣告时叶某表示不上诉。其被解除羁押后经向他人咨询,认为自己不构成犯罪,于是又想提出上诉。下列哪一项是正确的?
A. 叶某已明确表示不上诉,因此不能再提起上诉
B. 需经法院同意,叶某才能上诉
C. 在上诉期满前,叶某有权提出上诉
D. 叶某可在上诉期满前提出上诉,但因一审判决未生效,需对他重新收押

296． 2002/2/92/任
一起共同抢劫案件,被告人张某被判处有期徒刑 5 年,被告人王某被判处有期徒刑 1 年。在一审宣判后,张某当即表示上诉,王某则表示不上诉,人民检察院没有抗诉。关于本案被告人的上诉问题,下列哪些说法是正确的?
A. 因王某已表示不上诉,因此在第一审判决书送达后,人民法院即可将其交付执行
B. 在上诉期限内,被告人王某仍然可以提起上诉
C. 在上诉期限内,被告人张某有权撤回上诉
D. 在上诉期满后,被告人张某便无权撤回其上诉

考点65 上诉不加刑原则

297． 2022 回忆/单
甲因涉嫌盗窃罪和诈骗罪被提起公诉,一审法院判处甲盗窃罪有期徒刑 5 年、诈骗罪有期徒刑 5 年,两罪合并执行 8 年。甲不服判决提起上诉,检察院未抗诉。二审法院认为事实不清、证据不足,发回重审。重审后,一审法院判处甲盗窃罪有期徒刑 6 年,诈骗罪不予追究刑事责任,检察院对该判决提起抗诉。下列哪一说法是正确的?
A. 发回重审后一审法院改判盗窃罪 6 年有期徒刑违反了上诉不加刑原则
B. 检察院抗诉后,二审法院对盗窃罪的判罚不能超过有期徒刑 6 年
C. 检察院抗诉后,二审法院对两罪的判罚合并执行不得超过有期徒刑 6 年
D. 检察院抗诉后,二审法院对两罪的判罚合并执行不得超过有期徒刑 8 年

298． 2011/2/93/任
根据有关立法及司法解释的规定,对被判处死刑缓期执行的被告人可以同时决定对其限制减刑,因而涉及相关诉讼程序方面的问题。高级法院审理判处死刑缓期执行没有限制减刑的上诉案件,认为原判事实清楚、证据充分,但确有必要限制减刑的,下列处理程序正确的是:

A. 直接改判
B. 发回重新审判
C. 维持原判不再纠正
D. 二审判决、裁定生效后,按照审判监督程序重新审判

299. 2010/2/36/多

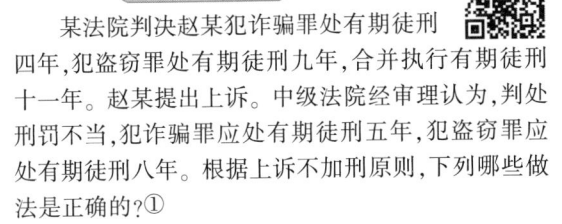

某法院判决赵某犯诈骗罪处有期徒刑四年,犯盗窃罪处有期徒刑九年,合并执行有期徒刑十一年。赵某提出上诉。中级法院经审理认为,判处刑罚不当,犯诈骗罪应处有期徒刑五年,犯盗窃罪应处有期徒刑八年。根据上诉不加刑原则,下列哪些做法是正确的?①

A. 以事实不清、证据不足为由发回原审法院重新审理
B. 直接改判两罪刑罚,分别为五年和八年,合并执行十二年
C. 直接改判两罪刑罚,分别为五年和八年,合并执行仍为十一年
D. 维持一审判决

300. 2010/2/77/多

朱某自诉陈某犯诽谤罪,法院审理后,陈某反诉朱某侮辱罪。法院审查认为,符合反诉条件,合并审理此案,判处陈某有期徒刑一年,判处朱某有期徒刑一年。两人不服,均以对对方量刑过轻、己方量刑过重为由提出上诉。关于二审法院的判决,下列哪些选项是正确的?

A. 如认为对两人量刑均过轻,可同时加重朱某和陈某的刑罚
B. 如认为对某一人的量刑过轻,可加重该人的刑罚
C. 即使认为对两人量刑均过轻,也不得同时加重朱某和陈某的刑罚
D. 如认为一审量刑过轻,只能通过审判监督程序纠正

301. 2009/2/35/多

下列哪些选项不违反上诉不加刑原则?②

A. 一审法院认定马某犯伤害罪判处有期徒刑三年,马某上诉,检察院没有抗诉,二审法院认为一审判决认定事实不清,发回原审法院重新审判
B. 一审法院认定赵某犯抢夺罪判处有期徒刑五年,赵某上诉,检察院没有抗诉,二审法院在没有改变刑期的情况下将罪名改判为抢劫罪
C. 一审法院以盗窃罪判处金某有期徒刑二年、王某有期徒刑一年,金某、王某以没有实施犯罪为由提起上诉,检察院认为对金某量刑畸轻提出抗诉,二审法院经审理认为一审对金某、王某量刑均偏轻,但仅对金某改判为五年
D. 一审法院认定石某杀人罪判处死刑立即执行,犯抢劫罪判处无期徒刑,数罪并罚决定执行死刑立即执行。石某上诉后,二审法院认为石某在抢劫现场杀人只构成抢劫罪一个罪,遂撤销一审对杀人罪的认定,以抢劫罪判处死刑立即执行

考点66 二审审理与裁判

302. 2021 回忆/多

张某因挪用资金罪被甲市乙区法院判处有期徒刑1年,乙区人民检察院以量刑畸轻为由抗诉,甲市中院以事实不清,证据不足为由将本案发回重审,乙区法院改判挪用公款罪但刑期不变。张某不服提起上诉,下列哪些行为是正确的?

A. 如甲市检察院认为抗诉不当,应要求乙区检察院撤回抗诉
B. 如甲市中院重审发现乙区法院违反回避制度,应将本案再次发回重审
C. 甲市中院不能对张某改判为有期徒刑2年
D. 甲市中院曾参与本案审判的合议庭人员应回避

303. 2017/2/94/任

甲、乙二人系药材公司仓库保管员,涉嫌5次共同盗窃其保管的名贵药材,涉案金额40余万元。一审开庭审理时,药材公司法定代表人丙参加庭审。经审理,法院认定了其中4起盗窃事实,另1起因证据不足未予认定,甲和乙以职务侵占罪分别被判处有期徒刑3年和1年。

一审判决作出后,乙以量刑过重为由提出上诉,甲未上诉,检察院未抗诉。关于本案二审程序,下列选项正确的是:

A. 二审法院受理案件后应通知同级检察院查阅案卷
B. 二审法院可审理并认定一审法院未予认定的1起盗窃事实
C. 二审法院审理后认为乙符合适用缓刑的条件,将乙改判为有期徒刑2年,缓刑2年
D. 二审期间,甲可另行委托辩护人为其辩护

304. 2016/2/38/单

龚某因生产不符合安全标准的食品罪被一审法院判处有期徒刑5年,并被禁止在刑罚执行完毕之日起3年内从事食品加工行业。龚某以量刑

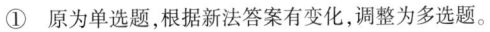

---
① 原为单选题,根据新法答案有变化,调整为多选题。
② 原为单选题,根据新法答案有变化,调整为多选题。

刑事诉讼法 [试题] · 39 ·

畸重为由上诉,检察院未抗诉。关于本案二审,下列哪一选项是正确的?

A. 应开庭审理
B. 可维持有期徒刑5年的判决,并将职业禁止的期限变更为4年
C. 如认为原判认定罪名不当,二审法院可在维持原判刑罚不变的情况下改判为生产有害食品罪
D. 发回重审后,如检察院变更起诉罪名为生产有害食品罪,一审法院可改判并加重龚某的刑罚

305． 2016/2/73/多

某基层法院就郭某敲诈勒索案一审适用简易程序,判处郭某有期徒刑4年。对于一审中的下列哪些情形,二审法院应以程序违法为由,撤销原判发回重审?

A. 未在开庭10日前向郭某送达起诉书副本
B. 由一名审判员独任审理
C. 公诉人没有对被告人进行发问
D. 应公开审理但未公开审理

306． 2015/2/95/任

鲁某与关某涉嫌贩卖冰毒500余克,B省A市中级法院开庭审理后,以鲁某犯贩卖毒品罪,判处死刑立即执行,关某犯贩卖毒品罪,判处死刑缓期二年执行。一审宣判后,关某以量刑过重为由向B省高级法院提起上诉,鲁某未上诉,检察院也未提起抗诉。如B省高级法院审理后认为,本案事实清楚、证据确实充分,对鲁某的量刑适当,但对关某应判处死刑缓期二年执行同时限制减刑,则对本案正确的做法是:

A. 二审应开庭审理
B. 由于未提起抗诉,同级检察院可不派员出席法庭
C. 高级法院可将全案发回A市中级法院重新审判
D. 高级法院可维持对鲁某的判决,并改判关某死刑缓期二年执行同时限制减刑

307． 2014/2/38/单

甲乙丙三人共同实施故意杀人,一审法院判处甲死刑立即执行、乙无期徒刑、丙有期徒刑10年。丙以量刑过重为由上诉,甲和乙未上诉,检察院未抗诉。关于本案的第二审程序,下列哪一选项是正确的?

A. 可不开庭审理
B. 认为没有必要的,甲可不再到庭
C. 由于乙没有上诉,其不得另行委托辩护人为

其辩护
D. 审理后认为原判事实不清且对丙的量刑过轻,发回一审法院重审,一审法院重审后可加重丙的刑罚

308． 2011/2/37/单

关于发回重审,下列哪一说法是不正确的?

A. 发回重审原则上不能超过二次
B. 在发回重审裁定书中应详细阐明发回重审的理由及法律根据
C. 一审剥夺或者限制了当事人的法定诉讼权利,可能影响公正审判的,应当发回重审
D. 发回重审应当撤销原判

309． 2011/2/73/多

关于检察院办理死刑上诉、抗诉案件的开庭前审查程序,下列哪些说法是正确的?

A. 应当讯问被告人,听取被告人的上诉理由或者辩解
B. 应当听取辩护人的意见
C. 应当询问证人
D. 可以听取被害人的意见

310． 2009/2/79/多

下列哪些二审案件依法应当开庭审理?

A. 甲犯贪污罪被一审判处有期徒刑五年,检察院认为量刑畸轻而抗诉的
B. 乙犯伤害罪被一审判处无期徒刑,乙上诉的
C. 丙犯抢劫罪被一审判处死刑缓期二年执行,丙对事实、证据无异议,以量刑过重为由上诉的
D. 丁犯杀人罪被一审判处死刑立即执行,丁上诉的

311． 2008/2/67/多

甲杀人案,犯罪手段残忍,影响恶劣,第一审法院为防止被害人家属和旁听群众在法庭上过于激愤影响顺利审判,决定作为特例不公开审理。经审理,第一审法院判处甲死刑立即执行,甲上诉。对于本案,第二审法院下列哪些做法是正确的?

A. 组成合议庭
B. 把案件作为第一审案件审理
C. 审理后改判
D. 撤销原判,发回重审

312． 2004/2/33/单

某人民法院对被告人曹某等共同抢劫一案作出一审判决。曹某对犯罪事实供认不讳,仅以

量刑过重为由提出上诉,其他被告人未提出上诉,人民检察院也未抗诉。二审法院经审理认为曹某构成犯罪,但曹某在二审作出裁判前因病死亡。二审法院应当如何处理该案件?

A. 裁定全案终止审理,原判决自行生效
B. 裁定对上诉终止审理,维持一审判决
C. 裁定撤销一审判决,发回原审法院重审
D. 宣布对曹某终止审理,对其他被告人仍应作出判决或裁定

313. 2002/2/93/任

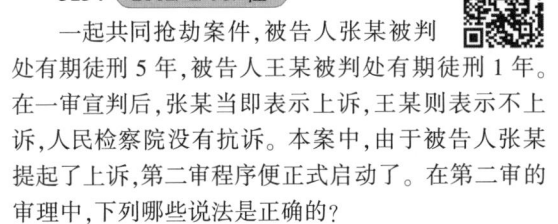

一起共同抢劫案件,被告人张某被判处有期徒刑5年,被告人王某被判处有期徒刑1年。在一审宣判后,张某当即表示上诉,王某则表示不上诉,人民检察院没有抗诉。本案中,由于被告人张某提起了上诉,第二审程序便正式启动了。在第二审的审理中,下列哪些说法是正确的?

A. 没有提起上诉的被告人王某有权委托辩护人
B. 提起上诉的被告人张某有权委托辩护人
C. 被告人王某应当参加第二审的法庭调查
D. 被告人王某应当参加第二审的法庭辩论

专题十七 死刑复核程序

考点67 判处死刑立即执行案件的复核程序

314. 2020回忆/多

关于死刑复核及执行的相关程序,下列哪些选项是错误的?

A. 甲被判处死刑立即执行,执行前要求会见他的前妻,人民法院应当及时通知
B. 同案审理的案件中,仅乙一人被判处死刑立即执行,其他未被判处死刑的同案被告人需要待最高人民法院核准乙的死刑后再交付执行
C. 最高人民法院对死刑作出核准后,不再接受律师的辩护意见
D. 死刑执行前发现罪犯丙是聋哑人,应当暂停执行,并层报最高人民法院

315. 2017/2/36/单

段某因贩卖毒品罪被市中级法院判处死刑立即执行,段某上诉后省高级法院维持了一审判决。最高法院复核后认为,原判认定事实清楚,但量刑过重,依法不应当判处死刑,不予核准,发回省高级法院重新审判。关于省高级法院重新审判,下列哪一选项是正确的?

A. 应另行组成合议庭
B. 应由审判员5人组成合议庭

C. 应开庭审理
D. 可直接改判死刑缓期2年执行,该判决为终审判决

316. 2016/2/39/单

甲和乙因故意杀人被中级法院分别判处死刑立即执行和无期徒刑。甲、乙上诉后,高级法院裁定维持原判。关于本案,下列哪一选项是正确的?

A. 高级法院裁定维持原判后,对乙的判决即已生效
B. 高级法院应先复核再报请最高法院核准
C. 最高法院如认为原判决对乙的犯罪事实未查清,可查清后对乙改判并核准甲的死刑
D. 最高法院如认为甲的犯罪事实不清、证据不足,不予核准死刑的,只能使用裁定

317. 2014/2/39/多

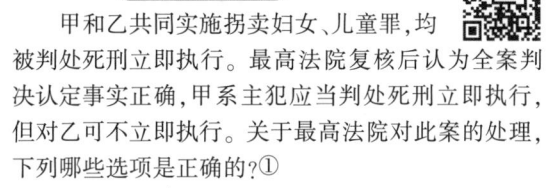

甲和乙共同实施拐卖妇女、儿童罪,均被判处死刑立即执行。最高法院复核后认为全案判决认定事实正确,甲系主犯应当判处死刑立即执行,但对乙可不立即执行。关于最高法院对此案的处理,下列哪些选项是正确的?①

A. 将乙改判为死缓,并裁定核准甲死刑
B. 对乙作出改判,并判决核准甲死刑
C. 对全案裁定不予核准,撤销原判,发回重审
D. 裁定核准甲死刑,撤销对乙的判决,发回重审

318. 2013/2/75/多

张某因犯故意杀人罪和爆炸罪,一审均被判处死刑立即执行,张某未上诉,检察机关也未抗诉。最高法院经复核后认为,爆炸罪的死刑判决事实不清、证据不足,但故意杀人罪死刑判决认定事实和适用法律正确、量刑适当。关于此案的处理,下列哪些选项是错误的?

A. 对全案裁定核准死刑
B. 裁定核准故意杀人罪死刑判决,并对爆炸罪死刑判决予以改判
C. 裁定核准故意杀人罪死刑判决,并撤销爆炸罪的死刑判决,发回重审
D. 对全案裁定不予核准,撤销原判,发回重审

319. 2012/2/33/单

关于死刑复核程序,下列哪一选项是正确的?

A. 最高法院复核死刑案件,可以不讯问被告人
B. 最高法院复核死刑案件,应当听取辩护律师的意见

---

① 原为单选题,根据新法答案有变化,调整为多选题。

C. 在复核死刑案件过程中,最高检察院应当向最高法院提出意见
D. 最高法院应当将死刑复核结果通报最高检察院

320． 2010/2/37/单

被告人甲犯数罪被判死刑,甲向辩护人咨询死刑复核程序的有关情况,辩护人对此作出的下列哪一答复符合法律及司法解释的规定?

A. 应当调查甲的人际关系
B. 应当为甲指定辩护人
C. 应当审查甲犯罪的情节、后果及危害程度
D. 应当开庭审理并通知检察院派员出庭

321． 2008/2/79/多

关于死刑复核程序,下列哪些选项是正确的?

A. 赵某因故意杀人罪和贩毒罪分别被判处死刑,最高法院对案件进行复核时,认为赵某贩毒罪的死刑判决认定事实和适用法律正确、量刑适当、程序合法,但故意杀人罪的死刑判决事实不清、证据不足,遂对全案裁定不予核准,撤销原判,发回重审
B. 钱某因绑架罪和抢劫罪分别被判处死刑,最高法院在对案件进行复核时,发现钱某绑架罪的死刑判决认定事实和适用法律正确、量刑适当、诉讼程序合法,抢劫罪的死刑判决认定事实清楚,但依法不应当判处死刑,遂对绑架罪作出核准死刑的判决,对抢劫罪的死刑判决予以改判
C. 孙某伙同李某持枪抢劫银行被分别判处死刑,最高法院进行复核时发现孙某的死刑判决认定事实和适用法律正确、量刑适当、程序合法,李某的死刑判决认定事实不清、证据不足,遂对全案裁定不予核准
D. 周某伙同吴某劫持航空器致人重伤被分别判处死刑,最高法院在复核时发现周某的死刑判决认定事实和适用法律正确、量刑适当、程序合法,吴某的死刑判决认定事实清楚,但依法不应当判处死刑,遂对周某作出核准死刑的判决,对吴某的死刑判决予以改判

考点68 判处死刑缓期二年执行案件的复核程序

322． 2015/2/96/任

鲁某与关某涉嫌贩卖冰毒500余克,B省A市中级法院开庭审理后,以鲁某犯贩卖毒品罪,判处死刑立即执行,关某犯贩卖毒品罪,判处死刑缓期二年执行。一审宣判后,关某以量刑过重为由向B省高级法院提上诉,鲁某未上诉,检察院也未提起

抗诉。如B省高级法院审理后认为,一审判决认定事实和适用法律正确、量刑适当,裁定驳回关某的上诉,维持原判,则对本案进行死刑复核的正确程序是:

A. 对关某的死刑缓期二年执行判决,B省高级法院不再另行复核
B. 最高法院复核鲁某的死刑立即执行判决,应由审判员三人组成合议庭进行
C. 如鲁某在死刑复核阶段委托律师担任辩护人的,死刑复核合议庭应在办公场所当面听取律师意见
D. 最高法院裁定不予核准鲁某死刑的,可发回A市中级法院或B省高级法院重新审理

323． 2011/2/36/单

关于死刑缓期执行限制减刑案件的审理程序,下列哪一说法是正确的?

A. 对一审法院作出的限制减刑的判决,被告人的辩护人、近亲属可以独立提起上诉
B. 高级法院认为原判对被告人判处死刑缓期执行适当但限制减刑不当的,应当改判,撤销限制减刑
C. 最高法院复核死刑案件,认为可以判处死刑缓期执行并限制减刑的,可以裁定不予核准,发回重新审判
D. 最高法院复核死刑案件,认为对部分被告人应当适用死刑缓期执行的,如符合《刑法》限制减刑规定,应当裁定不予核准,发回重新审判

324． 2011/2/92/任

根据有关立法及司法解释的规定,对被判处死刑缓期执行的被告人可以同时决定对其限制减刑,因而涉及相关诉讼程序方面的问题。关于犯罪分子可以适用死刑缓期执行限制减刑的案件,下列选项正确的是:

A. 绑架案件
B. 抢劫案件
C. 爆炸案件
D. 有组织的暴力性案件

专题十八 审判监督程序

考点69 审判监督程序的功能和理念

325． 2016/2/74/多

《最高人民法院关于适用〈中华人民共和国刑事诉讼法〉的解释》第386条规定,除检察院抗诉以外,再审一般不得加重原审被告人的刑罚。关于这一规定的理解,下列哪些选项是正确的?

· 42 ·

A. 体现了刑事诉讼惩罚犯罪和保障人权基本理念的平衡
B. 体现了刑事诉讼具有追求实体真实与维护正当程序两方面的目的
C. 再审不加刑有例外，上诉不加刑也有例外
D. 审判监督程序的纠错功能决定了再审不加刑存在例外情形

考点70 审判监督程序的提起

326． 2017/2/75/多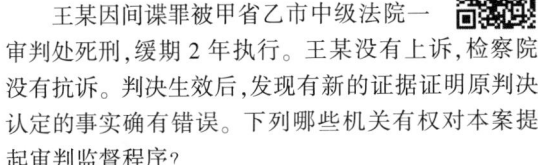

王某因间谍罪被甲省乙市中级法院一审判处死刑，缓期2年执行。王某没有上诉，检察院没有抗诉。判决生效后，发现有新的证据证明原判决认定的事实确有错误。下列哪些机关有权对本案提起审判监督程序？
A. 乙市中级法院
B. 甲省高级法院
C. 甲省检察院
D. 最高检察院

327． 2015/2/39/单

关于审判监督程序中的申诉，下列哪一选项是正确的？
A. 二审法院裁定准许撤回上诉的案件，申诉人对一审判决提出的申诉，应由一审法院审理
B. 上一级法院对未经终审法院审理的申诉，应直接审理
C. 对经两级法院依照审判监督程序复查均驳回的申诉，法院不再受理
D. 对死刑案件的申诉，可由原核准的法院审查，也可交由原审法院审查

328． 2010/2/38/单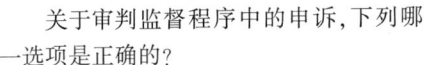

甲因犯抢劫罪被市检察院提起公诉，经一审法院审理，判处死刑缓期二年执行。甲上诉，省高级法院核准死缓判决。根据审判监督程序规定，下列哪一做法是错误的？
A. 最高法院自行对该案重新审理，依法改判
B. 最高法院指令省高级法院再审
C. 最高检察院对该案向最高法院提出抗诉
D. 省检察院对该案向省高院提出抗诉

考点71 审判监督审理程序

329． 2021回忆/任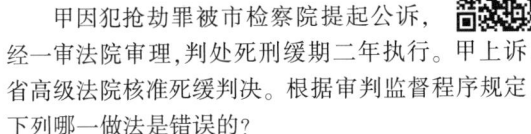

甲、乙因诈骗罪被判处3年有期徒刑，缓期3年执行。二审判决生效2年后，在另一起诈骗案中发现该案事实认定有误，甲系为丙顶罪，且分担了乙的部分犯罪事实，于是人民检察院依法对本案提起抗诉，原二审法院依法对本案重新审理。关于本案

的再审程序，下列说法正确的是：
A. 再审中可以对乙加重处罚
B. 应当重新组成合议庭审理
C. 再审过程中可以对甲暂停执行未执行完毕的有期徒刑
D. 法院可以决定逮捕乙

330． 2014/2/75/多

关于审判监督程序，下列哪些选项是正确的？
A. 只有当事人及其法定代理人、近亲属才能对已经发生法律效力的裁判提出申诉
B. 原审法院依照审判监督程序重新审判的案件，应当另行组成合议庭
C. 对于依照审判监督程序重新审判后可能改判无罪的案件，可中止原判决、裁定的执行
D. 上级法院指令下级法院再审的，一般应当指令原审法院以外的下级法院审理

331． 2013/2/40/单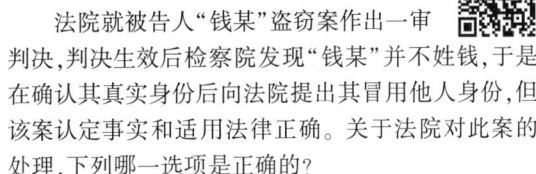

法院就被告人"钱某"盗窃案作出一审判决，判决生效后检察院发现"钱某"并不姓钱，于是在确认其真实身份后向法院提出其冒用他人身份，但该案认定事实和适用法律正确。关于法院对此案的处理，下列哪一选项是正确的？
A. 可以建议检察院提出抗诉，通过审判监督程序加以改判
B. 可以自行启动审判监督程序加以改判
C. 可以撤销原判并建议检察机关重新起诉
D. 可以用裁定对判决书加以更正

332． 2012/2/34/单

关于审判监督程序，下列哪一选项是正确的？
A. 对于原判决事实不清楚或者证据不足的，应当指令下级法院再审
B. 上级法院指令下级法院再审的，应当指令原审法院以外的下级法院审理；由原审法院审理更为适宜的，也可以指令原审法院审理
C. 不论是否属于由检察院提起抗诉的再审案件，逮捕由检察院决定
D. 法院按照审判监督程序判决的案件，应当决定中止原判决、裁定的执行

333． 2011/2/38/单

邢某因涉嫌强奸罪被判处有期徒刑。刑罚执行期间，邢某父母找到证人金某，证明案发时邢某正与金某在外开会。邢某父母提出申诉。法院对该案启动再审。关于原判决的执行，下列哪一说法是正确的？

刑事诉讼法 [试题]

A. 继续执行原判决
B. 由再审法院裁定中止执行原判决
C. 由再审法院决定中止执行原判决
D. 报省级法院决定中止原判决

334． 2009/2/37/单

关于生效裁判申诉的审查处理，下列哪一选项是正确的？

A. 赵某强奸案的申诉，由上级法院转交下级法院审查处理，不立申诉卷
B. 二审法院将不服本院裁判的刘某抢劫案的申诉交一审法院审查，一审法院审查后直接作出处理
C. 李某对最高法院核准死刑的案件的申诉，最高法院可以直接处理，也可以交原审法院审查。交原审法院审查的，原审法院应当写出审查报告，提出处理意见，逐级报最高法院审定
D. 高某受贿案的申诉，经两级法院处理后不服又申诉，法院不再受理

335． 2008/2/75/多

下列再审案件，哪些可以不开庭审理？

A. 李某抢劫案，原判事实清楚、证据确实充分，但适用法律错误，量刑畸重
B. 葛某受贿案，葛某已死亡
C. 张某、卞某为同案原审被告人，张某在交通十分不便的边远地区监狱服刑，提审到庭确有困难，但未经抗诉的检察院同意
D. 陈某强奸案，原生效裁判于1979年之前作出

专题十九　涉外刑事诉讼程序与司法协助制度

考点72　涉外刑事诉讼程序
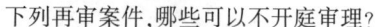

336． 2017/2/42/单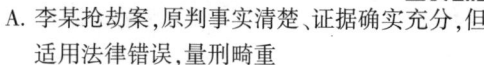

W国人约翰涉嫌在我国某市A区从事间谍活动被立案侦查并提起公诉。关于本案诉讼程序，下列哪一选项是正确的？

A. 约翰可通过W国驻华使馆委托W国律师为其辩护
B. 本案由A区法院一审
C. 约翰精通汉语，开庭时法院可不为其配备翻译人员
D. 给约翰送达的法院判决书应为中文本

337． 2010/2/79/多

下列哪些案件适用涉外刑事诉讼程序？

A. 在公海航行的我国货轮被索马里海盗抢劫的

案件
B. 我国国内一起贩毒案件的关键目击证人在诉讼时身在国外
C. 陈某经营的煤矿发生重大安全事故后携款潜逃国外的案件
D. 我驻某国大使馆内中方工作人员甲、乙因看世界杯而发生斗殴的故意伤害案件

338． 2011/2/95/任

李某、阮某持某外国护照，涉嫌贩卖毒品罪被检察机关起诉至某市中级法院。关于李某、阮某的诉讼权利及本案诉讼程序，下列说法正确的是：

A. 即使李某、阮某能够使用中文交流，也应当允许其使用本国语言进行诉讼
B. 向李某、阮某送达中文本诉讼文书时，可以附有李某、阮某通晓的外文译本
C. 李某、阮某只能委托具有中华人民共和国律师资格并依法取得执业证书的律师作为辩护人
D. 如我国缔结或参加的国际条约中有关于刑事诉讼程序具体规定的，审理该案均适用该条约的规定

考点73　刑事司法协助

339． 2009/2/38/单

根据我国涉外刑事案件审理程序规定，下列哪一选项是正确的？

A. 国籍不明又无法查清的，以中国国籍对待，不适用涉外刑事案件审理程序
B. 法院审判涉外刑事案件，不公开审理
C. 对居住在国外的中国籍当事人，可以委托我国使、领馆代为送达
D. 外国法院通过外交途径请求我国法院向外国驻华使、领馆商务参赞送达法律文书的，应由我国有关高级法院送达

专题二十　执　行

考点74　执行机关

340． 2016/2/40/单

关于生效裁判执行，下列哪一做法是正确的？

A. 甲被判处管制1年，由公安机关执行
B. 乙被判处有期徒刑1年宣告缓刑2年，由社区矫正机构执行
C. 丙被判处有期徒刑1年6个月，在被交付执行前，剩余刑期5个月，由看守所代为执行
D. 丁被判处10年有期徒刑并处没收财产，没

财产部分由公安机关执行

341. 2013/2/24/单

赵某因绑架罪被甲省A市中级法院判处死刑缓期两年执行,后交付甲省B市监狱执行。死刑缓期执行期间,赵某脱逃至乙省C市实施抢劫被抓获,C市中级法院一审以抢劫罪判处无期徒刑。赵某不服判决,向乙省高级法院上诉。乙省高级法院二审维持一审判决。此案最终经最高法院核准死刑立即执行。关于执行赵某死刑的法院,下列哪一选项是正确的?

A. A市中级法院
B. B市中级法院
C. C市中级法院
D. 乙省高级法院

342. 2011/2/96/任

李某、阮某持某外国护照,涉嫌贩卖毒品罪被检察机关起诉至某市中级法院。如李某、阮某被判处刑罚同时附加判处罚金,下列说法正确的是:

A. 李某、阮某在判决确定期限内未足额缴纳的,法院应当在期满后强制缴纳
B. 李某、阮某未全部缴纳罚金的,在其后发现有可供执行财产,法院可以追缴
C. 李某、阮某在判处罚金之前所负正当债务应偿还的,经债权人提出请求,先行予以偿还
D. 法院发现李某、阮某有可供执行的财产需要查封、扣押、冻结的,可以采取查封、扣押、冻结措施

343. 在一起共同犯罪案件中,主犯王某被判处有期徒刑15年,剥夺政治权利3年,并处没收个人财产;主犯朱某被判处有期徒刑10年,剥夺政治权利2年,罚金2万元人民币;从犯李某被判处有期徒刑8个月;从犯周某被判处管制1年,剥夺政治权利1年。请回答(1)~(3)题。

(1) 2008/2/95/任
在本案中,由监狱执行刑罚的罪犯是:
A. 王某   B. 朱某
C. 李某   D. 周某

(2) 2008/2/96/任 新法改编
对周某刑罚的执行机关是:
A. 人民法院
B. 公安机关
C. 监狱
D. 社区矫正机构

(3) 2008/2/97/任
所判刑罚既需要法院执行,又需要公安机关执行的罪犯是:
A. 王某   B. 周某
C. 李某   D. 朱某

考点75 各种判决、裁定的执行程序

344. 2018回忆/多

甲因抢劫罪在某市中级法院受审,经过审理,法院在刑事裁判中认定其抢劫的财物涉及现金10万元,电脑一台(发票价值1万元)、古玩花瓶一件(发票价值100万元)、手表一块(发票价值1万元)。法院应当对下列哪些财物进行追缴?

A. 抢劫的电脑,当二手商品在网络平台上卖出6000元
B. 抢劫的现金,用于偿还赌债
C. 抢劫的古玩花瓶,以10万元的价格卖给古玩收藏家
D. 抢劫的手表,送给了不知情的女友

345. 2017/2/37/单

甲纠集他人多次在市中心寻衅滋事,造成路人乙轻伤、丙的临街商铺严重受损。甲被起诉到法院后,乙和丙提起附带民事诉讼。法院判处甲有期徒刑6年,罚金1万元,赔偿乙医疗费1万元,赔偿丙财产损失4万元。判决生效交付执行后,查明甲除1辆汽车外无其他财产,且甲曾以该汽车抵押获取小额贷款,尚欠银行贷款2.5万元,银行主张优先受偿。法院以8万元的价格拍卖了甲的汽车。关于此8万元的执行顺序,下列哪一选项是正确的?

A. 医疗费→银行贷款→财产损失→罚金
B. 医疗费→财产损失→银行贷款→罚金
C. 银行贷款→医疗费→财产损失→罚金
D. 医疗费→财产损失→罚金→银行贷款

346. 2015/2/40/单

关于刑事裁判涉财产部分执行,下列哪一说法是正确的?

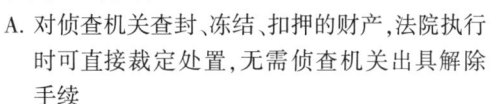

A. 对侦查机关查封、冻结、扣押的财产,法院执行时可直接裁定处置,无需侦查机关出具解除手续
B. 法院续行查封、冻结、扣押的顺位无需与侦查机关的顺位相同
C. 刑事裁判涉财产部分的裁判内容应明确具体,涉案财产和被害人均应在判决书主文中详细列明
D. 刑事裁判涉财产部分,应由与一审法院同级的财产所在地的法院执行

347. 2014/2/74/多

关于有期徒刑缓刑、拘役缓刑的执行,

刑事诉讼法 [试题]

下列哪些选项是正确的？
　　A. 对宣告缓刑的罪犯，法院应当核实其居住地
　　B. 法院应当向罪犯及原所在单位或居住地群众宣布犯罪事实、期限及应遵守的规定
　　C. 罪犯在缓刑考验期内犯新罪应当撤销缓刑的，由原审法院作出裁定
　　D. 法院撤销缓刑的裁定，一经作出立即生效

348．被告人王某故意杀人案经某市中级法院审理，认为案件事实清楚，证据确实、充分。请根据下列条件，回答（1）~（2）题。

（1）`2010/2/95/任`
如王某被判处死刑立即执行，下列选项正确的是：
　　A. 核准死刑立即执行的机关是最高法院
　　B. 签发死刑立即执行命令的是最高法院审判委员会
　　C. 王某由作出一审判决的法院执行
　　D. 王某由法院交由监狱或指定的羁押场所执行

（2）`2010/2/96/任`
如王某被判处无期徒刑，附加剥夺政治权利，下列选项正确的是：
　　A. 无期徒刑的执行机关是监狱
　　B. 剥夺政治权利的执行机关是公安机关
　　C. 对王某应当剥夺政治权利终身
　　D. 如王某减刑为有期徒刑，剥夺政治权利的期限应改为十五年

考点76　死刑执行的变更

349．`2008/2/68/多`
《刑事诉讼法》规定，下级法院接到最高法院执行死刑的命令后，发现有关情形时，应当停止执行，并且立即报告最高法院，由最高法院作出裁定。下列哪些情形应当适用该规定？
　　A. 发现关键定罪证据可能是刑讯逼供所得
　　B. 判决书认定的年龄错误，实际年龄未满18周岁
　　C. 提供一重大银行抢劫案线索，经查证属实
　　D. 罪犯正在怀孕

考点77　暂予监外执行

350．`2017/2/38/单`
张某居住于甲市A区，曾任甲市B区某局局长，因受贿罪被B区法院判处有期徒刑5年，执行期间突发严重疾病而被决定暂予监外执行。张某在监外执行期间违反规定，被决定收监执行。关于本案，下列哪一选项是正确的？
　　A. 暂予监外执行由A区法院决定
　　B. 暂予监外执行由B区法院决定
　　C. 暂予监外执行期间由A区司法行政机关实行社区矫正
　　D. 收监执行由B区法院决定

351．`2014/2/26/单`
钱某涉嫌纵火罪被提起公诉，在法庭审理过程中被诊断患严重疾病，法院判处其有期徒刑8年，同时决定予以监外执行。下列哪一选项是错误的？
　　A. 决定监外执行时应当将暂予监外执行决定抄送检察院
　　B. 钱某监外执行期间，应当对其实行社区矫正
　　C. 如钱某拒不报告行踪、脱离监管，应当予以收监
　　D. 如法院作出收监决定，钱某不服，可向上一级法院申请复议

352．`2012/2/35/单`
下列哪一选项是2012年《刑事诉讼法修正案》新增加的规定内容？
　　A. 怀孕或者正在哺乳自己婴儿的妇女可以暂予监外执行
　　B. 监狱、看守所提出暂予监外执行的书面意见的，应当将书面意见的副本抄送检察院
　　C. 决定或者批准暂予监外执行的机关应当将暂予监外执行决定抄送检察院
　　D. 检察院认为暂予监外执行不当的，应当在法定期间内将书面意见送交决定或者批准暂予监外执行的机关

考点78　减刑、假释

353．`2018回忆/单`
张三因抢劫罪被判处有期徒刑十年，在服刑期间表现良好，符合减刑条件。关于减刑的审理程序，下列哪一选项是正确的？
　　A. 张三应当对自己符合减刑条件承担证明责任
　　B. 法院可以书面审理张三的减刑案件
　　C. 法院可以由一名法官独任审理张三的减刑案件
　　D. 如果有证人，审理中应当通知证人出庭证明张三具有减刑行为

354．`2015/2/41/单`
关于减刑、假释案件审理程序，下列哪一选项是正确的？
　　A. 甲因抢劫罪和绑架罪被法院决定执行有期徒刑20年，对甲的减刑，应由其服刑地高级法院作出裁定
　　B. 乙因检举他人重大犯罪活动被报请减刑的，法院应通知乙参加减刑庭审

C. 丙因受贿罪被判处有期徒刑5年,对丙的假释,可书面审理,但必须提讯丙
D. 丁因强奸罪被判处无期徒刑,对丁的减刑,可聘请律师到庭发表意见

第三编　特别程序

专题二十一　未成年人刑事案件诉讼程序

考点79 未成年人刑事案件诉讼程序

355． 2021 回忆/任
男孩小刚(15岁)强行与女孩小丽(13岁)发生了性关系,公安机关对小刚进行立案侦查。关于本案的处理,下列说法正确的是:
A. 由于小刚涉嫌的罪名较重,不适用附条件不起诉
B. 审查起诉期间,小刚父亲对小刚认罪认罚有异议,可将异议内容在认罪认罚具结书中注明,但不影响对小刚从宽处罚
C. 在对小丽进行询问时,如果其法定代理人或者合适成年人不在场,其被害人陈述不得作为定案根据
D. 法庭审理中,法庭可以通知对小刚在侦查阶段进行社会调查的社会工作者出庭说明情况

356． 2017/2/39/单
未成年人小周涉嫌故意伤害被取保候审,A县检察院审查起诉后决定对其适用附条件不起诉,监督考察期限为6个月。关于本案处理,下列哪一选项是正确的?
A. 作出附条件不起诉决定后,应释放小周
B. 本案审查起诉期限自作出附条件不起诉决定之日起中止
C. 监督考察期间,如小周经批准迁居B县继续上学,改由B县检察院负责监督考察
D. 监督考察期间,如小周严格遵守各项规定,表现优异,可将考察期限缩短为5个月

357． 2016/2/75/多
未成年人小天因涉嫌盗窃被检察院适用附条件不起诉。关于附条件不起诉可以附带的条件,下列哪些选项是正确的?
A. 完成一个疗程四次的心理辅导
B. 每周参加一次公益劳动
C. 每个月向检察官报告日常销售和交友情况
D. 不得离开所居住的县

358． 2015/2/71/多
《全国人大常委会关于〈刑事诉讼法〉第二百七十一条第二款(现为第282条第2款)的解释》规定,检察院办理未成年人刑事案件,在作出附条件不起诉决定以及考验期满作出不起诉决定前,应听取被害人的意见。被害人对检察院作出的附条件不起诉的决定和不起诉的决定,可向上一级检察院申诉,但不能向法院提起自诉。关于这一解释的理解,下列哪些选项是正确的?
A. 增加了听取被害人陈述意见的机会
B. 有利于对未成年犯罪嫌疑人的转向处置
C. 体现了对未成年犯罪嫌疑人的特殊保护
D. 是刑事公诉独占主义的一种体现

359． 2015/2/73/多
律师邹某受法律援助机构指派,担任未成年人陈某的辩护人。关于邹某的权利,下列哪些说法是正确的?
A. 可调查陈某的成长经历、犯罪原因、监护教育等情况,并提交给法院
B. 可反对法院对该案适用简易程序,法院因此只能采用普通程序审理
C. 可在陈某最后陈述后进行补充陈述
D. 可在有罪判决宣告后,受法庭邀请参与对陈某的法庭教育

360． 2015/2/74/多 新法改编
甲、乙系初三学生,因涉嫌抢劫同学丙(三人均不满16周岁)被立案侦查。关于该案诉讼程序,下列哪些选项是正确的?
A. 审查批捕讯问时,甲拒绝为其提供的合适成年人到场且有正当理由的,应在征求其意见后另行通知其他合适成年人到场
B. 讯问乙时,因乙的法定代理人无法到场而通知其伯父到场,其伯父可代行乙的控告权
C. 法庭审理询问丙时,应通知丙的法定代理人到场
D. 如该案适用简易程序审理,甲的法定代理人不能到场时可不再通知其他合适成年人到场

361． 黄某(17周岁,某汽车修理店职工)与吴某(16周岁,高中学生)在餐馆就餐时因琐事与赵某(16周岁,高中学生)发生争吵,并殴打赵某致其伤轻。检察院审查后,综合案件情况,拟对黄某作出附条件不起诉决定,对吴某作出不起诉决定。请回答第(1)~(3)题。

(1) 2014/2/94/任
关于本案审查起诉的程序,下列选项正确的是:

A. 应当对黄某、吴某的成长经历、犯罪原因和监护教育等情况进行社会调查
B. 在讯问黄某、吴某和询问赵某时,应当分别通知他们的法定代理人到场
C. 应当分别听取黄某、吴某的辩护人的意见
D. 拟对黄某作出附条件不起诉决定,应当听取赵某及其法定代理人与诉讼代理人的意见

(2) 2014/2/95/任

关于对黄某的考验期,下列选项正确的是:
A. 从宣告附条件不起诉决定之日起计算
B. 不计入检察院审查起诉的期限
C. 可根据黄某在考验期间的表现,在法定范围内适当缩短或延长
D. 如黄某违反规定被撤销附条件不起诉决定而提起公诉,已经过的考验期可折抵刑期

(3) 2014/2/96/任

关于本案的办理,下列选项正确的是:
A. 在对黄某作出附条件不起诉决定、对吴某作出不起诉决定时,必须达成刑事和解
B. 检察院对黄某作出附条件不起诉决定、对吴某作出不起诉决定时,可要求他们向赵某赔礼道歉、赔偿损失
C. 在附条件不起诉考验期内,检察院可将黄某移交有关机构监督考察
D. 检察院对黄某作出附条件不起诉决定,对吴某作出不起诉决定后,均应将相关材料装订成册,予以封存

362． 2013/2/72/多

检察机关对未成年人童某涉嫌犯罪的案件进行审查后决定附条件不起诉。在考验期间,下列哪些情况下可以对童某撤销不起诉的决定、提起公诉?
A. 根据新的证据确认童某更改过年龄,在实施涉嫌犯罪行为时已满十八周岁的
B. 发现决定附条件不起诉以前还有其他犯罪需要追诉的
C. 违反考察机关有关附条件不起诉的监管规定,情节严重的
D. 违反治安管理规定,情节严重的

363． 2012/2/36/单

关于附条件不起诉,下列哪一说法是错误的?
A. 只适用于未成年人案件
B. 应当征得公安机关、被害人的同意
C. 未成年犯罪嫌疑人及其法定代理人对附条件 不起诉有异议的应当起诉
D. 有悔罪表现时,才可以附条件不起诉

364． 2012/2/73/多

《刑事诉讼法》规定,审判的时候被告人不满18周岁的案件,不公开审理。但是,经未成年被告人及其法定代理人同意,未成年被告人所在学校和未成年人保护组织可以派代表到场。关于该规定的理解,下列哪些说法是错误的?
A. 该规定意味着经未成年被告人及其法定代理人同意,可以公开审理
B. 未成年被告人所在学校和未成年人保护组织派代表到场是公开审理的特殊形式
C. 未成年被告人所在学校和未成年人保护组织经同意派代表到场是为了维护未成年被告人合法权益和对其进行教育
D. 未成年被告人所在学校和未成年人保护组织经同意派代表到场与审判的时候被告人不满18周岁的案件不公开审理并不矛盾

365． 2012/2/74/多

关于犯罪记录封存的适用条件,下列哪些选项是正确的?
A. 犯罪的时候不满18周岁
B. 被判处5年有期徒刑以下刑罚
C. 初次犯罪
D. 没有受过其他处罚

366． 2011/2/33/多

赵某因涉嫌抢劫犯罪被抓获,作案时未满18周岁,案件起诉到法院时已年满18周岁。下列哪些说法是不正确的?①
A. 本案由少年法庭审理
B. 对赵某不公开审理
C. 对赵某进行审判,可以通知其法定代理人到场
D. 对赵某进行审判,应当通知其监护人到场

367． 2010/2/78/多

根据《人民检察院办理未成年人刑事案件的规定》,关于检察院审查批捕未成年犯罪嫌疑人,下列哪些做法是正确的?
A. 讯问未成年犯罪嫌疑人,应当通知法定代理人到场
B. 讯问女性未成年犯罪嫌疑人,应当有女检察人员参加
C. 讯问未成年犯罪嫌疑人一般不得使用戒具
D. 对难以判断犯罪嫌疑人实际年龄,影响案件

---

① 原为单选题,根据新法答案有变化,调整为多选题。

认定的,应当作出不批准逮捕的决定

368. 2009/2/77/多 新法改编
关于审理未成年人刑事案件,下列哪些选项是正确的?
A. 不能适用简易程序
B. 询问未成年被害人、证人时,应当采取同步录音录像等措施,尽量一次完成
C. 休庭时,可以允许法定代理人或者其他成年近亲属、教师会见未成年被告人
D. 对未成年人案件,宣告判决应公开进行

369. 2008/2/73/多
对于犯罪情节轻微,且具有规定情形,依照《刑法》不需要判处刑罚或者免除刑罚的未成年犯罪嫌疑人,一般应当依法作出不起诉决定。下列哪些情形适用该规定?
A. 被胁迫参与犯罪的
B. 是又聋又哑的人的
C. 因紧急避险过当构成犯罪的
D. 有自首或者重大立功表现的

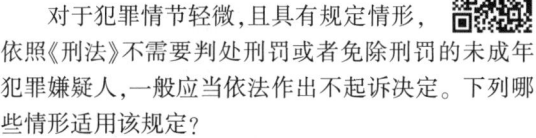

专题二十二　当事人和解的公诉案件诉讼程序

考点80 当事人和解的公诉案件诉讼程序

370. 2022 回忆/单
甲交通肇事致乙死亡,在审查起诉中,甲与乙的妻子丙达成和解协议,并认罪认罚,签署具结书。法院适用速裁程序审理,但甲在庭审中态度恶劣,不愿悔罪,丙反悔,不再同意和解。一审法院宣判后,甲以事实不清、证据不足为由提起上诉。上诉期间甲态度好转,又与丙达成和解。关于本案的处理,下列哪一说法是正确的?
A. 若甲已全部履行和解协议约定的赔偿损失内容,一审法院对丙的反悔应不予支持
B. 法院可继续适用速裁程序审理本案
C. 对于两人第二次达成和解,法院应听取检察院的意见
D. 二审法院应裁定撤销原判,发回重审

371. 2017/2/40/单
董某(17岁)在某景点旅游时,点燃荒草不慎引起大火烧毁集体所有的大风公司林地,致大风公司损失5万元,被检察院提起公诉。关于本案处理,下列哪一选项是正确的?
A. 如大风公司未提起附带民事诉讼,检察院可代为提起,并将大风公司列为附带民事诉讼原告人

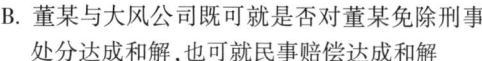

B. 董某与大风公司既可就是否对董某免除刑事处分达成和解,也可就民事赔偿达成和解
C. 双方刑事和解时可约定由董某在1年内补栽树苗200棵
D. 如双方达成刑事和解,检察院经法院同意可撤回起诉并对董某适用附条件不起诉

372. 2016/2/41/单
下列哪一案件可以适用当事人和解的公诉案件诉讼程序?
A. 甲因侵占罪被免除处罚2年后,又涉嫌故意伤害致人轻伤
B. 乙涉嫌寻衅滋事,在押期间由其父亲代为和解,被害人表示同意
C. 丙涉嫌过失致人重伤,被害人系限制行为能力人,被害人父亲愿意代为和解
D. 丁涉嫌破坏计算机信息系统,被害人表示愿意和解

373. 2015/2/75/多
甲因琐事与乙发生口角进而厮打,推搡之间,不慎致乙死亡。检察院以甲涉嫌过失致人死亡提起公诉,乙母丙向法院提起附带民事诉讼。关于本案处理,下列哪些选项是正确的?
A. 法院可对附带民事部分进行调解
B. 如甲与丙经法院调解达成协议,调解协议中约定的赔偿损失内容可分期履行
C. 如甲提出申请,法院可组织甲与丙协商以达成和解
D. 如甲与丙达成刑事和解,其约定的赔偿损失内容可分期履行

374. 2014/2/40/单
甲因邻里纠纷失手致乙死亡,甲被批准逮捕。案件起诉后,双方拟通过协商达成和解。对于此案的和解,下列哪一选项是正确的?
A. 由于甲在押,其近亲属可自行与被害方进行和解
B. 由于乙已经死亡,可由其近亲属代为和解
C. 甲的辩护人和乙近亲属的诉讼代理人可参与和解协商
D. 由于甲在押,和解协议中约定的赔礼道歉可由其近亲属代为履行

375. 2013/2/71/多
李某因琐事将邻居王某打成轻伤。案发后,李家积极赔偿,赔礼道歉,得到王家谅解。如检察院根据双方和解对李某作出不起诉决定,需要同时具备下列哪些条件?
A. 双方和解具有自愿性、合法性

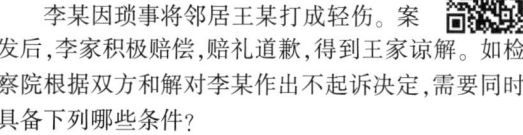

刑事诉讼法 [试题]

· 49 ·

B. 李某实施伤害的犯罪情节轻微,不需要判处刑罚
C. 李某五年以内未曾故意犯罪
D. 公安机关向检察院提出从宽处理的建议

376. 2012/2/37/单

对于适用当事人和解的公诉案件诉讼程序而达成和解协议的案件,下列哪一做法是错误的?

A. 公安机关可以撤销案件
B. 检察院可以向法院提出从宽处罚的建议
C. 对于犯罪情节轻微,不需要判处刑罚的,检察院可以不起诉
D. 法院可以依法对被告人从宽处罚

377. 2012/2/75/多

关于可以适用当事人和解的公诉案件诉讼程序的案件范围,下列哪些选项是正确的?

A. 交通肇事罪
B. 暴力干涉婚姻自由罪
C. 过失致人死亡罪
D. 刑讯逼供罪

专题二十三 缺席审判程序

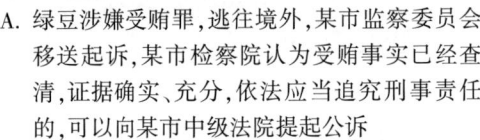

考点81 缺席审判程序

378. 2020 回忆/多

下列关于我国刑事缺席审判程序的表述,哪些是正确的?

A. 绿豆涉嫌受贿罪,逃往境外,某市监察委员会移送起诉,某市检察院认为受贿事实已经查清,证据确实、充分,依法应当追究刑事责任的,可以向某市中级法院提起公诉
B. 东柱涉嫌间谍罪,逃往境外,某市国家安全机关移送起诉,某市检察院认为间谍事实已经查清,证据确实、充分,依法应当追究刑事责任的,可以向某市中级法院提起公诉
C. 白晶涉嫌盗窃罪在某县法院受审,在法庭审理过程中,白晶突然身染重病,法院裁定中止审理。6个月后,白晶仍无法出庭受审,白晶申请某县法院恢复审理,某县法院进行缺席审判
D. 南山涉嫌诈骗罪在某县法院受审,在法庭审理过程中,南山突患重病死亡,某县法院认为现有证据能够证明南山无罪,缺席进行审理并作出判决

379. 2019 回忆/多

贾士隐因涉嫌贪污犯罪被某市监察委员会立案调查,贾士隐逃往巴西。某市监察委员会移送某市检察院起诉,某市检察院向某市中级法院提起公诉。下列表述哪些是正确的?

A. 某市中级法院应当将传票和某市检察院的起诉书副本送达贾士隐
B. 若某市中级法院无法将传票和某市检察院的起诉书副本送达贾士隐,不能缺席审判
C. 若某市中级法院缺席审理,贾士隐及其近亲属没有委托辩护人,某市中级法院应当通知法律援助机构指派律师为贾士隐提供辩护
D. 若某市中级法院依法作出判决后,贾士隐的妻子对判决不服,有权直接向某省高级法院上诉

专题二十四 犯罪嫌疑人、被告人逃匿、死亡案件违法所得的没收程序

考点82 犯罪嫌疑人、被告人逃匿、死亡案件违法所得的没收程序

380. 2022 回忆/任

陈某因受贿案发后逃匿,甲市检察院向甲市中院提起违法所得没收申请。陈某妻子赵某申请参加庭审,后开庭时又无故退庭。甲市中院作出没收裁定后,赵某提起上诉。二审期间,利害关系人马某申请参加诉讼,并说明自己因为生病住院没能参加一审。二审过程中,陈某回国投案自首。关于本案的办理,下列说法正确的是:

A. 赵某无故退庭后,法庭可以转为不开庭审理
B. 法院应准许马某参加诉讼
C. 陈某投案后,法院应当裁定中止审理
D. 若甲市检察院对陈某以受贿罪向甲市中院提起公诉,甲市中院应另行组成合议庭审理

381. 2015/2/93/任

李某(女)家住甲市,系该市某国有公司会计,涉嫌贪污公款500余万元,被甲市检察院立案侦查后提起公诉,甲市中级法院受理该案后,李某脱逃,下落不明。关于李某脱逃后的诉讼程序,下列选项正确的是:

A. 李某脱逃后,法院可中止审理
B. 在通缉李某一年不到案后,甲市检察院可向甲市中级法院提出没收李某违法所得的申请
C. 李某的近亲属只能在6个月的公告期内申请参加诉讼
D. 在审理没收违法所得的案件过程中,李某被抓捕归案的,法院应裁定终止审理

· 50 ·

382. 2014/2/41/单

A市原副市长马某,涉嫌收受贿赂2000余万元。为保证公正审判,上级法院指令与本案无关的B市中级法院一审。B市中级法院受理此案后,马某突发心脏病不治身亡。关于此案处理,下列哪一选项是错误的?

A. 应当由法院作出终止审理的裁定,再由检察院提出没收违法所得的申请
B. 应当由B市中级法院的同一审判组织对是否没收违法所得继续进行审理
C. 如裁定没收违法所得,而马某妻子不服的,可在5日内提出上诉
D. 如裁定没收违法所得,而其他利害关系人不服的,有权上诉

383. 2014/2/42/单

下列哪一选项不属于犯罪嫌疑人、被告人逃匿、死亡案件违法所得没收程序中的"违法所得及其他涉案财产"?

A. 刘某恐怖活动犯罪案件中从其住处搜出的管制刀具
B. 赵某贪污案赃款存入银行所得的利息
C. 王某恐怖活动犯罪案件中制造爆炸装置使用的所在单位的仪器和设备
D. 周某贿赂案受贿所得的古玩

384. 2012/2/38/单

关于犯罪嫌疑人、被告人逃匿、死亡案件违法所得的没收程序,下列哪一说法是正确的?

A. 贪污贿赂犯罪案件的犯罪嫌疑人潜逃,通缉1年后不能到案的,依照《刑法》规定应当追缴其违法所得及其他涉案财产的,公安机关可以向法院提出没收违法所得的申请
B. 在A选项所列情形下,检察院可以向法院提出没收违法所得的申请
C. 没收违法所得及其他涉案财产的申请,由犯罪地的基层法院组成合议庭进行审理
D. 没收违法所得案件审理中,在逃犯罪嫌疑人被抓获的,法院应当中止审理

专题二十五 依法不负刑事责任的精神病人的强制医疗程序

考点83 依法不负刑事责任的精神病人的强制医疗程序

385. 2021回忆/多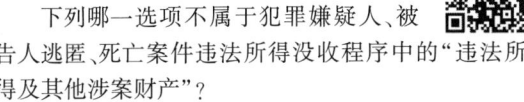

某市发现一名流浪汉,因不知道其姓名,也找不到任何家属,救助人员将其送往该市救助中心。在救助中心,该流浪汉将另一流浪汉杀死。法院在审理本案过程中,发现该流浪汉患有精神病。关于本案,下列哪些说法是正确的?

A. 法院有权对其采取临时保护性羁押措施
B. 当地民政局可以派代表担任流浪汉的法定代理人出庭
C. 法院决定采取强制医疗措施应一并确认强制医疗期限
D. 法院可以临时邀请精神病专家作为人民陪审员

386. 2017/2/41/单

甲在公共场所实施暴力行为,经鉴定为不负刑事责任的精神病人,被县法院决定强制医疗。甲父对决定不服向市中级法院申请复议,市中级法院审理后驳回申请,维持原决定。关于本案处理,下列哪一选项是正确的?

A. 复议期间可暂缓执行强制医疗决定,但应采取临时的保护性约束措施
B. 应由公安机关将甲送交强制医疗
C. 强制医疗6个月后,甲父才能申请解除强制医疗
D. 申请解除强制医疗应向市中级法院提出

387. 2016/2/42/单

甲将乙杀害,经鉴定甲系精神病人,检察院申请法院适用强制医疗程序。关于本案,下列哪一选项是正确的?

A. 法院审理该案,应当会见甲
B. 甲没有委托诉讼代理人的,法院可通知法律援助机构指派律师担任其诉讼代理人
C. 甲出庭的,应由其法定代理人或诉讼代理人代为发表意见
D. 经审理发现甲具有部分刑事责任能力,依法应当追究刑事责任的,转为普通程序继续审理

388. 2015/2/42/单

依法不负刑事责任的精神病人的强制医疗程序是一种特别程序。关于其特别之处,下列哪一说法是正确的?

A. 不同于普通案件奉行的不告不理原则,法院可未经检察院对案件的起诉或申请而启动这一程序
B. 不同于普通案件审理时被告人必须到庭,可在被申请人不到庭的情况下审理并作出强制医疗的决定
C. 不同于普通案件中的抗诉或上诉,被决定强制医疗的人可通过向上一级法院申请复议启动二审程序

D. 开庭审理时无需区分法庭调查与法庭辩论阶段

389. 2013/2/41/单

公安机关在案件侦查中,发现打砸多辆机动车的犯罪嫌疑人何某神情呆滞,精神恍惚。经鉴定,何某属于依法不负刑事责任的精神病人。关于公安机关对此案的处理,下列哪一选项是正确的?

A. 写出强制医疗意见书,移送检察院向法院提出强制医疗申请
B. 撤销案件,将何某交付其亲属并要求其积极治疗
C. 移送强制医疗机构对何某进行诊断评估
D. 何某的亲属没有能力承担监护责任的,可以采取临时的保护性约束措施

390. 2013/2/42/单

法院受理叶某涉嫌故意杀害郭某案后,发现其可能符合强制医疗条件。经鉴定,叶某属于依法不负刑事责任的精神病人,法院审理后判决宣告叶某不负刑事责任,同时作出对叶某强制医疗的决定。关于此案的救济程序,下列哪一选项是错误的?

A. 对叶某强制医疗的决定,检察院可以提出纠正意见
B. 叶某的法定代理人可以向上一级法院申请复议
C. 叶某对强制医疗决定可以向上一级法院提出上诉
D. 郭某的近亲属可以向上一级法院申请复议

391. 犯罪嫌疑人刘某涉嫌故意杀人被公安机关立案侦查。在侦查过程中,侦查人员发现刘某行为异常。经鉴定,刘某属于依法不负刑事责任的精神病人,需要对其实施强制医疗。

请回答第(1)、(2)题。

(1) 2012/2/95/任

关于有权启动强制医疗程序的主体,下列选项正确的是:

A. 公安机关
B. 检察院
C. 法院
D. 刘某的监护人、法定代理人以及受害人

(2) 2012/2/96/任

法院审理刘某强制医疗一案,下列做法不符合法律规定的是:

A. 由审判员和人民陪审员共3人组成合议庭
B. 鉴于刘某自愿放弃委托诉讼代理人,法院只通知了刘某的法定代理人到场
C. 法院认为刘某符合强制医疗的条件,依法对刘某作出强制医疗的裁定
D. 本案受害人不服法院对刘某强制医疗裁定,可申请检察院依法提起抗诉

刑事诉讼法 ［考点法条］

第一编 总 则

专题一 刑事诉讼法概述

考点2 刑事诉讼的基本理念和范畴

第二条 ［立法任务］中华人民共和国刑事诉讼法的任务,是保证准确、及时地查明犯罪事实,正确应用法律,惩罚犯罪分子,保障无罪的人不受刑事追究,教育公民自觉遵守法律,积极同犯罪行为作斗争,维护社会主义法制,尊重和保障人权,保护公民的人身权利、财产权利、民主权利和其他权利,保障社会主义建设事业的顺利进行。

《高检规则》

第二条 人民检察院在刑事诉讼中的任务,是立案侦查直接受理的案件、审查逮捕、审查起诉和提起公诉、对刑事诉讼实行法律监督,保证准确、及时查明犯罪事实,正确应用法律,惩罚犯罪分子,保障无罪的人不受刑事追究,保障刑事法律的统一正确实施,维护社会主义法制,尊重和保障人权,保护公民的人身权利、财产权利、民主权利和其他权利,保障社会主义建设事业的顺利进行。

专题二 刑事诉讼法的基本原则

考点4 具有法定情形不予追究刑事责任原则

第十六条 ［具有法定情形不予追究刑事责任］有下列情形之一的,不追究刑事责任,已经追究的,应当撤销案件,或者不起诉,或者终止审理,或者宣告无罪：

（一）情节显著轻微、危害不大,不认为是犯罪的；
（二）犯罪已过追诉时效期限的；
（三）经特赦令免除刑罚的；
（四）依照刑法告诉才处理的犯罪,没有告诉或者撤回告诉的；
（五）犯罪嫌疑人、被告人死亡的；
（六）其他法律规定免予追究刑事责任的。

《刑事诉讼法》

第一百七十七条第一、二款 ［不起诉的情形和程序］犯罪嫌疑人没有犯罪事实,或者有本法第十六条规定的情形之一的,人民检察院应当作出不起诉决定。

对于犯罪情节轻微,依照刑法规定不需要判处刑罚或者免除刑罚的,人民检察院可以作出不起诉决定。

《高检规则》

第三百六十五条 人民检察院对于监察机关或者公安机关移送起诉的案件,发现犯罪嫌疑人没有犯罪事实,或者符合刑事诉讼法第十六条规定的情形之一的,经检察长批准,应当作出不起诉决定。

对于犯罪事实并非犯罪嫌疑人所为,需要重新调查或者侦查的,应当在作出不起诉决定后书面说明理由,将案卷材料退回监察机关或者公安机关并建议重新调查或者侦查。

《刑法》

第八十七条 ［追诉期限］犯罪经过下列期限不再追诉：
（一）法定最高刑为不满五年有期徒刑的,经过五年；
（二）法定最高刑为五年以上不满十年有期徒刑的,经过十年；
（三）法定最高刑为十年以上有期徒刑的,经过十五年；
（四）法定最高刑为无期徒刑、死刑的,经过二十年。如果二十年以后认为必须追诉的,须报请最高人民检察院核准。［2019年回忆～追诉时效］①

考点6 未经法院依法判决,对任何人都不得确定有罪原则

1 第七条 ［三机关相互关系］人民法院、人民检察院和公安机关进行刑事诉讼,应当分工负责,互相配合,互相制约,以保证准确有效地执行法律。［2020年回忆～人民检察院提起诉讼的程序］

2 第十二条 ［法院定罪］未经人民法院依法判决,对任何人都不得确定有罪。

《推进以审判为中心的刑事诉讼制度改革的意见》

一、未经人民法院依法判决,对任何人都不得确定有罪。人民法院、人民检察院和公安机关办理刑事案件,应当分工负责,互相配合,互相制约,保证准确、及时查明犯罪事实,正确应用法律,惩罚犯罪分子,保障无罪的人不受刑事追究。

考点8 认罪认罚从宽原则

第十五条 ［认罪认罚制度］犯罪嫌疑人、被告人自愿如实供述自己的罪行,承认指控的犯罪事实,愿意接受处罚的,可以依法从宽处理。

《刑事诉讼法》

第八十一条第二款 ［逮捕的条件］批准或者决定逮捕,应当将犯罪嫌疑人、被告人涉嫌犯罪的性质、情节,认罪认罚等情况,作为是否可能发生社会危险性的考虑因素。

第一百二十条第二款 ［对如实供述从宽处理］侦查人员在讯问犯罪嫌疑人的时候,应当告知犯罪嫌疑人享有的诉讼权利,如实供述自己罪行可以从宽处理和认罪

---

① 主客观重点法条以灰底标注,并注明主观题考查年份及考点。

认罚的法律规定。

第一百七十二条第一款 [审查起诉的期限]人民检察院对于监察机关、公安机关移送起诉的案件，应当在一个月以内作出决定，重大、复杂的案件，可以延长十五日；犯罪嫌疑人认罪认罚，符合速裁程序适用条件的，应当在十日以内作出决定，对可能判处的有期徒刑超过一年的，可以延长至十五日。

第一百七十三条 [审查起诉的程序]人民检察院审查案件，应当讯问犯罪嫌疑人，听取辩护人或者值班律师、被害人及其诉讼代理人的意见，并记录在案。辩护人或者值班律师、被害人及其诉讼代理人提出书面意见的，应当附卷。

犯罪嫌疑人认罪认罚的，人民检察院应当告知其享有的诉讼权利和认罪认罚的法律规定，听取犯罪嫌疑人、辩护人或者值班律师、被害人及其诉讼代理人对下列事项的意见，并记录在案：

（一）涉嫌的犯罪事实、罪名及适用的法律规定；

（二）从轻、减轻或者免除处罚等从宽处罚的建议；

（三）认罪认罚后案件审理适用的程序；

（四）其他需要听取意见的事项。

人民检察院依照前两款规定听取值班律师意见的，应当提前为值班律师了解案件有关情况提供必要的便利。

第一百七十四条 [认罪认罚具结书]犯罪嫌疑人自愿认罪，同意量刑建议和程序适用的，应当在辩护人或者值班律师在场的情况下签署认罪认罚具结书。

犯罪嫌疑人认罪认罚，有下列情形之一的，不需要签署认罪认罚具结书：

（一）犯罪嫌疑人是盲、聋、哑人，或者是尚未完全丧失辨认或者控制自己行为能力的精神病人的；

（二）未成年犯罪嫌疑人的法定代理人、辩护人对未成年人认罪认罚有异议的；

（三）其他不需要签署认罪认罚具结书的情形。

第一百七十六条第二款 [提起公诉的条件、程序]犯罪嫌疑人认罪认罚的，人民检察院应当就主刑、附加刑、是否适用缓刑等提出量刑建议，并随案移送认罪认罚具结书等材料。

第一百九十条第二款 [开庭]被告人认罪认罚的，审判长应当告知被告人享有的诉讼权利和认罪认罚的法律规定，审查认罪认罚的自愿性和认罪认罚具结书内容的真实性、合法性。

第二百零一条第一款 [认罪认罚的定罪量刑]对于认罪认罚案件，人民法院依法作出判决时，一般应当采纳人民检察院指控的罪名和量刑建议，但有下列情形的除外：

（一）被告人的行为不构成犯罪或者不应当追究其刑事责任的；

（二）被告人违背意愿认罪认罚的；

（三）被告人否认指控的犯罪事实的；

（四）起诉指控的罪名与审理认定的罪名不一致的；

（五）其他可能影响公正审判的情形。

第二百二十二条 [速裁程序的适用条件及审判组织]基层人民法院管辖的可能判处三年有期徒刑以下刑罚的案件，案件事实清楚，证据确实、充分，被告人认罪认罚并同意适用速裁程序的，可以适用速裁程序，由审判员一人独任审判。

人民检察院在提起公诉的时候，可以建议人民法院适用速裁程序。

《适用认罪认罚从宽制度的指导意见》

5.适用阶段和适用案件范围。认罪认罚从宽制度贯穿刑事诉讼全过程，适用于侦查、起诉、审判各个阶段。

认罪认罚从宽制度没有适用罪名和可能判处刑罚的限定，所有刑事案件都可以适用，不能因罪轻、罪重或者罪名特殊等原因而剥夺犯罪嫌疑人、被告人自愿认罪认罚获得从宽处理的机会。但"可以"适用不是一律适用，犯罪嫌疑人、被告人认罪认罚后是否从宽，由司法机关根据案件具体情况决定。

6."认罪"的把握。认罪认罚从宽制度中的"认罪"，是指犯罪嫌疑人、被告人自愿如实供述自己的罪行，对指控的犯罪事实没有异议。承认指控的主要犯罪事实，仅对个别事实情节提出异议，或者虽然对行为性质提出辩解但表示接受司法机关认定意见的，不影响"认罪"的认定。犯罪嫌疑人、被告人犯数罪，仅如实供述其中一罪或部分罪名事实的，全案不作"认罪"的认定，不适用认罪认罚从宽制度，但对如实供述的部分，人民检察院可以提出从宽处罚的建议，人民法院可以从宽处罚。〔2023年回忆~认罪认罚从宽制度〕

7."认罚"的把握。认罪认罚从宽制度中的"认罚"，是指犯罪嫌疑人、被告人真诚悔罪，愿意接受处罚。"认罚"，在侦查阶段表现为表示愿意接受处罚；在审查起诉阶段表现为接受人民检察院拟作出的起诉或不起诉决定，认可人民检察院的量刑建议，签署认罪认罚具结书；在审判阶段表现为当庭确认自愿签署具结书，愿意接受刑罚处罚。

"认罚"考察的重点是犯罪嫌疑人、被告人的悔罪态度和悔罪表现，应当结合退赃退赔、赔偿损失、赔礼道歉等因素来考量。犯罪嫌疑人、被告人虽然表示"认罚"，却暗中串供、干扰证人作证、毁灭、伪造证据或者隐匿、转移财产，有赔偿能力而不赔偿损失，则不能适用认罪认罚从宽制度。犯罪嫌疑人、被告人享有程序选择权，不同意适用速裁程序、简易程序的，不影响"认罚"的认定。〔2023年回忆~认罪认罚从宽制度〕

8."从宽"的理解。从宽处理既包括实体上从宽处罚，也包括程序上从简处理。"可以从宽"，是指一般应当体现法律规定和政策精神，予以从宽处理。但可以从宽不是一律从宽，对犯罪性质和危害后果特别严重、犯罪手段特别残忍、社会影响特别恶劣的犯罪嫌疑人、被告人，认罪认罚不足以从轻处罚的，依法不予从宽处罚。

办理认罪认罚案件，应当依照刑法、刑事诉讼法的基本原则，根据犯罪的事实、性质、情节和对社会的危害程度，结合法定、酌定的量刑情节，综合考虑认罪认罚的具体情况，依法决定是否从宽、如何从宽。对于减轻、免除处罚，应当于法有据；不具备减轻处罚情节的，应当在法定幅度以内提出从轻处罚的量刑建议和量刑；对其中犯罪情节轻微不需要判处刑罚的,可以依法作出不起诉决定或者判处免予刑事处罚。

9.从宽幅度的把握。办理认罪认罚案件,应当区别认罪认罚的不同诉讼阶段、对查明案件事实的价值和意义、是否确有悔罪表现,以及罪行严重程度等,综合考量确定从宽的限度和幅度。在刑罚评价上,主动认罪优于被动认罪,早认罪优于晚认罪,彻底认罪优于不彻底认罪,稳定认罪优于不稳定认罪。

认罪认罚的从宽幅度一般应当大于仅有坦白,或者虽认罪但不认罚的从宽幅度。对犯罪嫌疑人、被告人具有自首、坦白情节,同时认罪认罚的,应当在法定刑幅度内给予相对更大的从宽幅度。认罪认罚与自首、坦白不作重复评价。

对罪行较轻、人身危险性较小的,特别是初犯、偶犯,从宽幅度可以大一些;罪行较重、人身危险性较大的,以及累犯、再犯,从宽幅度应当从严把握。

10.获得法律帮助权。人民法院、人民检察院、公安机关办理认罪认罚案件,应当保障犯罪嫌疑人、被告人获得有效法律帮助,确保其了解认罪认罚的性质和法律后果,自愿认罪认罚。

犯罪嫌疑人、被告人自愿认罪认罚,没有辩护人的,人民法院、人民检察院、公安机关(看守所)应当通知值班律师为其提供法律咨询、程序选择建议、申请变更强制措施等法律帮助。符合通知辩护条件的,应当依法通知法律援助机构指派律师为其提供辩护。

人民法院、人民检察院、公安机关(看守所)应当告知犯罪嫌疑人、被告人有权约见值班律师,获得法律帮助,并为其约见值班律师提供便利。犯罪嫌疑人、被告人及其近亲属提出法律帮助请求的,人民法院、人民检察院、公安机关(看守所)应当通知值班律师为其提供法律帮助。

16.听取意见。办理认罪认罚案件,应当听取被害人及其诉讼代理人的意见,并将犯罪嫌疑人、被告人是否与被害方达成和解协议、调解协议或者赔偿被害方损失、取得被害方谅解,作为从宽处罚的重要考虑因素。人民检察院、公安机关听取意见情况应当记录在案并随案移送。

18.被害方异议的处理。被害人及其诉讼代理人不同意对认罪认罚的犯罪嫌疑人、被告人从宽处理的,不影响认罪认罚从宽制度的适用。犯罪嫌疑人、被告人认罪认罚,但没有退赃退赔、赔偿损失,未能与被害方达成调解或者和解协议的,从宽时应当予以酌减。犯罪嫌疑人、被告人自愿认罪并且愿意积极赔偿损失,但由于被害方赔偿要求明显不合理,未能达成调解或者和解协议的,一般不影响对犯罪嫌疑人、被告人从宽处理。

49.被告人当庭认罪认罚案件的处理。被告人在侦查、审查起诉阶段没有认罪认罚,但当庭认罪,愿意接受处罚的,人民法院应当根据审理查明的事实,就罪和量刑听取控辩双方意见,依法作出裁判。

50.第二审程序中被告人认罪认罚案件的处理。被告人在第一审程序中未认罪认罚,在第二审程序中认罪认罚的,审理程序依照刑事诉讼法规定的第二审程序进行。

第二审人民法院应当根据其认罪认罚的价值、作用决定是否从宽,并依法作出裁判。确定从宽幅度时应当与第一审程序认罪认罚有所区别。

51.不起诉后反悔的处理。因犯罪嫌疑人认罪认罚,人民检察院依照刑事诉讼法第一百七十七条第二款作出不起诉决定后,犯罪嫌疑人否认指控的犯罪事实或者不积极履行赔礼道歉、退赃退赔、赔偿损失等义务的,人民检察院应当进行审查,区分下列情形依法作出处理:

(一)发现犯罪嫌疑人没有犯罪事实,或者符合刑事诉讼法第十六条规定的情形之一的,应当撤销原不起诉决定,依法重新作出不起诉决定;

(二)认为犯罪嫌疑人仍属于犯罪情节轻微,依照刑法规定不需要判处刑罚或者免除刑罚的,可以维持原不起诉决定;

(三)排除认罪认罚因素后,符合起诉条件的,应当根据案件具体情况撤销原不起诉决定,依法提起公诉。

52.起诉前反悔的处理。犯罪嫌疑人认罪认罚,签署认罪认罚具结书,在人民检察院提起公诉前反悔的,具结书失效,人民检察院应当在全面审查事实证据的基础上,依法提起公诉。

53.审判阶段反悔的处理。案件审理过程中,被告人反悔不再认罪认罚的,人民法院应当根据审理查明的事实,依法作出裁判。需要转换程序的,依照本意见的相关规定处理。

专题三 刑事诉讼中的专门机关和诉讼参与人

考点10 专门机关

第三条 [国家专门机关职权]对刑事案件的侦查、拘留、执行逮捕、预审,由公安机关负责。检察、批准逮捕、检察机关直接受理的案件的侦查、提起公诉,由人民检察院负责。审判由人民法院负责。除法律特别规定的以外,其他任何机关、团体和个人都无权行使这些权力。

人民法院、人民检察院和公安机关进行刑事诉讼,必须严格遵守本法和其他法律的有关规定。

第四条 [国家安全机关职权]国家安全机关依照法律规定,办理危害国家安全的刑事案件,行使与公安机关相同的职权。

第五条 [法、检独立行使职权]人民法院依照法律规定独立行使审判权,人民检察院依照法律规定独立行使检察权,不受行政机关、社会团体和个人的干涉。

第三百零八条 [特殊案件的管辖权]军队保卫部门对军队内部发生的刑事案件行使侦查权。

中国海警局履行海上维权执法职责,对海上发生的刑事案件行使侦查权。

对罪犯在监狱内犯罪的案件由监狱进行侦查。

军队保卫部门、中国海警局、监狱办理刑事案件,适用本法的有关规定。

考点 11 诉讼参与人

(一)概念界定

第一百零八条 [有关法律用语的解释]本法下列用语的含义是:

(一)"侦查"是指公安机关、人民检察院对于刑事案件,依照法律进行的收集证据、查明案情的工作和有关的强制性措施;

(二)"当事人"是指被害人、自诉人、犯罪嫌疑人、被告人、附带民事诉讼的原告人和被告人;

(三)"法定代理人"是指被代理人的父母、养父母、监护人和负有保护责任的机关、团体的代表;

(四)"诉讼参与人"是指当事人、法定代理人、诉讼代理人、辩护人、证人、鉴定人和翻译人员;

(五)"诉讼代理人"是指公诉案件的被害人及其法定代理人或者近亲属、自诉案件的自诉人及其法定代理人委托代为参加诉讼的人和附带民事诉讼的当事人及其法定代理人委托代为参加诉讼的人;

(六)"近亲属"是指夫、妻、父、母、子、女、同胞兄弟姊妹。

(二)证人

(1)证人作证

第六十二条 [证人的资格与义务]凡是知道案件情况的人,都有作证的义务。

生理上、精神上有缺陷或者年幼,不能辨别是非、不能正确表达的人,不能作证人。

第一百九十二条 [证人、鉴定人出庭作证义务]公诉人、当事人或者辩护人、诉讼代理人对证人证言有异议,且该证人证言对案件定罪量刑有重大影响,人民法院认为证人有必要出庭作证的,证人应当出庭作证。

人民警察就其执行职务时目击的犯罪情况作为证人出庭作证,适用前款规定。

公诉人、当事人或者辩护人、诉讼代理人对鉴定意见有异议,人民法院认为鉴定人有必要出庭的,鉴定人应当出庭作证。经人民法院通知,鉴定人拒不出庭作证的,鉴定意见不得作为定案的根据。

第一百九十三条 [强制证人出庭及例外、对不出庭的处罚]经人民法院通知,证人没有正当理由不出庭的,人民法院可以强制其到庭,但是被告人的配偶、父母、子女除外。

证人没有正当理由拒绝出庭或者出庭后拒绝作证的,予以训诫,情节严重的,经院长批准,处以十日以下的拘留。被处罚人对拘留决定不服的,可以向上一级人民法院申请复议。复议期间不停止执行。

《刑诉解释》

第二百四十六条 公诉人可以提请法庭通知证人、鉴定人、有专门知识的人、调查人员、侦查人员或者其他人员出庭,或者出示证据。被害人及其法定代理人、诉讼代理人,附带民事诉讼原告人及其诉讼代理人也可以提出申请。

在控诉方举证后,被告人及其法定代理人、辩护人可以提请法庭通知证人、鉴定人、有专门知识的人、调查人

员、侦查人员或者其他人员出庭,或者出示证据。

第二百五十三条 证人具有下列情形之一,无法出庭作证的,人民法院可以准许其不出庭:

(一)庭审期间身患严重疾病或者行动极为不便的;

(二)居所远离开庭地点且交通极为不便的;

(三)身处国外短期无法回国的;

(四)有其他客观原因,确实无法出庭的。

具有前款规定情形的,可以通过视频等方式作证。

《高检规则》

第四百零四条 公诉人对证人证言有异议,且该证人证言对案件定罪量刑有重大影响的,可以申请人民法院通知证人出庭作证。

人民警察就其执行职务时目击的犯罪情况作为证人出庭作证,适用前款规定。

公诉人对鉴定意见有异议的,可以申请人民法院通知鉴定人出庭作证。经人民法院通知,鉴定人拒不出庭作证的,公诉人可以建议法庭不予采纳该鉴定意见作为定案的根据,也可以申请法庭重新通知鉴定人出庭作证或者申请重新鉴定。

必要时,公诉人可以申请法庭通知有专门知识的人出庭,就鉴定人作出的鉴定意见提出意见。

当事人或者辩护人、诉讼代理人对证人证言、鉴定意见有异议,公诉人认为必要时,可以申请人民法院通知证人、鉴定人出庭作证。

(2)证人保护

第六十三条 [证人及其近亲属的保护]人民法院、人民检察院和公安机关应当保障证人及其近亲属的安全。

对证人及其近亲属进行威胁、侮辱、殴打或者打击报复,构成犯罪的,依法追究刑事责任;尚不够刑事处罚的,依法给予治安管理处罚。

第六十四条 [特定案件中证人、鉴定人、被害人及其近亲属的保护]对于危害国家安全犯罪、恐怖活动犯罪、黑社会性质的组织犯罪、毒品犯罪等案件,证人、鉴定人、被害人因在诉讼中作证,本人或者其近亲属的人身安全面临危险的,人民法院、人民检察院和公安机关应当采取以下一项或者多项保护措施:

(一)不公开真实姓名、住址和工作单位等个人信息;

(二)采取不暴露外貌、真实声音等出庭作证措施;

(三)禁止特定的人员接触证人、鉴定人、被害人及其近亲属;

(四)对人身和住宅采取专门性保护措施;

(五)其他必要的保护措施。

证人、鉴定人、被害人认为因在诉讼中作证,本人或其近亲属的人身安全面临危险的,可以向人民法院、人民检察院、公安机关请求予以保护。

人民法院、人民检察院、公安机关依法采取保护措施,有关单位和个人应当配合。

第六十五条 [证人作证补助]证人因履行作证义务而支出的交通、住宿、就餐等费用,应当给予补助。证人作证的补助列入司法机关业务经费,由同级政府财政予

以保障。

有工作单位的证人作证,所在单位不得克扣或者变相克扣其工资、奖金及其他福利待遇。

(三)单位当事人(诉讼代表人)

《刑诉解释》

第三百三十六条 被告单位的诉讼代表人,应当是法定代表人、实际控制人或者主要负责人;法定代表人、实际控制人或者主要负责人被指控为单位犯罪直接责任人员或者因客观原因无法出庭的,应当由被告单位委托其他负责人或者职工作为诉讼代表人。但是,有关人员被指控为单位犯罪直接责任人员或者知道案件情况、负有作证义务的除外。

依据前款规定难以确定诉讼代表人的,可以由被告单位委托律师等单位以外的人员作为诉讼代表人。

诉讼代表人不得同时担任被告单位或者被指控为单位犯罪直接责任人员的有关人员的辩护人。〔2021年回忆~诉讼代表人的确定〕

第三百三十七条 开庭审理单位犯罪案件,应当通知被告单位的诉讼代表人出庭;诉讼代表人不符合前条规定的,应当要求人民检察院另行确定。

被告单位的诉讼代表人不出庭的,应当按照下列情形分别处理:

(一)诉讼代表人系被告单位的法定代表人、实际控制人或者主要负责人,无正当理由拒不出庭的,可以拘传其到庭;因客观原因无法出庭,或者下落不明的,应当要求人民检察院另行确定诉讼代表人;

(二)诉讼代表人系其他人员的,应当要求人民检察院另行确定诉讼代表人。

第三百三十八条 被告单位的诉讼代表人享有刑事诉讼法规定的有关被告人的诉讼权利。开庭时,诉讼代表人席位置于审判台前左侧,与辩护人席并列。

专题四 管 辖

考点12 立案管辖

第十九条 [立案管辖]刑事案件的侦查由公安机关进行,法律另有规定的除外。

人民检察院在对诉讼活动实行法律监督中发现的司法工作人员利用职权实施的非法拘禁、刑讯逼供、非法搜查等侵犯公民权利、损害司法公正的犯罪,可以由人民检察院立案侦查。对于公安机关管辖的国家机关工作人员利用职权实施的重大犯罪案件,需要由人民检察院直接受理的时候,经省级以上人民检察院决定,可以由人民检察院立案侦查。

自诉案件,由人民法院直接受理。

《刑事诉讼法》

第三百零八条 [特殊案件的管辖权]军队保卫部门对军队内部发生的刑事案件行使侦查权。

中国海警局履行海上维权执法职责,对海上发生的刑事案件行使侦查权。

对罪犯在监狱内犯罪的案件由监狱进行侦查。

军队保卫部门、中国海警局、监狱办理刑事案件,适用本法的有关规定。

《监察法》

第十五条 监察机关对下列公职人员和有关人员进行监察:

(一)中国共产党机关、人民代表大会及其常务委员会机关、人民政府、监察委员会、人民法院、人民检察院、中国人民政治协商会议各级委员会机关、民主党派机关和工商业联合会机关的公务员,以及参照《中华人民共和国公务员法》管理的人员;

(二)法律、法规授权或者受国家机关依法委托管理公共事务的组织中从事公务的人员;

(三)国有企业管理人员;

(四)公办的教育、科研、文化、医疗卫生、体育等单位中从事管理的人员;

(五)基层群众性自治组织中从事管理的人员;

(六)其他依法履行公职的人员。

第三十四条 人民法院、人民检察院、公安机关、审计机关等国家机关在工作中发现公职人员涉嫌贪污贿赂、失职渎职等职务违法或者职务犯罪的问题线索,应当移送监察机关,由监察机关依法调查处置。

被调查人既涉嫌严重职务违法或者职务犯罪,又涉嫌其他违法犯罪的,一般应当由监察机关为主调查,其他机关予以协助。

《高检规则》

第十四条 人民检察院办理直接受理侦查的案件,由设区的市级人民检察院立案侦查。基层人民检察院发现犯罪线索的,应当报设区的市级人民检察院决定立案侦查。

设区的市级人民检察院根据案件情况也可以将案件交由基层人民检察院立案侦查,或者要求基层人民检察院协助侦查。对于刑事执行派出检察院辖区内与刑事执行活动有关的犯罪线索,可以交由刑事执行派出检察院立案侦查。

最高人民检察院、省级人民检察院发现犯罪线索的,可以自行立案侦查,也可以将犯罪线索交由指定的省级人民检察院或者设区的市级人民检察院立案侦查。

第十七条 人民检察院办理直接受理侦查的案件,发现犯罪嫌疑人同时涉嫌监察机关管辖的职务犯罪线索的,应当及时与同级监察机关沟通。

经沟通,认为全案由监察机关管辖更为适宜的,人民检察院应当将案件和相应职务犯罪线索一并移送监察机关;认为由监察机关和人民检察院分别管辖更为适宜的,人民检察院应当将监察机关管辖的相应职务犯罪线索移送监察机关,对依法由人民检察院管辖的犯罪案件继续侦查。

人民检察院应当及时将沟通情况报告上一级人民检察院。沟通期间不得停止对案件的侦查。

第十八条 人民检察院办理直接受理侦查的案件涉及公安机关管辖的刑事案件,应当将属于公安机关管辖的刑事案件移送公安机关。如果涉嫌的主罪属于公安机关管辖,由公安机关为主侦查,人民检察院予以配合;如果涉嫌的主罪属于人民检察院管辖,由人民检察院为主侦查,公安机关予以配合。

对于一人犯数罪、共同犯罪、共同犯罪的犯罪嫌疑人还实施其他犯罪、多个犯罪嫌疑人实施的犯罪存在关联,并案处理有利于查明案件事实和诉讼进行的,人民检察院可以在职责范围内对相关犯罪案件并案处理。

《公安部规定》

第十五条　刑事案件由犯罪地的公安机关管辖。如果由犯罪嫌疑人居住地的公安机关管辖更为适宜的,可以由犯罪嫌疑人居住地的公安机关管辖。

法律、司法解释或者其他规范性文件对有关犯罪案件的管辖作出特别规定的,从其规定。

第二十一条　几个公安机关都有权管辖的刑事案件,由最初受理的公安机关管辖。必要时,可以由主要犯罪地的公安机关管辖。

具有下列情形之一的,公安机关可以在职责范围内并案侦查:

(一)一人犯数罪的;

(二)共同犯罪的;

(三)共同犯罪的犯罪嫌疑人还实施其他犯罪的;

(四)多个犯罪嫌疑人实施的犯罪存在关联,并案处理有利于查明犯罪事实的。

《六机关规定》

3. 具有下列情形之一的,人民法院、人民检察院、公安机关可以在其职责范围内并案处理:

(一)一人犯数罪的;

(二)共同犯罪的;

(三)共同犯罪的犯罪嫌疑人、被告人还实施其他犯罪的;

(四)多个犯罪嫌疑人、被告人实施的犯罪存在关联,并案处理有利于查明案件事实的。

《刑诉解释》

第一条　人民法院直接受理的自诉案件包括:

(一)告诉才处理的案件:

1. 侮辱、诽谤案(刑法第二百四十六条规定的,但严重危害社会秩序和国家利益的除外);

2. 暴力干涉婚姻自由案(刑法第二百五十七条第一款规定的);

3. 虐待案(刑法第二百六十条第一款规定的,但被害人没有能力告诉或者因受到强制、威吓无法告诉的除外);

4. 侵占案(刑法第二百七十条规定的)。

(二)人民检察院没有提起公诉,被害人有证据证明的轻微刑事案件:

1. 故意伤害案(刑法第二百三十四条第一款规定的);

2. 非法侵入住宅案(刑法第二百四十五条规定的);

3. 侵犯通信自由案(刑法第二百五十二条规定的);

4. 重婚案(刑法第二百五十八条规定的);

5. 遗弃案(刑法第二百六十一条规定的);

6. 生产、销售伪劣商品案(刑法分则第三章第一节规定的,但严重危害社会秩序和国家利益的除外);

7. 侵犯知识产权案(刑法分则第三章第七节规定的,但严重危害社会秩序和国家利益的除外);

8. 刑法分则第四章、第五章规定的,可能判处三年有期徒刑以下刑罚的案件。

本项规定的案件,被害人直接向人民法院起诉的,人民法院应当依法受理。对其中证据不足,可以由公安机关受理的,或者认为对被告人可能判处三年有期徒刑以上刑罚的,应当告知被害人向公安机关报案,或者移送公安机关立案侦查。

(三)被害人有证据证明对被告人侵犯自己人身、财产权利的行为应当依法追究刑事责任,且有证据证明曾经提出控告,而公安机关或者人民检察院不予追究被告人刑事责任的案件。

《办理信息网络犯罪案件适用刑事诉讼程序的意见》

一、关于信息网络犯罪案件的范围

1. 本意见所称信息网络犯罪案件包括:

(1)危害计算机信息系统安全犯罪案件;

(2)拒不履行信息网络安全管理义务、非法利用信息网络、帮助信息网络犯罪活动的犯罪案件;

(3)主要行为通过信息网络实施的诈骗、赌博、侵犯公民个人信息等其他犯罪案件。

二、关于信息网络犯罪案件的管辖

2. 信息网络犯罪案件由犯罪地公安机关立案侦查。必要时,可以由犯罪嫌疑人居住地公安机关立案侦查。

信息网络犯罪案件的犯罪地包括用于实施犯罪行为的网络服务使用的服务器所在地,网络服务提供者所在地,被侵害的信息网络系统及其管理者所在地,犯罪过程中犯罪嫌疑人、被害人或者其他涉案人员使用的信息网络系统所在地,被害人被侵害时所在地以及被害人财产遭受损失地等。

涉及多个环节的信息网络犯罪案件,犯罪嫌疑人为信息网络犯罪提供帮助的,其犯罪地、居住地或者被帮助对象的犯罪地公安机关可以立案侦查。

3. 有多个犯罪地的信息网络犯罪案件,由最初受理的公安机关或者主要犯罪地公安机关立案侦查。有争议的,按照有利于查清犯罪事实、有利于诉讼的原则,协商解决;经协商无法达成一致的,由共同上级公安机关指定有关公安机关立案侦查。需要提请批准逮捕、移送审查起诉、提起公诉的,由立案侦查的公安机关所在地的人民检察院、人民法院受理。

4. 具有下列情形之一的,公安机关、人民检察院、人民法院可以在其职责范围内并案处理:

(1)一人犯数罪的;

(2)共同犯罪的;

(3)共同犯罪的犯罪嫌疑人、被告人还实施其他犯罪的;

(4)多个犯罪嫌疑人、被告人实施的犯罪行为存在关联,并案处理有利于查明全部案件事实的。

对为信息网络犯罪提供程序开发、互联网接入、服务器托管、网络存储、通讯传输等技术支持,或者广告推广、支付结算等帮助,涉嫌犯罪的,可以依照第一款的规定并案侦查。

有关公安机关依照前两款规定并案侦查的案件,需要提请批准逮捕、移送审查起诉、提起公诉的,由该公安机关所在地的人民检察院、人民法院受理。

5. 并案侦查的共同犯罪或者关联犯罪案件,犯罪嫌疑人人数众多、案情复杂的,公安机关可以分案移送审查起诉。分案移送审查起诉的,应当对并案侦查的依据、分案移送审查起诉的理由作出说明。

对于前款规定的案件,人民检察院可以分案提起公诉,人民法院可以分案审理。

分案处理应当以有利于保障诉讼质量和效率为前提,并不得影响当事人质证权等诉讼权利的行使。

6. 依照前款规定分案处理,公安机关、人民检察院、人民法院在分案前有管辖权的,分案后对相关案件的管辖权不受影响。根据具体情况,分案处理的相关案件可以由不同审级的人民法院分别审理。

7. 对于共同犯罪或者已并案侦查的关联犯罪案件,部分犯罪嫌疑人未到案,但不影响对已到案共同犯罪或者关联犯罪的犯罪嫌疑人、被告人的犯罪事实认定的,可以先行追究已到案犯罪嫌疑人、被告人的刑事责任。之前未到案的犯罪嫌疑人、被告人归案后,可以由原办案机关所在地公安机关、人民检察院、人民法院管辖其所涉及的案件。

8. 对于具有特殊情况,跨省(自治区、直辖市)指定异地公安机关侦查更有利于查清犯罪事实、保证案件公正处理的重大信息网络犯罪案件,以及在境外实施的信息网络犯罪案件,公安部可以商最高人民检察院和最高人民法院指定侦查管辖。

9. 人民检察院对于审查起诉的案件,按照刑事诉讼法的管辖规定,认为应当由上级人民检察院或者同级其他人民检察院起诉的,应当将案件移送有管辖权的人民检察院,并通知移送起诉的公安机关。人民检察院认为需要依照刑事诉讼法的规定指定审判管辖的,应当协商同级人民法院办理指定管辖有关事宜。

10. 犯罪嫌疑人被多个公安机关立案侦查的,有关公安机关一般应当协商并案处理,并依法移送案件。协商不成的,可以报请共同上级公安机关指定管辖。

人民检察院对于审查起诉的案件,发现犯罪嫌疑人还有犯罪被异地公安机关立案侦查的,应当通知移送审查起诉的公安机关。

人民法院对于提起公诉的案件,发现被告人还有其他犯罪被审查起诉、立案侦查的,可以协商人民检察院、公安机关并案处理,但可能造成审判过分迟延的除外。决定对有关犯罪并案处理,符合《中华人民共和国刑事诉讼法》第二百零四条规定的,人民检察院可以建议人民法院延期审理。

考点13 审判管辖
(一)级别管辖
■ 第二十一条 [中级法院管辖]中级人民法院管辖下列第一审刑事案件:

(一)危害国家安全、恐怖活动案件;
(二)可能判处无期徒刑、死刑的案件。

《刑事诉讼法》

第二百九十一条 [缺席判决的条件]对于贪污贿赂犯罪案件,以及需要及时进行审判,经最高人民检察院核准的严重危害国家安全犯罪、恐怖活动案件,犯罪嫌疑人、被告人在境外,监察机关、公安机关移送起诉,人民检察院认为犯罪事实已经查清,证据确实、充分,依法应当追究刑事责任的,可以向人民法院提起公诉。人民法院进行审查后,对于起诉书中有明确的指控犯罪事实,符合缺席审判程序适用条件的,应当决定开庭审判。

前款案件,由犯罪地、被告人离境前居住地或者最高人民法院指定的中级人民法院组成合议庭进行审理。

第二百九十九条第一款 [没收违法所得的审理程序]没收违法所得的申请,由犯罪地或者犯罪嫌疑人、被告人居住地的中级人民法院组成合议庭进行审理。

《刑诉解释》

第十四条 人民检察院认为可能判处无期徒刑、死刑,向中级人民法院提起公诉的案件,中级人民法院受理后,认为不需要判处无期徒刑、死刑的,应当依法审判,不再交基层人民法院审判。

第十五条 一人犯数罪、共同犯罪或者其他需要并案审理的案件,其中一人或者一罪属于上级人民法院管辖的,全案由上级人民法院管辖。

■ 第二十四条 [级别管辖变通]上级人民法院在必要的时候,可以审判下级人民法院管辖的第一审刑事案件;下级人民法院认为案情重大、复杂需要由上级人民法院审判的第一审刑事案件,可以请求移送上一级人民法院审判。

《刑诉解释》

第十六条 上级人民法院决定审判下级人民法院管辖的第一审刑事案件的,应当向下级人民法院下达改变管辖决定书,并书面通知同级人民检察院。

第十七条 基层人民法院对可能判处无期徒刑、死刑的第一审刑事案件,应当移送中级人民法院审判。

基层人民法院对下列第一审刑事案件,可以请求移送中级人民法院审判:

(一)重大、复杂案件;
(二)新类型的疑难案件;
(三)在法律适用上具有普遍指导意义的案件。

需要将案件移送中级人民法院审判的,应当在报请院长决定后,至迟于案件审理期限届满十五日以前书面请求移送。中级人民法院应当在接到申请后十日以内作出决定。不同意移送的,应当下达不同意移送决定书,由请求移送的人民法院依法审判;同意移送的,应当下达同意移送决定书,并书面通知同级人民检察院。

第十八条 有管辖权的人民法院因案件涉及本院院长需要回避或者其他原因,不宜行使管辖权的,可以请求移送上一级人民法院管辖。上一级人民法院可以管辖,也可以指定与提出请求的人民法院同级的其他人民法院管辖。[2020年回忆~职务违法和职务犯罪行为的立案管辖和审判回避]

《高检规则》

第十六条　上级人民检察院在必要的时候，可以直接立案侦查或者组织、指挥、参与侦查下级人民检察院管辖的案件。下级人民检察院认为案情重大、复杂，需要由上级人民检察院立案侦查的案件，可以请求移送上级人民检察院立案侦查。

（二）地域管辖

第二十五条　[地域管辖] 刑事案件由犯罪地的人民法院管辖。如果由被告人居住地的人民法院审判更为适宜的，可以由被告人居住地的人民法院管辖。

《刑诉解释》

第二条　犯罪地包括犯罪行为地和犯罪结果地。

针对或者主要利用计算机网络实施的犯罪，犯罪地包括用于实施犯罪行为的网络服务使用的服务器所在地，网络服务提供者所在地，被侵害的信息网络系统及其管理者所在地，犯罪过程中被告人、被害人使用的信息网络系统所在地，以及被害人被侵害时所在地和被害人财产遭受损失地等。

第三条　被告人的户籍地为其居住地。经常居住地与户籍地不一致的，经常居住地为其居住地。经常居住地为被告人被追诉前已连续居住一年以上的地方，但住院就医的除外。

被告单位登记的住所地为其居住地。主要营业地或者主要办事机构所在地与登记的住所地不一致的，主要营业地或者主要办事机构所在地为其居住地。

第四条　在中华人民共和国内水、领海发生的刑事案件，由犯罪地或者被告人登陆地的人民法院管辖。由被告人居住地的人民法院审判更为适宜的，可以由被告人居住地的人民法院管辖。

第五条　在列车上的犯罪，被告人在列车运行途中被抓获的，由前方停靠站所在地负责审判铁路运输刑事案件的人民法院管辖。必要时，也可以由始发站或者终点站所在地负责审判铁路运输刑事案件的人民法院管辖。

被告人不是在列车运行途中被抓获的，由负责该列车乘务的铁路公安机关对应的审判铁路运输刑事案件的人民法院管辖；被告人在列车运行途经车站被抓获的，也可以由该车站所在地负责审判铁路运输刑事案件的人民法院管辖。

第六条　在国际列车上的犯罪，根据我国与相关国家签订的协定确定管辖；没有协定的，由列车始发或者前方停靠的中国车站所在地负责审判铁路运输刑事案件的人民法院管辖。

第七条　在中华人民共和国领域外的中国船舶内的犯罪，由该船舶最初停泊的中国口岸所在地或者被告人登陆地、入境地的人民法院管辖。

第八条　在中华人民共和国领域外的中国航空器内的犯罪，由该航空器在中国最初降落地的人民法院管辖。

第九条　中国公民在中国驻外使领馆内的犯罪，由其主管单位所在地或者原户籍地的人民法院管辖。

第十条　中国公民在中华人民共和国领域外的犯罪，由其登陆地、入境地、离境前居住地或者现居住地的人民法院管辖；被害人是中国公民的，也可以由被害人离境前居住地或者现居住地的人民法院管辖。

第十一条　外国人在中华人民共和国领域外对中华人民共和国国家或者公民犯罪，根据《中华人民共和国刑法》应当受处罚的，由该外国人登陆地、入境地或者入境后居住地的人民法院管辖，也可以由被害人离境前居住地或者现居住地的人民法院管辖。

第十二条　对中华人民共和国缔结或者参加的国际条约所规定的罪行，中华人民共和国在所承担条约义务的范围内行使刑事管辖权的，由被告人被抓获地、登陆地或者入境地的人民法院管辖。

第十三条　正在服刑的罪犯在判决宣告前还有其他罪没有判决的，由原审地人民法院管辖；由罪犯服刑地或者犯罪地的人民法院审判更为适宜的，可以由罪犯服刑地或者犯罪地的人民法院管辖。

罪犯在服刑期间又犯罪的，由服刑地的人民法院管辖。

罪犯在脱逃期间又犯罪的，由服刑地的人民法院管辖。但是，在犯罪地抓获罪犯并发现其在脱逃期间犯罪的，由犯罪地的人民法院管辖。

（三）移送管辖和指定管辖

（1）移送管辖

第二十六条　[优先管辖、移送管辖] 几个同级人民法院都有权管辖的案件，由最初受理的人民法院审判。在必要的时候，可以移送主要犯罪地的人民法院审判。

《刑诉解释》

第十九条　两个以上同级人民法院都有管辖权的案件，由最初受理的人民法院审判。必要时，可以移送主要犯罪地的人民法院审判。

管辖权发生争议的，应当在审理期限内协商解决；协商不成的，由争议的人民法院分别层报共同的上级人民法院指定管辖。

（2）指定管辖

第二十七条　[指定管辖] 上级人民法院可以指定下级人民法院审判管辖不明的案件，也可以指定下级人民法院将案件移送其他人民法院审判。

《刑诉解释》

第二十条　管辖不明的案件，上级人民法院可以指定下级人民法院审判。

有关案件，由犯罪地、被告人居住地以外的人民法院审判更为适宜的，上级人民法院可以指定下级人民法院管辖。

第二十一条　上级人民法院指定管辖，应当将指定管辖决定书送达被指定管辖的人民法院和其他有关的人民法院。

第二十二条　原受理案件的人民法院在收到上级人民法院改变管辖决定书、同意移送决定书或者指定其他人民法院管辖的决定书后，对公诉案件，应当书面通知同级人民检察院，并将案卷材料退回，同时书面通知当事人；对自诉案件，应当将案卷材料移送被指定管辖的人民法院,并书面通知当事人。

第二十三条 第二审人民法院发回重新审判的案件,人民检察院撤回起诉后,又向原第一审人民法院的下级人民法院重新提起公诉的,下级人民法院应当将有关情况层报原第二审人民法院。原第二审人民法院根据具体情况,可以决定将案件移送原第一审人民法院或者其他人民法院审判。

《高检规则》

第二十条 对管辖不明确的案件,可以由有关人民检察院协商确定管辖。

第二十一条 几个人民检察院都有权管辖的案件,由最初受理的人民检察院管辖。必要时,可以由主要犯罪地的人民检察院管辖。

第二十二条 对于下列案件,上级人民检察院可以指定管辖:

(一)管辖有争议的案件;
(二)需要改变管辖的案件;
(三)需要集中管辖的特定类型的案件;
(四)其他需要指定管辖的案件。

对前款案件的审查起诉指定管辖的,人民检察院应当与相应的人民法院协商一致。对前款第三项案件的审查逮捕指定管辖的,人民检察院应当与相应的公安机关协商一致。

《公安部规定》

第二十二条 对管辖不明确或者有争议的刑事案件,可以由有关公安机关协商。协商不成的,由共同的上级公安机关指定管辖。

对情况特殊的刑事案件,可以由共同的上级公安机关指定管辖。

提请上级公安机关指定管辖时,应当在有关材料中列明犯罪嫌疑人基本情况、涉嫌罪名、案件基本事实、管辖争议情况、协商情况和指定管辖理由,经公安机关负责人批准后,层报有权指定管辖的上级公安机关。

第二十三条 上级公安机关指定管辖的,应当将指定管辖决定书分别送达被指定管辖的公安机关和其他有关的公安机关,并根据办案需要抄送同级人民法院、人民检察院。

原受理案件的公安机关,在收到上级公安机关指定其他公安机关管辖的决定书后,不再行使管辖权,同时应当将犯罪嫌疑人、涉案财物以及案卷材料等移送被指定管辖的公安机关。

对指定管辖的案件,需要逮捕犯罪嫌疑人的,由被指定管辖的公安机关提请同级人民检察院审查批准;需要提起公诉的,由该公安机关移送同级人民检察院审查决定。

(3)并案处理

《刑诉解释》

第二十四条 人民法院发现被告人还有其他犯罪被起诉的,可以并案审理;涉及同种犯罪的,一般应当并案审理。

人民法院发现被告人还有其他犯罪被审查起诉、立案侦查、立案调查的,可以参照前款规定协商人民检察院、公安机关、监察机关并案处理,但可能造成审判过分迟延的除外。

根据前两款规定并案处理的案件,由最初受理地的人民法院审判。必要时,可以由主要犯罪地的人民法院审判。〔2021年回忆~并案处理的适用〕

第二十五条 第二审人民法院在审理过程中,发现被告人还有其他犯罪没有判决的,参照前条规定处理。第二审人民法院决定并案审理的,应当发回第一审人民法院,由第一审人民法院作出处理。〔2021年回忆~并案处理的适用〕

第二百二十条 对一案起诉的共同犯罪或者关联犯罪案件,被告人数众多、案情复杂,人民法院经审查认为,分案审理更有利于保障庭审质量和效率的,可以分案审理。分案审理不得影响当事人质证权等诉讼权利的行使。

对分案起诉的共同犯罪或者关联犯罪案件,人民法院经审查认为,合并审理更有利于查明案件事实、保障诉讼权利、准确定罪量刑的,可以并案审理。〔2022年回忆~分案审理〕

第四百零四条 第二审人民法院认为第一审判决事实不清、证据不足的,可以在查清事实后改判,也可以裁定撤销原判,发回原审人民法院重新审判。

有多名被告人的案件,部分被告人的犯罪事实不清、证据不足或者有新的犯罪事实需要追诉,且有关犯罪与其他同案被告人没有关联的,第二审人民法院根据案件情况,可以对该部分被告人分案处理,将该部分被告人发回原审人民法院重新审判。原审人民法院重新作出判决后,被告人上诉或者人民检察院抗诉,其他被告人的案件尚未作出第二审判决、裁定的,第二审人民法院可以并案审理。〔2021年回忆~二审中部分发回重审与并案审理〕

专题五 回避

考点15 回避的对象与理由

第二十九条 〔回避对象与理由〕审判人员、检察人员、侦查人员有下列情形之一的,应当自行回避,当事人及其法定代理人也有权要求他们回避:

(一)是本案的当事人或者是当事人的近亲属的;
(二)本人或者他的近亲属和本案有利害关系的;
(三)担任过本案的证人、鉴定人、辩护人、诉讼代理人的;
(四)与本案当事人有其他关系,可能影响公正处理案件的。

《刑诉解释》

第二十七条 审判人员具有下列情形之一的,应当自行回避,当事人及其法定代理人有权申请其回避:

(一)是本案的当事人或者是当事人的近亲属的;
(二)本人或者其近亲属与本案有利害关系的;
(三)担任过本案的证人、鉴定人、辩护人、诉讼代理

人、翻译人员的;
（四）与本案的辩护人、诉讼代理人有近亲属关系的;
（五）与本案当事人有其他利害关系,可能影响公正审判的。

第二十八条　审判人员具有下列情形之一的,当事人及其法定代理人有权申请其回避:
（一）违反规定会见本案当事人、辩护人、诉讼代理人的;
（二）为本案当事人推荐、介绍辩护人、诉讼代理人,或者为律师、其他人员介绍办理本案的;
（三）索取、接受本案当事人及其委托的人的财物或者其他利益的;
（四）接受本案当事人及其委托的人的宴请,或者参加由其支付费用的活动的;
（五）向本案当事人及其委托的人借用款物的;
（六）有其他不正当行为,可能影响公正审判的。

第二十九条　参与过本案调查、侦查、审查起诉工作的监察、侦查、检察人员,调至人民法院工作的,不得担任本案的审判人员。

在一个审判程序中参与过本案审判工作的合议庭组成人员或者独任审判员,不得再参与本案其他程序的审判。但是,发回重新审判的案件,在第一审人民法院作出裁判后又进入第二审程序、在法定刑以下判处刑罚的复核程序或者死刑复核程序的,原第二审程序、在法定刑以下判处刑罚的复核程序或者死刑复核程序中的合议庭组成人员不受本款规定的限制。

第三十条　依照法律和有关规定应当实行任职回避的,不得担任案件的审判人员。

第三十一条　人民法院应当依法告知当事人及其法定代理人有权申请回避,并告知其合议庭组成人员、独任审判员、法官助理、书记员等人员的名单。

第三十二条　审判人员自行申请回避,或者当事人及其法定代理人申请审判人员回避的,可以口头或者书面提出,并说明理由,由院长决定。

院长自行申请回避,或者当事人及其法定代理人申请院长回避的,由审判委员会讨论决定。审判委员会讨论时,由副院长主持,院长不得参加。

考点16　回避的程序

第三十一条　[回避的决定权与回避效力] 审判人员、检察人员、侦查人员的回避,应当分别由院长、检察长、公安机关负责人决定;院长的回避,由本院审判委员会决定;检察长和公安机关负责人的回避,由同级人民检察院检察委员会决定。

对侦查人员的回避作出决定前,侦查人员不能停止对案件的侦查。

对驳回申请回避的决定,当事人及其法定代理人可以申请复议一次。

《刑诉解释》

第三十四条　应当回避的审判人员没有自行回避,当事人及其法定代理人也没有申请其回避的,院长或者审判委员会应当决定其回避。

第三十五条　对当事人及其法定代理人提出的回避申请,人民法院可以口头或者书面作出决定,并将决定告知申请人。

当事人及其法定代理人申请回避被驳回的,可以在接到决定时申请复议一次。不属于刑事诉讼法第二十九条、第三十条规定情形的回避申请,由法庭当庭驳回,并不得申请复议。

第三十八条　法官助理、书记员、翻译人员和鉴定人适用审判人员回避的有关规定,其回避问题由院长决定。

《高检规则》

第三十四条　对人民检察院直接受理的案件进行侦查的人员或者进行补充侦查的人员在回避决定作出以前和复议期间,不得停止对案件的侦查。

第三十六条　被决定回避的检察长在回避决定作出以前所取得的证据和进行的诉讼行为是否有效,由检察委员会根据案件具体情况决定。

被决定回避的其他检察人员在回避决定作出以前所取得的证据和进行的诉讼行为是否有效,由检察长根据案件具体情况决定。

被决定回避的公安机关负责人在回避决定作出以前所进行的诉讼行为是否有效,由作出决定的人民检察院检察委员会根据案件具体情况决定。

专题六　辩护与代理

考点18　辩护的种类

（一）委托辩护

第三十四条　[委托辩护人的时间] 犯罪嫌疑人自被侦查机关第一次讯问或者采取强制措施之日起,有权委托辩护人;在侦查期间,只能委托律师作为辩护人。被告人有权随时委托辩护人。

侦查机关在第一次讯问犯罪嫌疑人或者对犯罪嫌疑人采取强制措施的时候,应当告知犯罪嫌疑人有权委托辩护人。人民检察院自收到移送审查起诉的案件材料之日起三日以内,应当告知犯罪嫌疑人有权委托辩护人。人民法院自受理案件之日起三日以内,应当告知被告人有权委托辩护人。犯罪嫌疑人、被告人在押期间要求委托辩护人的,人民法院、人民检察院和公安机关应当及时转达其要求。

犯罪嫌疑人、被告人在押的,也可以由其监护人、近亲属代为委托辩护人。

辩护人接受犯罪嫌疑人、被告人委托后,应当及时告知办理案件的机关。

《刑诉解释》

第四十四条　被告人没有委托辩护人的,人民法院自受理案件之日起三日以内,应当告知其有权委托辩护人;被告人因经济困难或者其他原因没有委托辩护人的,应当告知其可以申请法律援助;被告人属于应当提供法律援助情形的,应当告知其将依法通知法律援助机构指派律师为其提供辩护。

被告人没有委托辩护人，法律援助机构也没有指派律师为其提供辩护的，人民法院应当告知被告人有权约见值班律师，并为被告人约见值班律师提供便利。

告知可以采取口头或者书面方式。

第四十五条　审判期间，在押的被告人要求委托辩护人的，人民法院应当在三日以内向其监护人、近亲属或者其指定的人员转达要求。被告人应当提供有关人员的联系方式。有关人员无法通知的，应当告知被告人。

第四十六条　人民法院收到在押被告人提出的法律援助或者法律帮助申请，应当依照有关规定及时转交法律援助机构或者通知值班律师。

第五十二条　审判期间，辩护人接受被告人委托的，应当在接受委托之日起三日以内，将委托手续提交人民法院。

接受法律援助机构指派为被告人提供辩护的，适用前款规定。

《高检规则》

第四十条　人民检察院负责侦查的部门在第一次讯问犯罪嫌疑人或者对其采取强制措施时，应当告知犯罪嫌疑人有权委托辩护人，并告知其如果因经济困难或者其他原因没有委托辩护人的，可以申请法律援助。属于刑事诉讼法第三十五条规定情形的，应当告知犯罪嫌疑人有权获得法律援助。

人民检察院自收到移送起诉案卷材料之日起三日以内，应当告知犯罪嫌疑人有权委托辩护人，并告知其如果因经济困难或者其他原因没有委托辩护人的，可以申请法律援助。属于刑事诉讼法第三十五条规定情形的，应当告知犯罪嫌疑人有权获得法律援助。

当面口头告知的，应当记入笔录，由被告知人签名；电话告知的，应当记录在案；书面告知的，应当将送达回执入卷。

第四十一条　在押或者被指定居所监视居住的犯罪嫌疑人向人民检察院提出委托辩护人要求的，人民检察院应当及时向其监护人、近亲属或者其指定的人员转达要求，并记录在案。

第四十五条　辩护人接受委托后告知人民检察院，或者法律援助机构指派律师后通知人民检察院的，人民检察院负责案件管理的部门应当及时登记辩护人的相关信息，并将有关情况和材料及时通知、移交办案部门。

负责案件管理的部门对办理业务的辩护律师应当查验其律师执业证书、律师事务所证明和授权委托书或者法律援助公函。对其他辩护人、诉讼代理人，应当查验其身份证明和授权委托书。

《公安部规定》

第四十三条　公安机关在第一次讯问犯罪嫌疑人或者对犯罪嫌疑人采取强制措施的时候，应当告知犯罪嫌疑人有权委托律师作为辩护人，并告知其如果因经济困难或者其他原因没有委托辩护律师的，可以向法律援助机构申请法律援助。告知的情形应当记录在案。

对于同案的犯罪嫌疑人委托同一名辩护律师的，或者两名以上未同案处理但实施的犯罪存在关联的犯罪嫌疑人委托同一名辩护律师的，公安机关应当要求其更换辩护律师。

第四十四条　犯罪嫌疑人可以自己委托辩护律师。犯罪嫌疑人在押的，也可以由其监护人、近亲属代为委托辩护律师。

犯罪嫌疑人委托辩护律师的请求可以书面提出，也可以口头提出。口头提出的，公安机关应当制作笔录，由犯罪嫌疑人签名、捺指印。

第四十五条　在押的犯罪嫌疑人向看守所提出委托辩护律师要求的，看守所应当及时将其请求转达给办案部门，办案部门应当及时向犯罪嫌疑人委托的辩护律师或者律师事务所转达该项请求。

在押的犯罪嫌疑人仅提出委托辩护律师的要求，但提不出具体对象的，办案部门应当及时通知犯罪嫌疑人的监护人、近亲属代为委托辩护律师。犯罪嫌疑人无监护人或者近亲属的，办案部门应当及时通知当地律师协会或者司法行政机关为其推荐辩护律师。

《人民检察院办理未成年人刑事案件规定》

第十一条　人民检察院受理案件后，应当向未成年犯罪嫌疑人及其法定代理人了解其委托辩护人的情况，并告知其有权委托辩护人。

未成年犯罪嫌疑人没有委托辩护人的，人民检察院应当书面通知法律援助机构指派律师为其提供辩护。

《依法保障律师执业权利的规定》

第六条　辩护律师接受犯罪嫌疑人、被告人委托或者法律援助机构的指派后，应当告知办案机关，并可以依法向办案机关了解犯罪嫌疑人、被告人涉嫌或者被指控的罪名及当时已查明的该罪的主要事实，犯罪嫌疑人、被告人被采取、变更、解除强制措施的情况，侦查机关延长侦查羁押期限等情况，办案机关应当依法及时告知辩护律师。

办案机关作出移送审查起诉、退回补充侦查、提起公诉、延期审理、二审不开庭审理、宣告判决等重大程序性决定的，以及人民检察院将直接受理立案侦查案件报请上一级人民检察院审查决定逮捕的，应当依法及时告知辩护律师。

（二）法律援助辩护

1 第三十五条　**[法律援助辩护]** 犯罪嫌疑人、被告人因经济困难或者其他原因没有委托辩护人的，本人及其近亲属可以向法律援助机构提出申请。对符合法律援助条件的，法律援助机构应当指派律师为其提供辩护。

犯罪嫌疑人、被告人是盲、聋、哑人，或者是尚未完全丧失辨认或者控制自己行为能力的精神病人，没有委托辩护人的，人民法院、人民检察院和公安机关应当通知法律援助机构指派律师为其提供辩护。

犯罪嫌疑人、被告人可能被判处无期徒刑、死刑，没有委托辩护人的，人民法院、人民检察院和公安机关应当通知法律援助机构指派律师为其提供辩护。

《刑诉解释》

第四十七条　对下列没有委托辩护人的被告人，人民法院应当通知法律援助机构指派律师为其提供辩护：

（一）盲、聋、哑人；

（二）尚未完全丧失辨认或者控制自己行为能力的精神病人；

（三）可能被判处无期徒刑、死刑的人。

高级人民法院复核死刑案件，被告人没有委托辩护人的，应当通知法律援助机构指派律师为其提供辩护。

死刑缓期执行期间故意犯罪的案件，适用前两款规定。

第四十八条　具有下列情形之一，被告人没有委托辩护人的，人民法院可以通知法律援助机构指派律师为其提供辩护：

（一）共同犯罪案件中，其他被告人已经委托辩护人的；

（二）案件有重大社会影响的；

（三）人民检察院抗诉的；

（四）被告人的行为可能不构成犯罪的；

（五）有必要指派律师提供辩护的其他情形。

第四十九条　人民法院通知法律援助机构指派律师提供辩护的，应当将法律援助通知书、起诉书副本或者判决书送达法律援助机构；决定开庭审理的，除适用简易程序或者速裁程序审理的以外，应当在开庭十五日以前将上述材料送达法律援助机构。

法律援助通知书应当写明案由、被告人姓名、提供法律援助的理由、审判人员的姓名和联系方式；已确定开庭审理的，应当写明开庭的时间、地点。

第五十一条　对法律援助机构指派律师为被告人提供辩护，被告人的监护人、近亲属又代为委托辩护人的，应当听取被告人的意见，由其确定辩护人人选。

第五十二条　审判期间，辩护人接受被告人委托的，应当在接受委托之日起三日以内，将委托手续提交人民法院。

接受法律援助机构指派为被告人提供辩护的，适用前款规定。

第三百六十一条　适用简易程序审理的案件，符合刑事诉讼法第三十五条第一款规定的，人民法院应当告知被告人及其近亲属可以申请法律援助。

《高检规则》

第四十二条　人民检察院办理直接受理侦查案件和审查起诉案件，发现犯罪嫌疑人是盲、聋、哑人或者是尚未完全丧失辨认或者控制自己行为能力的精神病人，或者可能被判处无期徒刑、死刑，没有委托辩护人的，应当自发现之日起三日以内书面通知法律援助机构指派律师为其提供辩护。

第四十三条　人民检察院收到在押或者被指定居所监视居住的犯罪嫌疑人提出的法律援助申请，应当在二十四小时以内将申请材料转交法律援助机构，并通知犯罪嫌疑人的监护人、近亲属或者其委托的其他人员协助提供有关证件、证明等相关材料。

第四十四条　属于应当提供法律援助的情形，犯罪嫌疑人拒绝法律援助机构指派的律师作为辩护人，人民检察院应当查明拒绝的原因。有正当理由的，予以准许，但犯罪嫌疑人需另行委托辩护人；犯罪嫌疑人未另行委托辩护人的，应当书面通知法律援助机构另行指派律师为其提供辩护。

《公安部规定》

第四十六条　符合下列情形之一，犯罪嫌疑人没有委托辩护人的，公安机关应当自发现该情形之日起三日以内通知法律援助机构为犯罪嫌疑人指派辩护律师：

（一）犯罪嫌疑人是盲、聋、哑人，或者是尚未完全丧失辨认或者控制自己行为能力的精神病人；

（二）犯罪嫌疑人可能被判处无期徒刑、死刑。

第四十七条　公安机关收到在押的犯罪嫌疑人提出的法律援助申请后，应当在二十四小时以内将申请转交所在地的法律援助机构，并在三日以内通知申请人的法定代理人、近亲属或者其委托的其他人员协助提供有关证件、证明等相关材料。犯罪嫌疑人的法定代理人、近亲属或者其委托的其他人员地址不详无法通知的，应当在转交申请时一并告知法律援助机构。

犯罪嫌疑人拒绝法律援助机构指派的律师作为辩护人或者自行委托辩护人的，公安机关应当在三日以内通知法律援助机构。

第四十八条　辩护律师接受犯罪嫌疑人委托或者法律援助机构的指派后，应当及时告知公安机关并出示律师执业证书、律师事务所证明和委托书或者法律援助公函。

❷ 第二百七十八条　[未成年人犯罪案件法律援助] 未成年犯罪嫌疑人、被告人没有委托辩护人的，人民法院、人民检察院、公安机关**应当**通知法律援助机构指派律师为其提供辩护。

《刑诉解释》

第五百六十四条　审判时不满十八周岁的未成年被告人没有委托辩护人的，人民法院应当通知法律援助机构指派熟悉未成年人身心特点的律师为其提供辩护。

第五百六十五条　未成年被害人及其法定代理人因经济困难或者其他原因没有委托诉讼代理人的，人民法院应当帮助其申请法律援助。

《高检规则》

第四百六十条　人民检察院受理案件后，应当向未成年犯罪嫌疑人及其法定代理人了解其委托辩护人的情况，并告知其有权委托辩护人。

未成年犯罪嫌疑人没有委托辩护人的，人民检察院应当书面通知法律援助机构指派律师为其提供辩护。

对于公安机关未通知法律援助机构指派律师为未成年犯罪嫌疑人提供辩护的，人民检察院应当提出纠正意见。

❸ 第二百九十三条　[委托辩护、应当法援] 人民法院缺席审判案件，被告人有权委托辩护人，被告人的近亲属可以代为委托辩护人。被告人及其近亲属没有委托辩护人的，人民法院**应当通知法律援助机构指派律师为其提供辩护**。

考点20　辩护人的范围

第三十三条　[辩护方式和辩护人范围] 犯罪嫌疑人、被告人除自己行使辩护权以外,还可以委托一至二人作为辩护人。下列的人可以被委托为辩护人:

(一)律师;

(二)人民团体或者犯罪嫌疑人、被告人所在单位推荐的人;

(三)犯罪嫌疑人、被告人的监护人、亲友。

正在被执行刑罚或者依法被剥夺、限制人身自由的人,不得担任辩护人。

被开除公职和被吊销律师、公证员执业证书的人,不得担任辩护人,但系犯罪嫌疑人、被告人的监护人、近亲属的除外。

《刑诉解释》

第四十条　人民法院审判案件,应当充分保障被告人依法享有的辩护权利。

被告人除自己行使辩护权以外,还可以委托辩护人辩护。下列人员不得担任辩护人:

(一)正在被执行刑罚或者处于缓刑、假释考验期间的人;

(二)依法被剥夺、限制人身自由的人;

(三)被开除公职或者被吊销律师、公证员执业证书的人;

(四)人民法院、人民检察院、监察机关、公安机关、国家安全机关、监狱的现职人员;

(五)人民陪审员;

(六)与本案审理结果有利害关系的人;

(七)外国人或者无国籍人;

(八)无行为能力或者限制行为能力的人。

前款第三项至第七项规定的人员,如果是被告人的监护人、近亲属,由被告人委托担任辩护人的,可以准许。

第四十一条　审判人员和人民法院其他工作人员从人民法院离任后二年内,不得以律师身份担任辩护人。

审判人员和人民法院其他工作人员从人民法院离任后,不得担任原任职法院所审理案件的辩护人,但系被告人的监护人、近亲属的除外。

审判人员和人民法院其他工作人员的配偶、子女或者父母不得担任其任职法院所审理案件的辩护人,但系被告人的监护人、近亲属的除外。

第四十二条　对接受委托担任辩护人的,人民法院应当核实其身份证明和授权委托书。

第四十三条　一名被告人可以委托一至二人作为辩护人。

一名辩护人不得为两名以上的同案被告人,或者未同案处理但犯罪事实存在关联的被告人辩护。

《律师法》

第十一条　公务员不得兼任执业律师。

律师担任各级人民代表大会常务委员会组成人员的,任职期间不得从事诉讼代理或者辩护业务。

第四十一条　曾经担任法官、检察官的律师,从人民法院、人民检察院离任后二年内,不得担任诉讼代理人或者辩护人。

《法官法》

第二十二条　法官不得兼任人民代表大会常务委员会的组成人员,不得兼任行政机关、监察机关、检察机关的职务,不得兼任企业或者其他营利性组织、事业单位的职务,不得兼任律师、仲裁员和公证员。

第三十六条　法官从人民法院离任后两年内,不得以律师身份担任诉讼代理人或者辩护人。

法官从人民法院离任后,不得担任原任职法院办理案件的诉讼代理人或者辩护人,但是作为当事人的监护人或者近亲属代理诉讼或者进行辩护的除外。

法官被开除后,不得担任诉讼代理人或者辩护人,但是作为当事人的监护人或者近亲属代理诉讼或者进行辩护的除外。

《检察官法》

第三十七条　检察官从人民检察院离任后两年内,不得以律师身份担任诉讼代理人或者辩护人。

检察官从人民检察院离任后,不得担任原任职检察院办理案件的诉讼代理人或者辩护人,但是作为当事人的监护人或者近亲属代理诉讼或者进行辩护的除外。

检察官被开除后,不得担任诉讼代理人或者辩护人,但是作为当事人的监护人或者近亲属代理诉讼或者进行辩护的除外。

考点21　辩护人的诉讼权利和诉讼义务

(一)辩护人的权利

(1)会见通信权

第三十九条　[辩护人的会见通信权] 辩护律师可以同在押的犯罪嫌疑人、被告人会见和通信。其他辩护人经人民法院、人民检察院许可,也可以同在押的犯罪嫌疑人、被告人会见和通信。

辩护律师持律师执业证书、律师事务所证明和委托书或者法律援助公函要求会见在押的犯罪嫌疑人、被告人的,看守所应当及时安排会见,至迟不得超过四十八小时。

危害国家安全犯罪、恐怖活动犯罪案件,在侦查期间辩护律师会见在押的犯罪嫌疑人,应当经侦查机关许可。上述案件,侦查机关应当事先通知看守所。

辩护律师会见在押的犯罪嫌疑人、被告人,可以了解案件有关情况,提供法律咨询等;自案件移送审查起诉之日起,可以向犯罪嫌疑人、被告人核实有关证据。辩护律师会见犯罪嫌疑人、被告人时不被监听。

辩护律师同被监视居住的犯罪嫌疑人、被告人会见、通信,适用第一款、第三款、第四款的规定。

《刑诉解释》

第五十六条　辩护律师可以同在押的或者被监视居住的被告人会见和通信。其他辩护人经人民法院许可,也可以同在押的或者被监视居住的被告人会见和通信。

《依法保障律师执业权利的规定》

第七条　辩护律师到看守所会见在押犯罪嫌疑人、被告人,看守所在查验律师执业证书、律师事务所证明和委托书或者法律援助公函后，应当及时安排会见。能当时安排的，应当当时安排；不能当时安排的，看守所应当向辩护律师说明情况，并保证辩护律师在四十八小时以内会见到在押的犯罪嫌疑人、被告人。

看守所安排会见不得附加其他条件或者变相要求辩护律师提交法律规定以外的其他文件、材料，不得以未收到办案机关通知为由拒绝安排辩护律师会见。

看守所应当设立会见预约平台，采取网上预约、电话预约等方式为辩护律师会见提供便利，但不得以未预约会见为由拒绝安排辩护律师会见。

辩护律师会见在押的犯罪嫌疑人、被告人时，看守所应当采取必要措施，保障会见顺利和安全进行。律师会见在押的犯罪嫌疑人、被告人的，看守所应当保障律师履行辩护职责需要的时间和次数，并与看守所工作安排和办案机关侦查工作相协调。辩护律师会见犯罪嫌疑人、被告人时不被监听，<u>办案机关不得派员在场</u>。在律师会见室不足的情况下，看守所经辩护律师书面同意，可以安排在讯问室会见，但应当关闭录音、监听设备。犯罪嫌疑人、被告人委托两名律师担任辩护人的，两名辩护律师可以共同会见，也可以单独会见。辩护律师可以带一名律师助理协助会见。助理人员随同辩护律师参加会见的，应当出示律师事务所证明和律师执业证书或申请律师执业人员实习证。办案机关应当核实律师助理的身份。

第八条　在押的犯罪嫌疑人、被告人提出解除委托关系的，办案机关应当要求其出具或签署<u>书面文件</u>，并在三日以内转交受委托的律师或者律师事务所。辩护律师可以要求会见在押的犯罪嫌疑人、被告人，当面向其确认解除委托关系，<u>看守所应当安排会见</u>；但犯罪嫌疑人、被告人书面拒绝会见的，看守所应当将有关书面材料转交辩护律师，<u>不予安排会见</u>。

在押的犯罪嫌疑人、被告人的监护人、近亲属解除代为委托辩护律师关系的，经犯罪嫌疑人、被告人同意的，看守所应当允许新代为委托的辩护律师会见，由犯罪嫌疑人、被告人确认新的委托关系；犯罪嫌疑人、被告人不同意解除原辩护律师的委托关系的，看守所应当终止新代为委托的辩护律师会见。

第九条　辩护律师在侦查期间要求会见危害国家安全犯罪、恐怖活动犯罪、特别重大贿赂犯罪案件在押的犯罪嫌疑人的，应当向侦查机关提出申请。侦查机关应当依法及时审查辩护律师提出的会见申请，在三日以内将是否许可的决定书面答复辩护律师，并明确告知负责与辩护律师联系的部门及工作人员的联系方式。对许可会见的，应当向辩护律师出具许可决定文书；因有碍侦查或者可能泄露国家秘密而不许可会见的，应当向辩护律师说明理由。有碍侦查或者可能泄露国家秘密的情形消失后，应当许可会见，并及时通知看守所和辩护律师。对特别重大贿赂案件在侦查终结前，侦查机关应当许可辩护律师至少会见一次犯罪嫌疑人。

侦查机关不得随意解释和扩大前款所述三类案件的范围，限制律师会见。

第十条　自案件移送审查起诉之日起，辩护律师会见犯罪嫌疑人、被告人，可以向其核实有关证据。

第十一条　辩护律师会见在押的犯罪嫌疑人、被告人，可以根据需要制作会见笔录，并要求犯罪嫌疑人、被告人确认无误后在笔录上签名。

第十二条　辩护律师会见在押的犯罪嫌疑人、被告人需要翻译人员随同参加的，应当提前向办案机关提出申请，并提交翻译人员身份证明及其所在单位出具的证明。办案机关应当及时审查并在三日以内作出是否许可的决定。许可翻译人员参加会见的，应当向辩护律师出具许可决定文书，并通知看守所。不许可的，应当向辩护律师书面说明理由，并通知其更换。

翻译人员应当持办案机关许可决定文书和本人身份证明，随同辩护律师参加会见。

第十三条　看守所应当及时传递辩护律师同犯罪嫌疑人、被告人的往来信件。看守所可以对信件进行必要的检查，但不得截留、复制、删改信件，不得向办案机关提供信件内容，但信件内容涉及危害国家安全、公共安全、严重危害他人人身安全以及涉嫌串供、毁灭证据等情形的除外。

《律师法》

第三十三条　律师担任辩护人的，有权持律师执业证书、律师事务所证明和委托书或者法律援助公函，依照刑事诉讼法的规定会见在押或者被监视居住的犯罪嫌疑人、被告人。辩护律师会见犯罪嫌疑人、被告人时不被监听。

《公安部规定》

第五十二条　对危害国家安全犯罪案件、恐怖活动犯罪案件，办案部门应当在将犯罪嫌疑人送看守所羁押时书面通知看守所；犯罪嫌疑人被监视居住的，应当在送交执行时书面通知执行机关。

辩护律师在侦查期间要求会见前款规定案件的在押或者被监视居住的犯罪嫌疑人，应当向办案部门提出申请。

对辩护律师提出的会见申请，办案部门应当在收到申请后三日以内，报经县级以上公安机关负责人批准，作出许可或者不许可的决定，书面通知辩护律师，并及时通知看守所或者执行监视居住的部门。除有碍侦查或者可能泄露国家秘密的情形外，应当作出许可的决定。

公安机关不许可会见的，应当说明理由。有碍侦查或者可能泄露国家秘密的情形消失后，公安机关应当许可会见。

有下列情形之一的，属于本条规定的"有碍侦查"：

（一）可能毁灭、伪造证据，干扰证人作证或者串供的；

（二）可能引起犯罪嫌疑人自残、自杀或者逃跑的；

（三）可能引起同案犯逃避、妨碍侦查的；

（四）犯罪嫌疑人的家属与犯罪有牵连的。

第五十三条　辩护律师要求会见在押的犯罪嫌疑人，看守所应当在查验其律师执业证书、律师事务所证明和委托书或者法律援助公函后，在四十八小时以内安排律师会见到犯罪嫌疑人，同时通知办案部门。

侦查期间，辩护律师会见危害国家安全犯罪案件、恐怖活动犯罪案件在押或者被监视居住的犯罪嫌疑人时，看守所或者监视居住执行机关还应当查验侦查机关的许可决定文书。

第五十四条　辩护律师会见在押或者被监视居住的犯罪嫌疑人需要聘请翻译人员的，应当向办案部门提出申请。办案部门应当在收到申请后三日以内，报经县级以上公安机关负责人批准，作出许可或者不许可的决定，书面通知辩护律师。对于具有本规定第三十二条所列情形之一的，作出不予许可的决定，并通知其更换；不具有相关情形的，应当许可。

翻译人员参与会见的，看守所或者监视居住执行机关应当查验公安机关的许可决定文书。

第五十五条　辩护律师会见在押或者被监视居住的犯罪嫌疑人时，看守所或者监视居住执行机关应当采取必要的管理措施，保障会见顺利进行，并告知其遵守会见的有关规定。辩护律师会见犯罪嫌疑人时，公安机关不得监听，不得派员在场。

辩护律师会见在押或者被监视居住的犯罪嫌疑人时，违反法律规定或者会见的规定的，看守所或者监视居住执行机关应当制止。对于严重违反规定或者不听劝阻的，可以决定停止本次会见，并及时通报其所在的律师事务所、所属的律师协会以及司法行政机关。

(2) 阅卷权

第四十条　[辩护人的阅卷权利] 辩护律师自人民检察院对案件审查起诉之日起，可以查阅、摘抄、复制本案的案卷材料。其他辩护人经人民法院、人民检察院许可，也可以查阅、摘抄、复制上述材料。

《刑诉解释》

第五十三条　辩护律师可以查阅、摘抄、复制案卷材料。其他辩护人经人民法院许可，也可以查阅、摘抄、复制案卷材料。合议庭、审判委员会的讨论记录以及其他依法不公开的材料不得查阅、摘抄、复制。

辩护人查阅、摘抄、复制案卷材料的，人民法院应当提供便利，并保证必要的时间。

值班律师查阅案卷材料的，适用前两款规定。

复制案卷材料可以采用复印、拍照、扫描、电子数据拷贝等方式。

第五十四条　对作为证据材料向人民法院移送的讯问录音录像，辩护律师申请查阅的，人民法院应当准许。

第五十五条　查阅、摘抄、复制案卷材料，涉及国家秘密、商业秘密、个人隐私的，应当保密；对不公开审理案件的信息、材料，或者在办案过程中获悉的案件重要信息、证据材料，不得违反规定泄露、披露，不得用于办案以外的用途。人民法院可以要求相关人员出具承诺书。

违反前款规定的，人民法院可以通报司法行政机关或者有关部门，建议给予相应处罚；构成犯罪的，依法追究刑事责任。

第五十六条　辩护律师可以同在押或者被监视居住的被告人会见和通信。其他辩护人经人民法院许可，也可以同在押或者被监视居住的被告人会见和通信。

《高检规则》

第四十七条　自人民检察院对案件审查起诉之日起，应当允许辩护律师查阅、摘抄、复制本案的案卷材料。案卷材料包括案件的诉讼文书和证据材料。

人民检察院直接受理侦查案件移送审查起诉，审查起诉案件退回补充侦查、改变管辖、提起公诉的，应当及时告知辩护律师。

第四十八条　自人民检察院对案件审查起诉之日起，律师以外的辩护人向人民检察院申请查阅、摘抄、复制本案的案卷材料或者申请同在押、被监视居住的犯罪嫌疑人会见和通信的，由人民检察院负责捕诉的部门进行审查并作出是否许可的决定，在三日以内书面通知申请人。

人民检察院许可律师以外的辩护人同在押或者被监视居住的犯罪嫌疑人通信的，可以要求看守所或者公安机关将书信送交人民检察院进行检查。

律师以外的辩护人申请查阅、摘抄、复制案卷材料或者申请同在押、被监视居住的犯罪嫌疑人会见和通信，具有下列情形之一的，人民检察院可以不予许可：

（一）同案犯罪嫌疑人在逃的；

（二）案件事实不清、证据不足，或者遗漏罪行、遗漏同案犯罪嫌疑人需要补充侦查的；

（三）涉及国家秘密或者商业秘密的；

（四）有事实表明存在串供、毁灭、伪造证据或者危害证人人身安全可能的。

第四十九条　辩护律师或者经过许可的其他辩护人到人民检察院查阅、摘抄、复制本案的案卷材料，由负责案件管理的部门及时安排，由办案部门提供案卷材料。因办案部门工作等原因无法及时安排的，应当向辩护人说明，并自即日起三个工作日以内安排辩护人阅卷，办案部门应当予以配合。

人民检察院应当为辩护人查阅、摘抄、复制案卷材料设置专门的场所或者电子卷宗阅卷终端设备。必要时，人民检察院可以派员在场协助。

辩护人复制案卷材料可以采取复印、拍照、扫描、刻录等方式，人民检察院不收取费用。

第三百六十条　人民检察院对于犯罪嫌疑人、被告人或者证人翻供、翻证的材料以及对犯罪嫌疑人、被告人有利的其他证据材料，应当移送人民法院。

《依法保障律师执业权利的规定》

第十三条　看守所应当及时传递辩护律师同犯罪嫌疑人、被告人的往来信件。看守所可以对信件进行必要的检查，但不得截留、复制、删改信件，不得向办案机关提供信件内容，但信件内容涉及危害国家安全、公共安全、严重危害他人人身安全以及涉嫌串供、毁灭证据等情形的除外。

第十四条　辩护律师自人民检察院对案件审查起诉之日起，可以查阅、摘抄、复制本案的案卷材料，人民检察院检察委员会的讨论记录、人民法院合议庭、审判委员会的讨论记录以及其他依法不能公开的材料除外。

人民检察院、人民法院应当为辩护律师查阅、摘抄、复制案卷材料提供便利，有条件的地方可以推行电子化阅卷，允许刻录、下载材料。侦查机关应当在案件移送审查起诉后三日以内，人民检察院应当在提起公诉后三日以内，将案件移送情况告知辩护律师。案件提起公诉后，人民检察院对案卷所附证据材料有调整或者补充的，应当及时告知辩护律师。辩护律师对调整或者补充的证据材料，有权查阅、摘抄、复制。辩护律师办理申诉、抗诉案件，在人民检察院、人民法院经审查决定立案后，可以持律师执业证书、律师事务所证明和委托书或者法律援助公函到案卷档案管理部门、持有案卷档案的办案部门查阅、摘抄、复制已经审查终结案件的案卷材料。

辩护律师提出阅卷要求的，人民检察院、人民法院应当当时安排辩护律师阅卷，无法当时安排的，应当向辩护律师说明并安排其在三个工作日以内阅卷，<u>不得限制辩护律师阅卷的次数和时间</u>。有条件的地方可以设立阅卷预约平台。

人民检察院、人民法院应当为辩护律师阅卷提供场所和便利，配备必要的设备。因复制材料发生费用的，只收取工本费用。律师办理法律援助案件复制材料发生的费用，应当予以免收或者减收。辩护律师可以采用复印、拍照、扫描、<u>电子数据拷贝</u>等方式复制案卷材料，可以根据需要带律师助理协助阅卷。办案机关应当核实律师助理的身份。

辩护律师查阅、摘抄、复制的案卷材料属于国家秘密的，应当经过人民检察院、人民法院同意并遵守国家保密规定。律师不得违反规定，披露、散布案件重要信息和案卷材料，或者将其用于本案辩护、代理以外的其他用途。

《律师法》

第三十四条　律师担任辩护人的，自人民检察院对案件审查起诉之日起，有权查阅、摘抄、复制本案的案卷材料。

(3) 调查取证权

1 第四十一条　[辩护人申请调取证据的权利] 辩护人认为在侦查、审查起诉期间公安机关、人民检察院收集的证明犯罪嫌疑人、被告人无罪或者罪轻的证据材料未提交的，有权申请<u>人民检察院、人民法院调取</u>。

《刑诉解释》

第五十七条　辩护人认为在调查、侦查、审查起诉期间监察机关、公安机关、人民检察院收集的证明被告人无罪或者罪轻的证据材料未随案移送，申请人民法院调取的，应当以书面形式提出，并提供相关线索或者材料。人民法院接受申请后，应当向人民检察院调取。人民检察院移送相关证据材料后，人民法院应当及时通知辩护人。

《高检规则》

第五十条　案件提请批准逮捕或者移送起诉后，辩护人认为公安机关在侦查期间收集的证明犯罪嫌疑人无罪或者罪轻的证据材料未提交，<u>申请人民检察院向公安机关调取</u>的，人民检察院负责捕诉的部门应当及时审查。经审查，认为辩护人申请调取的证据已收集并且与案件事实有联系的，应当予以调取；认为辩护人申请调取的证据未收集或者与案件事实没有联系的，应当决定不予调

取并向辩护人说明理由。公安机关移送相关证据材料的，人民检察院应当在三日以内告知辩护人。

人民检察院办理直接受理侦查的案件，适用前款规定。

《六机关规定》

27. 刑事诉讼法第三十九条(现第四十一条)规定："辩护人认为在侦查、审查起诉期间公安机关、人民检察院收集的证明犯罪嫌疑人、被告人无罪或者罪轻的证据材料未提交的，有权申请人民检察院、人民法院调取。"第一百九十一条(现第一百九十六条)第一款规定："法庭审理过程中，合议庭对证据有疑问的，可以宣布休庭，对证据进行调查核实。"第一百九十二条(现第一百九十七条)第一款规定："法庭审理过程中，当事人和辩护人、诉讼代理人有权申请通知新的证人到庭，调取新的物证，申请重新鉴定或者勘验。"根据上述规定，自案件移送审查起诉之日起，人民检察院可以根据辩护人的申请，向公安机关调取未提交的证明犯罪嫌疑人、被告人无罪或者罪轻的证据材料。在法庭审理过程中，人民法院可以根据辩护人的申请，向人民检察院调取未提交的证明被告人无罪或者罪轻的证据材料，也可以向人民检察院调取需要调查核实的证据材料。公安机关、人民检察院应当自收到要求调取证据材料决定书后三日内移交。

2 第四十三条　[辩护律师的调查取证权] 辩护律师经证人或者其他有关单位和个人同意，可以向他们收集与本案有关的材料，也可以申请人民检察院、人民法院收集、调取证据，或者申请人民法院通知证人出庭作证。

辩护律师经人民检察院或者人民法院许可，并且经被害人或者其近亲属、被害人提供的证人同意，可以向他们收集与本案有关的材料。

《刑诉解释》

第五十八条　辩护律师申请向被害人及其近亲属、被害人提供的证人收集与本案有关的材料，人民法院认为确有必要的，应当签发准许调查书。

第五十九条　辩护律师向证人或者有关单位、个人收集、调取与本案有关的证据材料，因证人或者有关单位、个人不同意，申请人民法院收集、调取，或者申请通知证人出庭作证，人民法院认为确有必要的，应当同意。

第六十条　辩护律师直接申请人民法院向证人或者有关单位、个人收集、调取证据材料，人民法院认为确有必要，且不宜或者不能由辩护律师收集、调取的，应当同意。

人民法院向有关单位收集、调取的书面证据材料，必须由提供人签名，并加盖单位印章；向个人收集、调取的书面证据材料，必须由提供人签名。

人民法院对有关单位、个人提供的证据材料，应当出具收据，写明证据材料的名称、收到的时间、件数、页数以及是否为原件等，由书记员、法官助理或者审判人员签名。

收集、调取证据材料后，应当及时通知辩护律师查阅、摘抄、复制，并告知人民检察院。

第六十一条　本解释第五十八条至第六十条规定的

申请,应当以书面形式提出,并说明理由,写明需要收集、调取证据材料的内容或者需要调查问题的提纲。

对辩护律师的申请,人民法院应当在五日以内作出是否准许、同意的决定,并通知申请人;决定不准许、不同意的,应当说明理由。

《高检规则》

第五十二条 案件移送起诉后,辩护律师依据刑事诉讼法第四十三条第一款的规定申请人民检察院收集、调取证据的,人民检察院负责捕诉的部门应当及时审查。经审查,认为需要收集、调取证据的,应当决定收集、调取并制作笔录附卷;决定不予收集、调取的,应当书面说明理由。

人民检察院根据辩护律师的申请收集、调取证据时,辩护律师可以在场。

第五十三条 辩护律师申请人民检察院许可其向被害人或者其近亲属、被害人提供的证人收集与本案有关材料的,人民检察院负责捕诉的部门应当及时进行审查。人民检察院应当在五日以内作出是否许可的决定,通知辩护律师;不予许可的,应当书面说明理由。

《六机关规定》

第十六条 在刑事诉讼审查起诉、审理期间,辩护律师书面申请调取公安机关、人民检察院在侦查、审查起诉期间收集但未提交的证明犯罪嫌疑人、被告人无罪或者罪轻的证据材料的,人民检察院、人民法院应当依法及时审查。经审查,认为辩护律师申请调取的证据材料已收集并且与案件事实有联系的,应当及时调取。相关证据材料提交后,人民检察院、人民法院应当及时通知辩护律师阅、摘抄、复制。经审查决定不予调取的,应当书面说明理由。

第十七条 辩护律师申请向被害人或者其近亲属、被害人提供的证人收集与本案有关的材料的,人民检察院、人民法院应当在七日以内作出是否同意的决定,并通知辩护律师。辩护律师书面提出有关申请时,办案机关不许可的,应当书面说明理由;辩护律师口头提出申请的,办案机关可以口头答复。

第十八条 辩护律师申请人民检察院、人民法院收集、调取证据的,人民检察院、人民法院应当在三日以内作出是否同意的决定,并通知辩护律师。辩护律师书面提出有关申请时,办案机关不同意的,应当书面说明理由;辩护律师口头提出申请的,办案机关可以口头答复。

第十九条 辩护律师申请向正在服刑的罪犯收集与案件有关的材料的,监狱和其他监管机关在查验律师执业证书、律师事务所证明和犯罪嫌疑人、被告人委托书及法律援助公函后,应当及时安排并提供合适的场所及便利。

正在服刑的罪犯属于辩护律师所承办案件的被害人、被害人近亲属、被害人提供的证人的,<u>应当经人民检察院或者人民法院许可</u>。

第二十条 在民事诉讼、行政诉讼过程中,律师因客观原因无法自行收集证据的,可以依法向人民法院申请调取。经审查符合规定的,人民法院应当予以调取。

《律师法》

第三十五条 受委托的律师根据案情的需要,可以申请人民检察院、人民法院收集、调取证据或者申请人民法院通知证人出庭作证。

律师自行调查取证的,凭律师执业证书和律师事务所证明,可以向有关单位或者个人调查与承办法律事务有关的情况。

(4)审判阶段辩护权保障

《刑诉解释》

第六十八条 律师担任辩护人、诉讼代理人,经人民法院准许,可以带一名助理参加庭审。律师助理参加庭审的,可以从事辅助工作,但不得发表辩护、代理意见。

《关于依法保障律师执业权利的规定》

第三十一条 法庭审理过程中,法官应当注重诉讼权利平等和控辩平衡。对于律师发问、质证、辩论的内容、方式、时间等,法庭应当依法公正保障,以便律师充分发表意见,查清案件事实。

法庭审理过程中,法官可以对律师的发问、辩论进行引导,除发言过于重复、相关问题已在庭前会议达成一致、与案件无关或者侮辱、诽谤、威胁他人,故意扰乱法庭秩序的情况外,法官不得随意打断或者制止律师按程序进行的发言。

第三十五条 辩护律师作无罪辩护的,可以当庭就量刑问题发表辩护意见,也可以庭后提交量刑辩护意见。

(5)人身保障权

《公安部规定》

第五十六条 辩护人或者其他任何人在刑事诉讼中,违反法律规定,实施干扰诉讼活动行为的,应当依法追究法律责任。

辩护人实施干扰诉讼活动行为,涉嫌犯罪,属于公安机关管辖的,应当由办理辩护人所承办案件的公安机关报请上一级公安机关指定其他公安机关立案侦查,或者由上一级公安机关立案侦查。不得指定原承办案件公安机关的下级公安机关立案侦查。辩护人是律师的,立案侦查的公安机关应当及时通知其所在的律师事务所、所属的律师协会以及司法行政机关。

《关于依法保障律师执业权利的规定》

第四十条 侦查机关依法对在诉讼活动中涉嫌犯罪的律师采取强制措施后,应当在四十八小时以内通知其所在的律师事务所或者所属的律师协会。

(二)辩护人的义务

1 第四十四条 [辩护人的义务] 辩护人或者其他任何人,不得帮助犯罪嫌疑人、被告人隐匿、毁灭、伪造证据或者串供,不得威胁、引诱证人作伪证以及进行其他干扰司法机关诉讼活动的行为。

违反前款规定的,应当依法追究法律责任,辩护人涉嫌犯罪的,应当由办理辩护人所承办案件的<u>侦查机关以外的侦查机关办理</u>。辩护人是律师的,应当及时通知其所在的律师事务所或者所属的律师协会。

《高检规则》

第六十条 人民检察院发现辩护人有帮助犯罪嫌疑

人、被告人隐匿、毁灭、伪造证据、串供，或者威胁、引诱证人作伪证以及其他干扰司法机关诉讼活动的行为，可能涉嫌犯罪的，应当将涉嫌犯罪的线索或者证据材料移送有管辖权的机关依法处理。

人民检察院发现辩护律师在刑事诉讼中违反法律、法规或者执业纪律的，应当及时向其所在的律师事务所、所属的律师协会以及司法行政机关通报。

《六机关规定》

9. 刑事诉讼法第四十二条(现第四十四条)第二款中规定："违反前款规定的，应当依法追究法律责任，辩护人涉嫌犯罪的，应当由办理辩护人所承办案件的侦查机关以外的侦查机关办理。"根据上述规定，公安机关、人民检察院发现辩护人涉嫌犯罪，或者接受报案、控告、举报、有关机关的移送，依照侦查管辖分工进行审查后认为符合立案条件的，应当按照规定报请办理辩护人所承办案件的侦查机关的上一级侦查机关指定其他侦查机关立案侦查，或者由上一级侦查机关立案侦查。不得指定办理辩护人所承办案件的侦查机关的下级侦查机关立案侦查。

《依法保障律师执业权利的规定》

第四十条　侦查机关依法对在诉讼活动中涉嫌犯罪的律师采取强制措施后，应当在四十八小时以内通知其所在的律师事务所或者所属的律师协会。

《律师法》

第三十七条第三款　律师在参与诉讼活动中涉嫌犯罪的，侦查机关应当及时通知其所在的律师事务所或所属的律师协会；被依法拘留、逮捕的，侦查机关应当依照刑事诉讼法的规定通知该律师的家属。

《公安部规定》

第五十六条　辩护人或者其他任何人在刑事诉讼中，违反法律规定，实施干扰诉讼活动行为的，应当依法追究法律责任。

辩护人实施干扰诉讼活动行为，涉嫌犯罪，属于公安机关管辖的，应当由办理辩护人所承办案件的公安机关报请上一级公安机关指定其他公安机关立案侦查，或者由上一级公安机关立案侦查。不得指定原承办案件公安机关的下级公安机关立案侦查。辩护人是律师的，立案侦查的公安机关应当及时通知其所在的律师事务所、所属的律师协会以及司法行政机关。

《关于推进以审判为中心的刑事诉讼制度改革的意见》

十八、辩护人或者其他任何人，不得帮助犯罪嫌疑人、被告人隐匿、毁灭、伪造证据或者串供，不得威胁、引诱证人作伪证以及进行其他干扰司法机关诉讼活动的行为。对于实施上述行为的，应当依法追究法律责任。

②第四十二条　[辩护人应当及时告知的证据] 辩护人收集的有关犯罪嫌疑人不在犯罪现场、未达到刑事责任年龄、属于依法不负刑事责任的精神病人的证据，应当及时告知公安机关、人民检察院。

《刑法》

第十七条　已满十六周岁的人犯罪，应当负刑事责任。

已满十四周岁不满十六周岁的人，犯故意杀人、故意伤害致人重伤或者死亡、强奸、抢劫、贩卖毒品、放火、爆炸、投放危险物质罪的，应当负刑事责任。

已满十二周岁不满十四周岁的人，犯故意杀人、故意伤害罪，致人死亡或者以特别残忍手段致人重伤造成严重残疾，情节恶劣，经最高人民检察院核准追诉的，应当负刑事责任。

对依照前三款规定追究刑事责任的不满十八周岁的人，应当从轻或者减轻处罚。

因不满十六周岁不予刑事处罚的，责令其父母或者其他监护人加以管教；在必要的时候，依法进行专门矫治教育。

第十八条　精神病人在不能辨认或者不能控制自己行为的时候造成危害结果，经法定程序鉴定确认的，不负刑事责任，但是应当责令他的家属或者监护人严加看管和医疗；在必要的时候，由政府强制医疗。

间歇性的精神病人在精神正常的时候犯罪，应当负刑事责任。

尚未完全丧失辨认或者控制自己行为能力的精神病人犯罪的，应当负刑事责任，但是可以从轻或者减轻处罚。

醉酒的人犯罪，应当负刑事责任。

《高检规则》

第五十一条　在人民检察院侦查、审查逮捕、审查起诉过程中，辩护人收集的有关犯罪嫌疑人不在犯罪现场、未达到刑事责任年龄、属于依法不负刑事责任的精神病人的证据，告知人民检察院的，人民检察院应当及时审查。

《公安部规定》

第五十八条　案件侦查终结前，辩护律师提出要求的，公安机关应当听取辩护律师的意见，根据情况进行核实，并记录在案。辩护律师提出书面意见的，应当附卷。

对辩护律师收集的犯罪嫌疑人不在犯罪现场、未达到刑事责任年龄、属于依法不负刑事责任的精神病人的证据，公安机关应当进行核实并将有关情况记录在案，有关证据应当附卷。

③第四十八条　[辩护律师的保密义务及其例外] 辩护律师对在执业活动中知悉的委托人的有关情况和信息，有权予以保密。但是，辩护律师在执业活动中知悉委托人或者其他人，准备或者正在实施危害国家安全、公共安全以及严重危害他人人身安全的犯罪的，应当及时告知司法机关。

《刑诉解释》

第六十七条　辩护律师向人民法院告知其委托人或者其他人准备实施、正在实施危害国家安全、公共安全以及严重危害他人人身安全犯罪的，人民法院应当记录在案，立即转告主管机关依法处理，并为反映有关情况的辩护律师保密。

《高检规则》

第五十九条　辩护律师告知人民检察院其委托人或者其他人员准备实施、正在实施危害国家安全、危害公共安全以及严重危及他人人身安全犯罪的,人民检察院应当接受并立即移送有关机关依法处理。

人民检察院应当为反映情况的辩护律师保密。

《律师法》

第三十八条 律师应当保守在执业活动中知悉的国家秘密、商业秘密,不得泄露当事人的隐私。

律师对在执业活动中知悉的委托人和其他人不愿泄露的有关情况和信息,应当予以保密。但是,委托人或者其他人准备或者正在实施危害国家安全、公共安全以及严重危害他人人身安全的犯罪事实和信息除外。

《公安部规定》

第五十七条 辩护律师对在执业活动中知悉的委托人的有关情况和信息,有权予以保密。但是,辩护律师在执业活动中知悉委托人或者其他人,准备或者正在实施危害国家安全、公共安全以及严重危害他人人身安全的犯罪的,应当及时告知司法机关。

考点22 值班律师制度

第三十六条 [值班律师提供帮助] 法律援助机构可以在人民法院、看守所等场所派驻值班律师。犯罪嫌疑人、被告人没有委托辩护人,法律援助机构没有指派律师为其提供辩护的,由值班律师为犯罪嫌疑人、被告人提供法律咨询、程序选择建议、申请变更强制措施、对案件处理提出意见等法律帮助。

人民法院、人民检察院、看守所应当告知犯罪嫌疑人、被告人有权约见值班律师,并为犯罪嫌疑人、被告人约见值班律师提供便利。〔2021年回忆~值班律师的地位和作用〕

《法律援助值班律师工作办法》

第六条 值班律师依法提供以下法律帮助:
(一)提供法律咨询;
(二)提供程序选择建议;
(三)帮助犯罪嫌疑人、被告人申请变更强制措施;
(四)对案件处理提出意见;
(五)帮助犯罪嫌疑人、被告人及其近亲属申请法律援助;
(六)法律法规规定的其他事项。

值班律师在认罪认罚案件中,还应当提供以下法律帮助:
(一)向犯罪嫌疑人、被告人释明认罪认罚的性质和法律规定;
(二)对人民检察院指控罪名、量刑建议、诉讼程序适用等事项提出意见;
(三)犯罪嫌疑人签署认罪认罚具结书时在场。

值班律师办理案件时,可以应犯罪嫌疑人、被告人的约见进行会见,也可以经办案机关允许主动会见;自人民检察院对案件审查起诉之日起可以查阅案卷材料、了解案情。

第十条 犯罪嫌疑人签署认罪认罚具结书时,值班律师对犯罪嫌疑人认罪认罚自愿性、人民检察院量刑建议、程序适用等均无异议的,应当在具结书上签名,同时留存一份复印件归档。

值班律师对人民检察院量刑建议、程序适用有异议的,在确认犯罪嫌疑人系自愿认罪认罚后,应当在具结书上签字,同时可以向人民检察院提出法律意见。

犯罪嫌疑人拒绝值班律师帮助的,值班律师无需在具结书上签字,应当将犯罪嫌疑人签字拒绝法律帮助的书面材料留存一份归档。

第十一条 对于被羁押的犯罪嫌疑人、被告人,在不同诉讼阶段,可以由派驻看守所的同一值班律师提供法律帮助。对于未被羁押的犯罪嫌疑人、被告人,前一诉讼阶段的值班律师可以在后续诉讼阶段继续为犯罪嫌疑人、被告人提供法律帮助。

第十五条 依法应当通知值班律师提供法律帮助而犯罪嫌疑人、被告人明确拒绝的,公安机关、人民检察院、人民法院应当记录在案。

前一诉讼程序犯罪嫌疑人、被告人明确拒绝值班律师法律帮助的,后一诉讼程序的办案机关仍需告知其有权获得值班律师法律帮助的权利,有关情况应当记录在案。

第二十条 值班律师在人民检察院、人民法院现场值班的,应当按照法律援助机构的安排,或者人民检察院、人民法院送达的通知,及时为犯罪嫌疑人、被告人提供法律帮助。

犯罪嫌疑人、被告人提出法律帮助申请,看守所转交给现场值班律师的,值班律师应当根据看守所的安排及时提供法律帮助。

值班律师通过电话、网络值班的,应当及时提供法律帮助,疑难案件可以另行预约咨询时间。

第二十一条 侦查阶段,值班律师可以向侦查机关了解犯罪嫌疑人涉嫌的罪名及案件有关情况;案件进入审查起诉阶段后,值班律师可以查阅案卷材料,了解案情,人民检察院、人民法院应当及时安排,并提供便利。已经实现卷宗电子化的地方,人民检察院、人民法院可以安排在线阅卷。

第二十三条 值班律师提供法律帮助时,应当出示律师执业证或者律师工作证或者相关法律文书,表明值班律师身份。

第二十五条 值班律师在提供法律帮助过程中,犯罪嫌疑人、被告人向值班律师表示愿意认罪认罚的,值班律师应当及时告知相关的公安机关、人民检察院、人民法院。

第二十九条 值班律师提供法律帮助时,应当遵守相关法律法规、执业纪律和职业道德,依法保守国家秘密、商业秘密和个人隐私,不得向他人泄露工作中掌握的案件情况,不得向受援人收取财物或者谋取不正当利益。

《公安部规定》

第四十九条第二款 没有委托辩护人、法律援助机构没有指派律师提供辩护的犯罪嫌疑人、被告人,向看守所申请由值班律师提供法律帮助的,看守所应当在二十四小时内通知值班律师。

专题七　刑事证据

考点25　刑事证据规则

非法证据排除规则

1 第五十六条　[非法证据排除规则] 采用刑讯逼供等非法方法收集的犯罪嫌疑人、被告人供述和采用暴力、威胁等非法方法收集的证人证言、被害人陈述,应当予以排除。收集物证、书证不符合法定程序,可能严重影响司法公正的,应当予以补正或者作出合理解释;不能补正或者作出合理解释的,对该证据应当予以排除。

在侦查、审查起诉、审判时发现有应当排除的证据的,应当依法予以排除,不得作为起诉意见、起诉决定和判决的依据。〔2015年真题~非法证据排除规则〕

《刑诉解释》

第一百二十三条　采用下列非法方法收集的被告人供述,应当予以排除:

(一)采用殴打、违法使用戒具等暴力方法或者变相肉刑的恶劣手段,使被告人遭受难以忍受的痛苦而违背意愿作出的供述;

(二)采用以暴力或者严重损害本人及其近亲属合法权益等相威胁的方法,使被告人遭受难以忍受的痛苦而违背意愿作出的供述;

(三)采用非法拘禁等非法限制人身自由的方法收集的被告人供述。

第一百二十四条　采用刑讯逼供方法使被告人作出供述,之后被告人受该刑讯逼供行为影响而作出的与该供述相同的重复性供述,应当一并排除,但下列情形除外:

(一)调查、侦查期间,监察机关、侦查机关根据控告、举报或者自己发现等,确认或者不能排除以非法方法收集证据而更换调查、侦查人员,其他调查、侦查人员再次讯问时告知有关权利和认罪的法律后果,被告人自愿供述的;

(二)审查逮捕、审查起诉和审判期间,检察人员、审判人员讯问时告知诉讼权利和认罪的法律后果,被告人自愿供述的。

第一百二十五条　采用暴力、威胁以及非法限制人身自由等非法方法收集的证人证言、被害人陈述,应当予以排除。

第一百二十六条　收集物证、书证不符合法定程序,可能严重影响司法公正的,应当予以补正或者作出合理解释;不能补正或者作出合理解释的,对该证据应当予以排除。

认定"可能严重影响司法公正",应当综合考虑收集证据违反法定程序以及所造成后果的严重程度等情况。

《高检规则》

第六十七条　对采用下列方法收集的犯罪嫌疑人供述,应当予以排除:

(一)采用殴打、违法使用戒具等暴力方法或者变相肉刑的恶劣手段,使犯罪嫌疑人遭受难以忍受的痛苦而违背意愿作出的供述;

(二)采用以暴力或者严重损害本人及其近亲属合法权益等进行威胁的方法,使犯罪嫌疑人遭受难以忍受的痛苦而违背意愿作出的供述;

(三)采用非法拘禁等非法限制人身自由的方法收集的供述。

第六十八条　对采用刑讯逼供方法使犯罪嫌疑人作出供述,之后犯罪嫌疑人受该刑讯逼供行为影响而作出的与该供述相同的重复性供述,应当一并排除,但下列情形除外:

(一)侦查期间,根据控告、举报或者自己发现等,公安机关确认或者不能排除以非法方法收集证据而更换侦查人员,其他侦查人员再次讯问时告知诉讼权利和认罪认罚的法律规定,犯罪嫌疑人自愿供述的;

(二)审查逮捕、审查起诉期间,检察人员讯问时告知诉讼权利和认罪认罚的法律规定,犯罪嫌疑人自愿供述的。

第六十九条　采用暴力、威胁以及非法限制人身自由等非法方法收集的证人证言、被害人陈述,应当予以排除。

第七十条　收集物证、书证不符合法定程序,可能严重影响司法公正的,人民检察院应当及时要求公安机关补正或者作出书面解释;不能补正或者无法作出合理解释的,对该证据应当予以排除。

对公安机关的补正或者解释,人民检察院应当予以审查。经补正或者作出合理解释的,可以作为批准或者决定逮捕、提起公诉的依据。

第七十一条　对重大案件,人民检察院驻看守所检察人员在侦查终结前应当对讯问合法性进行核查并全程同步录音、录像,核查情况应当及时通知本院负责捕诉的部门。

负责捕诉的部门认为确有刑讯逼供等非法取证情形的,应当要求公安机关依法排除非法证据,不得作为提请批准逮捕、移送起诉的依据。

《公安部规定》

第七十一条　采用刑讯逼供等非法方法收集的犯罪嫌疑人供述和采用暴力、威胁等非法方法收集的证人证言、被害人陈述,应当予以排除。

收集物证、书证、视听资料、电子数据违反法定程序,可能严重影响司法公正的,应当予以补正或者作出合理解释;不能补正或者作出合理解释的,对该证据应当予以排除。

在侦查阶段发现有应当排除的证据的,经县级以上公安机关责任人批准,应当依法予以排除,不得作为提请批准逮捕、移送审查起诉的依据。

人民检察院认为可能存在以非法方法收集证据情形,要求公安机关进行说明的,公安机关应当及时进行调查,并向人民检察院作出书面说明。

第七十二条　人民法院认为现有证据材料不能证明证据收集的合法性,通知有关侦查人员或者公安机关其他人员出庭说明情况的,有关侦查人员或者其他人员应当出庭。必要时,有关侦查人员或者其他人员也可以要求出庭说明情况。侦查人员或者其他人员出庭,应当向法庭说明证据收集过程,并就相关情况接受发问。

经人民法院通知,人民警察应当就其执行职务时目击的犯罪情况出庭作证。

《刑事案件严格排除非法证据若干问题的规定》

第一条 严禁刑讯逼供和以威胁、引诱、欺骗以及其他非法方法收集证据,不得强迫任何人证实自己有罪。对一切案件的判处都要重证据,重调查研究,不轻信口供。

第二条 采取殴打、违法使用戒具等暴力方法或者变相肉刑的恶劣手段,使犯罪嫌疑人、被告人遭受难以忍受的痛苦而违背意愿作出的供述,应当予以排除。

第三条 采用以暴力或者严重损害本人及其近亲属合法权益等进行威胁的方法,使犯罪嫌疑人、被告人遭受难以忍受的痛苦而违背意愿作出的供述,应当予以排除。
[2015年真题~非法证据排除规则]

第四条 采用非法拘禁等非法限制人身自由的方法收集的犯罪嫌疑人、被告人供述,应当予以排除。

第五条 采用刑讯逼供方法使犯罪嫌疑人、被告人作出供述,之后犯罪嫌疑人、被告人受该刑讯逼供行为影响而作出的与该供述相同的重复性供述,应当一并排除,但下列情形除外:

(一)侦查期间,根据控告、举报或者自己发现等,侦查机关确认或者不能排除以非法方法收集证据而更换侦查人员,其他侦查人员再次讯问时告知诉讼权利和认罪的法律后果,犯罪嫌疑人自愿供述的;

(二)审查逮捕、审查起诉和审判期间,检察人员、审判人员讯问时告知诉讼权利和认罪的法律后果,犯罪嫌疑人、被告人自愿供述的。

第六条 采用暴力、威胁以及非法限制人身自由等非法方法收集的证人证言、被害人陈述,应当予以排除。

第七条 收集物证、书证不符合法定程序,可能严重影响司法公正的,应当予以补正或者作出合理解释;不能补正或者作出合理解释的,对有关证据应当予以排除。
[2015年真题~非法证据排除规则]

❷ 第五十七条 [以非法方法收集证据的处理] 人民检察院接到报案、控告、举报或者发现侦查人员以非法方法收集证据的,应当进行调查核实。对于确有以非法方法收集证据情形的,应当提出纠正意见;构成犯罪的,依法追究刑事责任。

《高检规则》

第七十二条 人民检察院发现侦查人员以非法方法收集证据的,应当及时进行调查核实。

当事人及其辩护人或者值班律师、诉讼代理人报案、控告、举报侦查人员采用刑讯逼供等非法方法收集证据,并提供涉嫌非法取证的人员、时间、地点、方式和内容等材料或者线索的,人民检察院应当受理并进行审查。根据现有材料无法证明证据收集合法性的,应当及时进行调查核实。

上一级人民检察院接到对侦查人员采用刑讯逼供等非法方法收集证据的报案、控告、举报,可以直接进行调查核实,也可以交由下级人民检察院调查核实。交由下级人民检察院调查核实的,下级人民检察院应当及时将调查结果报告上一级人民检察院。

人民检察院决定调查核实的,应当及时通知公安机关。

第七十三条 人民检察院经审查认定存在非法取证行为的,对该证据应当予以排除,其他证据不能证明犯罪嫌疑人实施犯罪行为的,应当不批准或者决定逮捕。已经移送起诉的,可以依法将案件退回监察机关补充调查或者退回公安机关补充侦查,或者作出不起诉决定。被排除的非法证据应当随案移送,并写明为依法排除的非法证据。

对于侦查人员的非法取证行为,尚未构成犯罪的,应当依法向其所在机关提出纠正意见。对于需要补正或者作出合理解释的,应当提出明确要求。

对于非法取证行为涉嫌犯罪需要追究刑事责任的,应当依法立案侦查。

《刑事案件严格排除非法证据若干问题的规定》

第十四条 犯罪嫌疑人及其辩护人在侦查期间可以向人民检察院申请排除非法证据。对犯罪嫌疑人及其辩护人提供相关线索或者材料的,人民检察院应当调查核实。调查结论应当书面告知犯罪嫌疑人及其辩护人。对确有以非法方法收集证据情形的,人民检察院应当向侦查机关提出纠正意见。

侦查机关对审查认定的非法证据,应当予以排除,不得作为提请批准逮捕、移送审查起诉的根据。

对重大案件,人民检察院驻看守所检察人员应当在侦查终结前询问犯罪嫌疑人,核查是否存在刑讯逼供、非法取证情形,并同步录音录像。经核查,确有刑讯逼供、非法取证情形的,侦查机关应当及时排除非法证据,不得作为提请批准逮捕、移送审查起诉的根据。

第十五条 对侦查终结的案件,侦查机关应当全面审查证明证据收集合法性的证据材料,依法排除非法证据。排除非法证据后,证据不足的,不得移送审查起诉。

侦查机关发现办案人员非法取证的,应当依法作出处理,并可另行指派侦查人员重新调查取证。[2015年真题~负有非法证据排除义务的机关]

第十六条 审查逮捕、审查起诉期间讯问犯罪嫌疑人,应当告知其有权申请排除非法证据,并告知诉讼权利和认罪的法律后果。

第十七条 审查逮捕、审查起诉期间,犯罪嫌疑人及其辩护人申请排除非法证据,并提供相关线索或者材料的,人民检察院应当调查核实。调查结论应当书面告知犯罪嫌疑人及其辩护人。

人民检察院在审查起诉期间发现侦查人员以刑讯逼供等非法方法收集证据的,应当依法排除相关证据并提出纠正意见,必要时人民检察院可以自行调查取证。

人民检察院对审查认定的非法证据,应当予以排除,不得作为批准或者决定逮捕、提起公诉的根据。被排除的非法证据应当随案移送,并写明为依法排除的非法证据。
[2015年真题~负有非法证据排除义务的机关]

第十八条　人民检察院依法排除非法证据后，证据不足，不符合逮捕、起诉条件的，不得批准或者决定逮捕、提起公诉。

对于人民检察院排除有关证据导致对涉嫌的重要犯罪事实未予认定，从而作出不批准逮捕、不起诉决定，或者对涉嫌的部分重要犯罪事实决定不起诉的，公安机关、国家安全机关可要求复议、提请复核。

❸第五十八条　[法庭审理中非法证据的处理] 法庭审理过程中，审判人员认为可能存在本法第五十六条规定的以非法方法收集证据情形的，应当对证据收集的合法性进行法庭调查。

当事人及其辩护人、诉讼代理人有权申请人民法院对以非法方法收集的证据依法予以排除。申请排除以非法方法收集的证据的，<u>应当提供相关线索或者材料</u>。

第五十九条　[证据合法性的证明] 在对证据收集的合法性进行法庭调查的过程中，人民检察院应当对证据收集的合法性加以证明。

现有证据材料不能证明证据收集的合法性的，人民检察院可以提请人民法院通知有关侦查人员或者其他人员出庭说明情况；人民法院可以通知有关侦查人员或者其他人员出庭说明情况。有关侦查人员或者其他人员也可以要求出庭说明情况。经人民法院通知，有关人员<u>应当出庭</u>。

《刑诉解释》

第一百二十七条　当事人及其辩护人、诉讼代理人申请人民法院排除以非法方法收集的证据的，应当提供涉嫌非法取证的人员、时间、地点、方式、内容等相关线索或者材料。

第一百二十八条　人民法院向被告人及其辩护人送达起诉书副本时，应当告知其申请排除非法证据的，应当在开庭审理前提出，但庭审期间才发现相关线索或者材料的除外。

第一百二十九条　开庭审理前，当事人及其辩护人、诉讼代理人申请人民法院排除非法证据的，人民法院应当在开庭前及时将申请书或者申请笔录及相关线索、材料的复制件送交人民检察院。

第一百三十条　开庭审理前，人民法院可以召开庭前会议，就非法证据排除等问题了解情况，听取意见。

在庭前会议中，人民检察院可以通过出示有关证据材料等方式，对证据收集的合法性加以说明。必要时，可以通知调查人员、侦查人员或者其他人员参加庭前会议，说明情况。

第一百三十五条　法庭决定对证据收集的合法性进行调查的，由公诉人通过宣读调查、侦查讯问笔录、出示提讯登记、体检记录、对讯问合法性的核查材料等证据材料，有针对性地播放讯问录音录像，提请法庭通知有关调查人员、侦查人员出庭说明情况等方式，证明证据收集的合法性。

讯问录音录像涉及国家秘密、商业秘密、个人隐私或者其他不宜公开内容的，法庭可以决定对讯问录音录像不公开播放、质证。

公诉人提交的取证过程合法的说明材料，应当经有关调查人员、侦查人员签名，并加盖单位印章。未经签名或者盖章的，不得作为证据使用。上述说明材料不能单独作为证明取证过程合法的根据。

《高检规则》

第七十四条　人民检察院认为可能存在以刑讯逼供等非法方法收集证据情形的，可以书面要求监察机关或者公安机关对证据收集的合法性作出说明。说明应当加盖单位公章，并由调查人员或者侦查人员签名。

第七十五条　对于公安机关立案侦查的案件，存在下列情形之一的，人民检察院在审查逮捕、审查起诉和审判阶段，可以调取公安机关讯问犯罪嫌疑人的录音、录像，对证据收集的合法性以及犯罪嫌疑人、被告人供述的真实性进行审查：

（一）认为讯问活动可能存在刑讯逼供等非法取证行为的；

（二）犯罪嫌疑人、被告人或者辩护人提出犯罪嫌疑人、被告人供述系非法取得，并提供相关线索或者材料的；

（三）犯罪嫌疑人、被告人提出讯问活动违反法定程序或者翻供，并提供相关线索或者材料的；

（四）犯罪嫌疑人、被告人或者辩护人提出讯问笔录内容不真实，并提供相关线索或者材料的；

（五）案情重大、疑难、复杂的。

人民检察院调取公安机关讯问犯罪嫌疑人的录音、录像，公安机关未提供，人民检察院经审查认为不能排除有刑讯逼供等非法取证行为的，相关供述<u>不得作为批准逮捕、提起公诉的依据</u>。

人民检察院直接受理侦查的案件，负责侦查的部门移送审查逮捕、移送起诉时，应当将讯问录音、录像连同案卷材料一并移送审查。

第七十六条　对于提起公诉的案件，被告人及其辩护人提出审前供述系非法取得，并提供相关线索或者材料的，人民检察院可以将讯问录音、录像连同案卷材料一并移送人民法院。

第七十七条　在法庭审理过程中，被告人或者辩护人对讯问活动合法性提出异议，公诉人可以要求被告人及其辩护人提供相关线索或者材料。必要时，公诉人可以提请法庭当庭播放相关时段的讯问录音、录像，对有关异议或事实进行质证。

需要播放的讯问录音、录像中涉及国家秘密、商业秘密、个人隐私或者含有其他不宜公开内容的，公诉人应当建议在法庭组成人员、公诉人、侦查人员、被告人及其辩护人范围内播放。因涉及国家秘密、商业秘密、个人隐私或者其他犯罪线索等内容，人民检察院对讯问录音、录像的相关内容进行技术处理的，公诉人应当向法庭作出说明。

《依法保障律师执业权利的规定》

第二十三条　辩护律师在侦查、审查起诉、审判期间发现案件有关证据存在刑事诉讼法第五十四条（现第五十六条）规定的情形的，可以向办案机关申请排除非法证据。

辩护律师在开庭以前申请排除非法证据,人民法院对证据收集合法性有疑问的,应当依照刑事诉讼法第一百八十二条(现第一百八十七条)第二款的规定召开庭前会议,就非法证据排除问题了解情况,听取意见。

辩护律师申请排除非法证据的,办案机关应当听取辩护律师的意见,按照法定程序审查核实相关证据,并依法决定是否予以排除。

《刑事案件严格排除非法证据若干问题的规定》

第二十三条 人民法院向被告人及其辩护人送达起诉书副本时,应当告知其有权申请排除非法证据。

被告人及其辩护人申请排除非法证据,应当在开庭审理前提出,但在庭审期间发现相关线索或者材料等情形除外。人民法院应当在开庭审理前将申请书和相关线索或者材料的复制件送交人民检察院。〔2015年真题~负有非法证据排除义务的机关〕

第二十四条 被告人及其辩护人在开庭审理前申请排除非法证据,未提供相关线索或者材料,不符合法律规定的申请条件的,人民法院对申请不予受理。

第二十五条 被告人及其辩护人在开庭审理前申请排除非法证据,按照法律规定提供相关线索或者材料的,人民法院应当召开庭前会议。人民检察院应当通过出示有关证据材料等方式,有针对性地对证据收集的合法性作出说明。人民法院可以核实情况,听取意见。

人民检察院可以决定撤回有关证据,撤回的证据,没有新的理由,不得在庭审中出示。

被告人及其辩护人可以撤回排除非法证据的申请。撤回申请后,没有新的线索或者材料,不得再次对有关证据提出排除申请。

第二十六条 公诉人、被告人及其辩护人在庭前会议中对证据收集是否合法未达成一致意见,人民法院对证据收集的合法性有疑问的,应当在庭审中进行调查;人民法院对证据收集的合法性没有疑问,且没有新的线索或者材料表明可能存在非法取证的,可以决定不再进行调查。

第二十七条 被告人及其辩护人申请人民法院通知侦查人员或者其他人员出庭,人民法院认为现有证据材料不能证明证据收集的合法性,确有必要通知上述人员出庭作证或者说明情况的,可以通知上述人员出庭。

第二十八条 公诉人宣读起诉书后,法庭应当宣布开庭审理前对证据收集合法性的审查及处理情况。

第二十九条 被告人及其辩护人在开庭审理前未申请排除非法证据,在法庭审理过程中提出申请的,应当说明理由。

对前述情形,法庭经审查,对证据收集的合法性有疑问的,应当进行调查;没有疑问的,应当驳回申请。

法庭驳回排除非法证据申请后,被告人及其辩护人没有新的线索或者材料,以相同理由再次提出申请的,法庭不再审查。

第三十条 庭审期间,法庭决定对证据收集的合法性进行调查的,应当先行当庭调查。但为防止庭审过分迟延,也可以在法庭调查结束前进行调查。

第三十一条 公诉人对证据收集的合法性加以证明,可以出示讯问笔录、提讯登记、体检记录、采取强制措施或者侦查措施的法律文书、侦查终结前对讯问合法性的核查材料等证据材料,有针对性地播放讯问录音录像,提请法庭通知侦查人员或者其他人员出庭说明情况。

被告人及其辩护人可以出示相关线索或者材料,并申请法庭播放特定时段的讯问录音录像。

侦查人员或者其他人员出庭,应当向法庭说明证据收集过程,并就相关情况接受发问。对发问方式不当或者内容与证据收集的合法性无关的,法庭应当制止。

公诉人、被告人及其辩护人可以对证据收集的合法性进行质证、辩论。

第三十二条 法庭对控辩双方提供的证据有疑问的,可以宣布休庭,对证据进行调查核实。必要时,可以通知公诉人、辩护人到场。

第三十三条 法庭对证据收集的合法性进行调查后,应当当庭作出是否排除有关证据的决定。必要时,可以宣布休庭,由合议庭评议或者提交审判委员会讨论,再次开庭时宣布决定。

在法庭作出是否排除有关证据的决定前,不得对有关证据宣读、质证。

第三十五条 人民法院排除非法证据后,案件事实清楚,证据确实、充分,依法律认定被告人有罪的,应当作出有罪判决;证据不足,不能认定被告人有罪的,应当作出证据不足、指控的犯罪不能成立的无罪判决;案件部分事实清楚,证据确实、充分的,依法认定该部分事实。〔2015年真题~证据适用规则和盗窃罪认定〕

第三十六条 人民法院对证据收集合法性的审查、调查结论,应当在裁判文书中写明,并说明理由。

第三十七条 人民法院对证人证言、被害人陈述等证据收集合法性的审查、调查,参照上述规定。

第三十八条 人民检察院、被告人及其法定代理人提出抗诉、上诉,对第一审人民法院有关证据收集合法性的审查、调查结论提出异议的,第二审人民法院应当审查。

被告人及其辩护人在第一审程序中未申请排除非法证据,在第二审程序中提出申请的,应当说明理由。第二审人民法院应当审查。

人民检察院在第一审程序中未出示证据证明证据收集的合法性,第一审人民法院依法排除有关证据的,人民检察院在第二审程序中不得出示之前未出示的证据,但在第一审程序后发现的除外。

第三十九条 第二审人民法院对证据收集合法性的调查,参照上述第一审程序的规定。

第四十条 第一审人民法院对被告人及其辩护人排除非法证据的申请未予审查,并以有关证据作为定案根据,可能影响公正审判的,第二审人民法院可以裁定撤销原判,发回原审人民法院重新审判。

第一审人民法院对依法应当排除的非法证据未予排除的,第二审人民法院可以依法排除非法证据。排除非法证据后,原判决认定事实和适用法律正确、量刑适当的,应当裁定驳回上诉或者抗诉,维持原判;原判决认定事实没有错误,但适用法律有错误,或者量刑不当的,应当改判;原判决事实不清楚或者证据不足的,可以裁定撤销原判,发回原审人民法院重新审判。

第四十一条 审判监督程序、死刑复核程序中对证据收集合法性的审查、调查,参照上述规定。

《公安部规定》

第七十二条 人民法院认为现有证据材料不能证明证据收集的合法性,通知有关侦查人员或者公安机关其他人员出庭说明情况的,有关侦查人员或者其他人员应当出庭。必要时,有关侦查人员或者其他人员也可以要求出庭说明情况。侦查人员或者其他人员出庭,应当向法庭说明证据收集过程,并就相关情况接受发问。

经人民法院通知,人民警察应当就其执行职务时目击的犯罪情况出庭作证。

考点26、28 证据的种类和审查认定

1 第五十条 [证据定义及种类]可以用于证明案件事实的材料,都是证据。

证据包括:

(一)物证;
(二)书证;
(三)证人证言;
(四)被害人陈述;
(五)犯罪嫌疑人、被告人供述和辩解;
(六)鉴定意见;
(七)勘验、检查、辨认、侦查实验等笔录;
(八)视听资料、电子数据。

证据必须经过查证属实,才能作为定案的根据。

〔2020年回忆~证据;2015年真题~证据种类及适用规则〕

《刑诉解释》

第八十二条 对物证、书证应当着重审查以下内容:

(一)物证、书证是否为原物、原件,是否经过辨认、鉴定;物证的照片、录像、复制品或者书证的副本、复制件是否与原物、原件相符,是否由二人以上制作,有无制作人关于制作过程以及原物、原件存放于何处的文字说明和签名;

(二)物证、书证的收集程序、方式是否符合法律、有关规定;经勘验、检查、搜查提取、扣押的物证、书证,是否附有相关笔录、清单,笔录、清单是否经调查人员或者侦查人员、物品持有人、见证人签名,没有签名的,是否注明原因;物品的名称、特征、数量、质量等是否注明清楚;

(三)物证、书证在收集、保管、鉴定过程中是否受损或者改变;

(四)物证、书证与案件事实有无关联;对现场遗留与犯罪有关的具备鉴定条件的血迹、体液、毛发、指纹等生物样本、痕迹、物品,是否已作DNA鉴定、指纹鉴定等,并与被告人或者被害人的相应生物特征、物品等比对;

(五)与案件事实有关联的物证、书证是否全面收集。

〔2023年回忆~书证的审查与认定〕

第八十三条 据以定案的物证应当是原物。原物不便搬运、不易保存、依法应当返还或者依法应当由有关部门保管、处理的,可以拍摄、制作足以反映原物外形和特征的照片、录像、复制品。必要时,审判人员可以前往保管场所查看原物。

物证的照片、录像、复制品,不能反映原物的外形和特征的,不得作为定案的根据。

物证的照片、录像、复制品,经与原物核对无误、经鉴定或者以其他方式确认真实的,可以作为定案的根据。

第八十四条 据以定案的书证应当是原件。取得原件确有困难的,可以使用副本、复制件。

对书证的更改或者更改迹象不能作出合理解释,或者书证的副本、复制件不能反映原件及其内容的,不得作为定案的根据。

书证的副本、复制件,经与原件核对无误、经鉴定或者以其他方式确认真实的,可以作为定案的根据。〔2023年回忆~书证的审查与认定〕

第八十六条 在勘验、检查、搜查过程中提取、扣押的物证、书证,未附笔录或者清单,不能证明物证、书证来源的,不得作为定案的根据。

物证、书证的收集程序、方式有下列瑕疵,经补正或者作出合理解释的,可以采用:

(一)勘验、检查、搜查、提取笔录或者扣押清单上没有调查人员或者侦查人员、物品持有人、见证人签名,或者对物品的名称、特征、数量、质量等注明不详的;

(二)物证的照片、录像、复制品,书证的副本、复制件未注明与原件核对无异,无复制时间,或者无被收集、调取人签名的;

(三)物证的照片、录像、复制品,书证的副本、复制件没有制作人关于制作过程、原物、原件存放地点的说明,或者说明中无签名的;

(四)有其他瑕疵的。

物证、书证的来源、收集程序有疑问,不能作出合理解释的,不得作为定案的根据。

第八十八条 处于明显醉酒、中毒或者麻醉等状态,不能正常感知或者正确表达的证人所提供的证言,不得作为证据使用。

证人的猜测性、评论性、推断性的证言,不得作为证据使用,但根据一般生活经验判断符合事实的除外。

第八十九条 证人证言具有下列情形之一的,不得作为定案的根据:

(一)询问证人没有个别进行的;
(二)书面证言没有经证人核对确认的;
(三)询问聋、哑人,应当提供通晓聋、哑手势的人员而未提供的;
(四)询问不通晓当地通用语言、文字的证人,应当提供翻译人员而未提供的。

第九十条 证人证言的收集程序、方式有下列瑕疵,经补正或者作出合理解释的,可以采用;不能补正或者作出合理解释的,不得作为定案的根据:

(一)询问笔录没有填写询问人、记录人、法定代理人姓名以及询问的起止时间、地点的；
（二）询问地点不符合规定的；
（三）询问笔录没有记录告知证人有关权利义务和法律责任的；
（四）询问笔录反映出在同一时段，同一询问人员询问不同证人的；
（五）询问未成年人，其法定代理人或者合适成年人不在场的。

第九十一条　证人当庭作出的证言，经控辩双方质证、法庭查证属实的，应当作为定案的根据。

证人当庭作出的证言与其庭前证言矛盾，证人能够作出合理解释，并有其他证据印证的，应当采信其庭审证言；不能作出合理解释，而庭前证言有其他证据印证的，可以采信其庭前证言。

经人民法院通知，证人没有正当理由拒绝出庭或者出庭后拒绝作证，法庭对其证言的真实性无法确认的，该证人证言不得作为定案的根据。

第九十二条　对被害人陈述的审查与认定，参照适用本节的有关规定。

第九十三条　对被告人供述和辩解应当着重审查以下内容：
（一）讯问的时间、地点，讯问人的身份、人数以及讯问方式等是否符合法律、有关规定；
（二）讯问笔录的制作、修改是否符合法律、有关规定，是否注明讯问的具体起止时间和地点，首次讯问时是否告知被告人有关权利和法律规定，被告人是否核对确认；
（三）讯问未成年被告人时，是否通知其法定代理人或者合适成年人到场，有关人员是否到场；
（四）讯问女性未成年被告人时，是否有女性工作人员在场；
（五）有无以刑讯逼供等非法方法收集被告人供述的情形；
（六）被告人的供述是否前后一致，有无反复以及出现反复的原因；
（七）被告人的供述和辩解是否全部随案移送；
（八）被告人的辩解内容是否符合案情和常理，有无矛盾；
（九）被告人的供述和辩解与同案被告人的供述和辩解以及其他证据能否相互印证，有无矛盾；存在矛盾的，能否得到合理解释。

必要时，可以结合现场执法音视频记录、讯问录音录像、被告人进出看守所的健康检查记录、笔录等，对被告人的供述和辩解进行审查。

第九十四条　被告人供述具有下列情形之一的，不得作为定案的根据：
（一）讯问笔录没有经被告人核对确认的；
（二）讯问聋、哑人，应当提供通晓聋、哑手势的人员而未提供的；
（三）讯问不通晓当地通用语言、文字的被告人，应当提供翻译人员而未提供的；
（四）讯问未成年人，其法定代理人或者合适成年人不在场的。〔2020年回忆~非法证据排除〕

第九十五条　讯问笔录有下列瑕疵，经补正或者作出合理解释的，可以采用；不能补正或者作出合理解释的，不得作为定案的根据：
（一）讯问笔录填写的讯问时间、讯问地点、讯问人、记录人、法定代理人等有误或者存在矛盾的；
（二）讯问人没有签名的；
（三）首次讯问笔录没有记录告知被讯问人有关权利和法律规定的。

第九十六条　审查被告人供述和辩解，应当结合控辩双方提供的所有证据以及被告人的全部供述和辩解进行。

被告人庭审中翻供，但不能合理说明翻供原因或者其辩解与全案证据矛盾，而其庭前供述与其他证据相互印证的，可以采信其庭前供述。

被告人庭前供述和辩解存在反复，但庭审中认可，且与其他证据相互印证的，可以采信其庭审供述；被告人庭前供述和辩解存在反复，庭审中不供认，且无其他证据与庭前供述印证的，不得采信其庭前供述。

第九十七条　对鉴定意见应当着重审查以下内容：
（一）鉴定机构和鉴定人是否具有法定资质；
（二）鉴定人是否存在应当回避的情形；
（三）检材的来源、取得、保管、送检是否符合法律、有关规定，与相关提取笔录、扣押清单等记载的内容是否相符，检材是否可靠；
（四）鉴定意见的形式要件是否完备，是否注明提起鉴定的事由、鉴定委托人、鉴定机构、鉴定要求、鉴定过程、鉴定方法、鉴定日期等相关内容，是否由鉴定机构盖章并由鉴定人签名；
（五）鉴定程序是否符合法律、有关规定；
（六）鉴定的过程和方法是否符合相关专业的规范要求；
（七）鉴定意见是否明确；
（八）鉴定意见与案件事实有无关联；
（九）鉴定意见与勘验、检查笔录及相关照片等其他证据是否矛盾；存在矛盾的，能否得到合理解释；
（十）鉴定意见是否依法及时告知相关人员，当事人对鉴定意见有无异议。〔2020年回忆~证据种类〕

第九十八条　鉴定意见具有下列情形之一的，不得作为定案的根据：
（一）鉴定机构不具备法定资质，或者鉴定事项超出该鉴定机构业务范围、技术条件的；
（二）鉴定人不具备法定资质，不具有相关专业技术或者职称，或者违反回避规定的；
（三）送检材料、样本来源不明，或者因污染不具备鉴定条件的；
（四）鉴定对象与送检材料、样本不一致的；
（五）鉴定程序违反规定的；
（六）鉴定过程和方法不符合相关专业的规范要求的；
（七）鉴定文书缺少签名、盖章的；
（八）鉴定意见与案件事实无关联的；

(九)违反有关规定的其他情形。

第九十九条　经人民法院通知,鉴定人拒不出庭作证的,鉴定意见不得作为定案的根据。

鉴定人由于不能抗拒的原因或者有其他正当理由无法出庭的,人民法院可以根据情况决定延期审理或者重新鉴定。

鉴定人无正当理由拒不出庭作证的,人民法院应当通报司法行政机关或者有关部门。

第一百条　因无鉴定机构,或者根据法律、司法解释的规定,指派、聘请有专门知识的人就案件的专门性问题出具的报告,可以作为证据使用。

对前款规定的报告的审查与认定,参照适用本节的有关规定。

经人民法院通知,出具报告的人拒不出庭作证的,有关报告不得作为定案的根据。

第一百零一条　有关部门对事故进行调查形成的报告,在刑事诉讼中可以作为证据使用;报告中涉及专门性问题的意见,经法庭查证属实,且调查程序符合法律、有关规定的,可以作为定案的根据。

第一百零四条　对辨认笔录应当着重审查辨认的过程、方法,以及辨认笔录的制作是否符合有关规定。

第一百零五条　辨认笔录具有下列情形之一的,不得作为定案的根据:

(一)辨认不是在调查人员、侦查人员主持下进行的;

(二)辨认前使辨认人见到辨认对象的;

(三)辨认活动没有个别进行的;

(四)辨认对象没有混杂在具有类似特征的其他对象中,或者供辨认的对象数量不符合规定的;

(五)辨认中给辨认人明显暗示或者明显指认嫌疑的;

(六)违反有关规定,不能确定辨认笔录真实性的其他情形。

第一百零八条　对视听资料应当着重审查以下内容:

(一)是否附有提取过程的说明,来源是否合法;

(二)是否为原件,有无复制及复制份数;是复制件的,是否附有无法调取原件的原因、复制件制作过程和原件存放地点的说明,制作人、原视听资料持有人是否签名;

(三)制作过程中是否存在威胁、引诱当事人等违反法律、有关规定的情形;

(四)是否写明制作人、持有人的身份,制作的时间、地点、条件和方法;

(五)内容和制作过程是否真实,有无剪辑、增加、删改等情形;

(六)内容与案件事实有无关联。

对视听资料有疑问的,应当进行鉴定。

第一百零九条　视听资料具有下列情形之一的,不得作为定案的根据:

(一)系篡改、伪造或者无法确定真伪的;

(二)制作、取得的时间、地点、方式等有疑问,不能

出合理解释的。

第一百一十条　对电子数据是否真实,应当着重审查以下内容:

(一)是否移送原始存储介质;原始存储介质无法封存、不便移动时,有无说明原因,并注明收集、提取过程及原始存储介质的存放地点或者电子数据的来源等情况;

(二)是否具有数字签名、数字证书等特殊标识;

(三)收集、提取的过程是否可以重现;

(四)如有增加、删除、修改等情形的,是否附有说明;

(五)完整性是否可以保证。

第一百一十一条　对电子数据是否完整,应当根据保护电子数据完整性的相应方法进行审查、验证:

(一)审查原始存储介质的扣押、封存状态;

(二)审查电子数据的收集、提取过程,查看录像;

(三)比对电子数据完整性校验值;

(四)与备份的电子数据进行比较;

(五)审查冻结后的访问操作日志;

(六)其他方法。

第一百一十二条　对收集、提取电子数据是否合法,应当着重审查以下内容:

(一)收集、提取电子数据是否由二名以上调查人员、侦查人员进行,取证方法是否符合相关技术标准;

(二)收集、提取电子数据,是否附有笔录、清单,并经调查人员、侦查人员、电子数据持有人、提供人、见证人签名或者盖章;没有签名或者盖章的,是否注明原因;对电子数据的类别、文件格式等是否注明清楚;

(三)是否依照有关规定由符合条件的人员担任见证人,是否对相关活动进行录像;

(四)采用技术调查、侦查措施收集、提取电子数据的,是否依法经过严格的批准手续;

(五)进行电子数据检查的,检查程序是否符合有关规定。

第一百一十三条　电子数据的收集、提取程序有下列瑕疵,经补正或者作出合理解释的,可以采用;不能补正或者作出合理解释的,不得作为定案的根据:

(一)未以封存状态移送的;

(二)笔录或者清单上没有调查人员或者侦查人员、电子数据持有人、提供人、见证人签名或者盖章的;

(三)对电子数据的名称、类别、格式等注明不清的;

(四)有其他瑕疵的。〔2020年回忆~电子数据〕

第一百一十四条　电子数据具有下列情形之一的,不得作为定案的根据:

(一)系篡改、伪造或者无法确定真伪的;

(二)有增加、删除、修改等情形,影响电子数据真实性的;

(三)其他无法保证电子数据真实性的情况。〔2020年回忆~电子数据〕

第一百一十五条　对视听资料、电子数据,还应当审查是否移送文字抄清材料以及对绰号、暗语、俗语、方言等不易理解内容的说明。未移送的,必要时,可以要求人

民检察院移送。

《办理刑事案件收集提取和审查判断电子数据的规定》

第一条 电子数据是案件发生过程中形成的,以数字化形式存储、处理、传输的,能够证明案件事实的数据。

电子数据包括但不限于下列信息、电子文件:

(一)网页、博客、微博客、朋友圈、贴吧、网盘等网络平台发布的信息;

(二)手机短信、电子邮件、即时通信、通讯群组等网络应用服务的通信信息;

(三)用户注册信息、身份认证信息、电子交易记录、通信记录、登录日志等信息;

(四)文档、图片、音视频、数字证书、计算机程序等电子文件。

以数字化形式记载的证人证言、被害人陈述以及犯罪嫌疑人、被告人供述和辩解等证据,不属于电子数据。确有必要的,对相关证据的收集、提取、移送、审查,可以参照适用本规定。

第十条 由于客观原因无法或者不宜依据第八条、第九条的规定收集、提取电子数据的,可以采取打印、拍照或者录像等方式固定相关证据,并在笔录中说明原因。

第十五条 收集、提取电子数据,应当根据刑事诉讼法的规定,由符合条件的人员担任见证人。由于客观原因无法由符合条件的人员担任见证人的,应当在笔录中注明情况,并对相关活动进行录像。

针对同一现场多个计算机信息系统收集、提取电子数据的,可以由一名见证人见证。

第十八条第一款 收集、提取的原始存储介质或者电子数据,应当以封存状态随案移送,并制作电子数据的备份一并移送。

第十九条 对侵入、非法控制计算机信息系统的程序、工具以及计算机病毒等无法直接展示的电子数据,应当附电子数据属性、功能等情况的说明。

对数据统计量、数据同一性等问题,侦查机关应出具说明。

❷ 第五十三条 [运用证据要求] 公安机关提请批准逮捕书、人民检察院起诉书、人民法院判决书,必须忠实于事实真象。故意隐瞒事实真象的,应当追究责任。

《刑诉解释》

第一百三十九条 对证据的真实性,应当综合全案证据进行审查。

对证据的证明力,应当根据具体情况,从证据与案件事实的关联程度、证据之间的联系等方面进行审查判断。

第一百四十条 没有直接证据,但间接证据同时符合下列条件的,可以认定被告人有罪:

(一)证据已经查证属实;

(二)证据之间相互印证,不存在无法排除的矛盾和无法解释的疑问;

(三)全案证据形成完整的证据链;

(四)根据证据认定案件事实足以排除合理怀疑,结论具有唯一性;

(五)运用证据进行的推理符合逻辑和经验。[2023年回忆~间接证据]

第一百四十一条 根据被告人的供述、指认提取到了隐蔽性很强的物证、书证,且被告人的供述与其他证明犯罪事实发生的证据相互印证,并排除串供、逼供、诱供等可能性的,可以认定被告人有罪。

第一百四十二条 对监察机关、侦查机关出具的被告人到案经过、抓获经过等材料,应当审查是否有出具该说明材料的办案人员、办案机关的签名、盖章。

对到案经过、抓获经过或者确定被告人有重大嫌疑的根据有疑问的,应当通知人民检察院补充说明。

第一百四十三条 下列证据应当慎重使用,有其他证据印证的,可以采信:

(一)生理上、精神上有缺陷,对案件事实的认知和表达存在一定困难,但尚未丧失正确认知、表达能力的被害人、证人和被告人所作的陈述、证言和供述;

(二)与被告人有亲属关系或者其他密切关系的证人所作的有利于被告人的证言,或者与被告人有利害冲突的证人所作的不利于被告人的证言。[2023年回忆~证据的审查]

第一百四十四条 证明被告人自首、坦白、立功的证据材料,没有加盖接受被告人投案、坦白、检举揭发等的单位的印章,或者接受人员没有签名的,不得作为定案的根据。

对被告人及其辩护人提出有自首、坦白、立功的事实和理由,有关机关未予认定,或者有关机关提出被告人有自首、坦白、立功表现,但证据材料不全的,人民法院应当要求有关机关提供证明材料,或者要求有关人员作证,并结合其他证据作出认定。

第一百四十五条 证明被告人具有累犯、毒品再犯情节等的证据材料,应当包括前罪的裁判文书、释放证明等材料;材料不全的,应当通知人民检察院提供。

第一百四十六条 审查被告人实施被指控的犯罪时或者审判时是否达到相应法定责任年龄,应当根据户籍证明、出生证明文件、学籍卡、人口普查登记、无利害关系人的证言等证据综合判断。

证明被告人已满十二周岁、十四周岁、十六周岁、十八周岁或者不满七十五周岁的证据不足的,应当作出有利于被告人的认定。

《公安部规定》

第六十八条 公安机关提请批准逮捕书、起诉意见书必须忠实于事实真象。故意隐瞒事实真象的,应当依法追究责任。

考点29 刑事诉讼证明

(一)刑事证明对象与证明责任

第五十一条 [被告人有罪的举证] 公诉案件中被告人有罪的举证责任由人民检察院承担,自诉案件中被告人有罪的举证责任由自诉人承担。

《刑诉解释》

第七十二条 应当运用证据证明的案件事实包括:

(一)被告人、被害人的身份;

(二)被指控的犯罪是否存在;

（三）被指控的犯罪是否为被告人所实施；
（四）被告人有无刑事责任能力，有无罪过，实施犯罪的动机、目的；
（五）实施犯罪的时间、地点、手段、后果以及案件起因等；
（六）是否系共同犯罪或者犯罪事实存在关联，以及被告人在犯罪中的地位、作用；
（七）被告人有无从重、从轻、减轻、免除处罚情节；
（八）有关涉案财物处理的事实；
（九）有关附带民事诉讼的事实；
（十）有关管辖、回避、延期审理等的程序事实；
（十一）与定罪量刑有关的其他事实。

认定被告人有罪和对被告人从重处罚，适用证据确实、充分的证明标准。

《高检规则》

第六十一条 人民检察院认定案件事实，应当以证据为根据。

公诉案件中被告人有罪的举证责任由人民检察院承担。人民检察院在提起公诉指控犯罪时，应当提出确实、充分的证据，并运用证据加以证明。

人民检察院提起公诉，应当秉持客观公正立场，对被告人有罪、罪重、罪轻的证据都应当向人民法院提出。

第四百零一条 在法庭审理中，下列事实不必提出证据进行证明：
（一）为一般人共同知晓的常识性事实；
（二）人民法院生效裁判所确认并且未依审判监督程序重新审理的事实；
（三）法律、法规的内容以及适用等属于审判人员履行职务所应当知晓的事实；
（四）在法庭审理中不存在异议的程序事实；
（五）法律规定的推定事实；
（六）自然规律或者定律。

第五百二十九条 人民法院对没收违法所得的申请进行审理，人民检察院应当承担举证责任。

人民法院对没收违法所得的申请开庭审理的，人民检察院应当派员出席法庭。

《推进以审判为中心的刑事诉讼制度改革的意见》

八、进一步完善公诉机制，被告人有罪的举证责任，由人民检察院承担。对被告人不认罪的，人民检察院应当强化庭前准备和当庭讯问、举证、质证。

（二）刑事证明标准

第五十五条 [适用口供的原则]对一切案件的判处都要重证据，重调查研究，不轻信口供。只有被告人供述，没有其他证据的，不能认定被告人有罪和处以刑罚；没有被告人供述，证据确实、充分的，可以认定被告人有罪和处以刑罚。

证据确实、充分，应当符合以下条件：
（一）定罪量刑的事实都有证据证明；
（二）据以定案的证据均经法定程序查证属实；
（三）综合全案证据，对所认定事实已排除合理怀疑。

[2023年回忆~证明标准;2015年真题~证据种类及适用规则]

《建立健全防范刑事冤假错案工作机制的意见》

6. 定罪证据不足的案件，应当坚持疑罪从无原则，依法宣告被告人无罪，不得降格作出"留有余地"的判决。

定罪证据确实、充分，但影响量刑的证据存疑的，应当在量刑时作出有利于被告人的处理。

死刑案件，认定对被告人适用死刑的事实证据不足的，不得判处死刑。

7. 重证据，重调查研究，切实改变"口供至上"的观念和做法，注重实物证据的审查和运用。只有被告人供述，没有其他证据的，不能认定被告人有罪。

专题八 强制措施

考点32 取保候审

（一）取保候审的适用条件与执行机关

第六十七条 [取保候审]人民法院、人民检察院和公安机关对有下列情形之一的犯罪嫌疑人、被告人，可以取保候审：
（一）可能判处管制、拘役或者独立适用附加刑的；
（二）可能判处有期徒刑以上刑罚，采取取保候审不致发生社会危险性的；
（三）患有严重疾病、生活不能自理，怀孕或者正在哺乳自己婴儿的妇女，采取取保候审不致发生社会危险性的；
（四）羁押期限届满，案件尚未办结，需要采取取保候审的。

取保候审由公安机关执行。

《刑事诉讼法》

第六十六条 [拘传、取保候审、监视居住的概括性规定]人民法院、人民检察院和公安机关根据案件情况，对犯罪嫌疑人、被告人可以拘传、取保候审或者监视居住。

《高检规则》

第八十七条 人民检察院对于严重危害社会治安的犯罪嫌疑人，以及其他犯罪性质恶劣、情节严重的犯罪嫌疑人不得取保候审。

（二）取保候审的保证方式

第六十八条 [取保候审的保证方式]人民法院、人民检察院和公安机关决定对犯罪嫌疑人、被告人取保候审，应当责令犯罪嫌疑人、被告人提出保证人或者交纳保证金。

《刑事诉讼法》

第六十九条 [保证人的条件]保证人必须符合下列条件：
（一）与本案无牵连；
（二）有能力履行保证义务；
（三）享有政治权利，人身自由未受到限制；
（四）有固定的住处和收入。

第七十条 [保证人的义务]保证人应当履行以下义务：
（一）监督被保证人遵守本法第七十一条的规定；

(二)发现被保证人可能发生或者已经发生违反本法第七十一条规定的行为的,应当及时向执行机关报告。

被保证人有违反本法第七十一条规定的行为,保证人未履行保证义务的,对保证人处以罚款,构成犯罪的,依法追究刑事责任。

第七十二条 [保证金数额]取保候审的决定机关应当综合考虑保证诉讼活动正常进行的需要,被取保候审人的社会危险性、案件的性质、情节、可能判处刑罚的轻重,被取保候审人的经济状况等情况,确定保证金的数额。

提供保证金的人应当将保证金存入执行机关指定银行的专门账户。

《刑诉解释》

第一百五十条 被告人具有刑事诉讼法第六十七条第一款规定情形之一的,人民法院可以决定取保候审。

对被告人决定取保候审的,应当责令其提出保证人或者交纳保证金,不得同时使用保证人保证与保证金保证。

第一百五十七条 根据案件事实和法律规定,认为已经构成犯罪的被告人在取保候审期间逃匿的,如果系保证人协助被告人逃匿,或者保证人明知被告人藏匿地点但拒绝向司法机关提供,对保证人应当依法追究责任。

第一百五十八条 人民法院发现使用保证金保证的被取保候审人违反刑事诉讼法第七十一条第一款、第二款规定的,应当书面通知公安机关依法处理。

人民法院收到公安机关已经没收保证金的书面通知或者变更强制措施的建议后,应当区别情形,在五日以内责令被告人具结悔过,重新交纳保证金或者提出保证人,或者变更强制措施,并通知公安机关。

人民法院决定对被依法没收保证金的被告人继续取保候审的,取保候审的期限连续计算。

第一百六十二条 人民检察院、公安机关已经对犯罪嫌疑人取保候审、监视居住,案件起诉至人民法院后,需要继续取保候审、监视居住或者变更强制措施的,人民法院应当在七日以内作出决定,并通知人民检察院、公安机关。

决定继续取保候审、监视居住的,应当重新办理手续,期限重新计算;继续使用保证金保证的,不再收取保证金。

《六机关规定》

14.对取保候审保证人是否履行了保证义务,由公安机关认定,对保证人的罚款决定,也由公安机关作出。

《取保候审规定》

第四条 对犯罪嫌疑人、被告人决定取保候审的,应当责令其提出保证人或者交纳保证金。

对同一犯罪嫌疑人、被告人决定取保候审的,不得同时使用保证人保证和保证金保证。对未成年人取保候审的,应当优先适用保证人保证。

第五条 采取保证金形式取保候审的,保证金的起点数额为人民币一千元;被取保候审人为未成年人的,保证金的起点数额为人民币五百元。

决定机关应当综合考虑保证诉讼活动正常进行的需要,被取保候审人的社会危险性、案件的性质、情节、可能判处刑罚的轻重,被取保候审人的经济状况等情况,确定保证金的数额。

(三)被取保候审人的义务与责任

第七十一条 [被取保候审人的义务及违反义务的处理]被取保候审的犯罪嫌疑人、被告人应当遵守以下规定:

(一)未经执行机关批准不得离开所居住的市、县;

(二)住址、工作单位和联系方式发生变动的,在二十四小时以内向执行机关报告;

(三)在传讯的时候及时到案;

(四)不得以任何形式干扰证人作证;

(五)不得毁灭、伪造证据或者串供。

人民法院、人民检察院和公安机关可以根据案件情况,责令被取保候审的犯罪嫌疑人、被告人遵守以下一项或者多项规定:

(一)不得进入特定的场所;

(二)不得与特定的人员会见或者通信;

(三)不得从事特定的活动;

(四)将护照等出入境证件、驾驶证件交执行机关保存。

被取保候审的犯罪嫌疑人、被告人违反前两款规定,已交纳保证金的,没收部分或者全部保证金,并且区别情形,责令犯罪嫌疑人、被告人具结悔过,重新交纳保证金、提出保证人,或者监视居住、予以逮捕。

对违反取保候审规定,需要予以逮捕的,可以对犯罪嫌疑人、被告人先行拘留。

考点33 监视居住

(一)监视居住的条件(适用对象)

第七十四条 [监视居住的条件]人民法院、人民检察院和公安机关对符合逮捕条件,有下列情形之一的犯罪嫌疑人、被告人,可以监视居住:

(一)患有严重疾病、生活不能自理的;

(二)怀孕或者正在哺乳自己婴儿的妇女;

(三)系生活不能自理的人的唯一扶养人;

(四)因为案件的特殊情况或者办理案件的需要,采取监视居住措施更为适宜的;

(五)羁押期限届满,案件尚未办结,需要采取监视居住措施的。

对符合取保候审条件,但犯罪嫌疑人、被告人不能提出保证人,也不交纳保证金的,可以监视居住。

监视居住由公安机关执行。〔2013年真题~指定居所监视居住的适用〕

《高检规则》

第一百四十一条 对符合刑事诉讼法第七十四条第一款规定的犯罪嫌疑人,人民检察院经审查认为不需要逮捕的,可以在作出不批准逮捕决定的同时,向公安机关提出采取监视居住措施的建议。

《公安部规定》

第一百零九条第二、四款 对人民检察院决定不批准逮捕的犯罪嫌疑人，需要继续侦查，并且符合监视居住条件的，可以监视居住。

对于被取保候审人违反本规定第八十九条、第九十条规定的，可以监视居住。

(二)监视居住的程序

第七十五条 [监视居住的执行]监视居住应当在犯罪嫌疑人、被告人的住处执行；无固定住处的，可以在指定的居所执行。对于涉嫌危害国家安全犯罪、恐怖活动犯罪，在住处执行可能有碍侦查的，经上一级公安机关批准，也可以在指定的居所执行。但是，不得在羁押场所、专门的办案场所执行。

指定居所监视居住的，除无法通知的以外，应当在执行监视居住后二十四小时以内，通知被监视居住人的家属。

被监视居住的犯罪嫌疑人、被告人委托辩护人，适用本法第三十四条的规定。

人民检察院对指定居所监视居住的决定和执行是否合法实行监督。〔2013年真题～指定居所监视居住的适用〕

《刑诉解释》

第一百六十条第二款 人民法院决定对被告人监视居住的，应当核实其住处；没有固定住处的，应当为其指定居所。

第一百六十一条 人民法院向被告人宣布监视居住决定后，应当将监视居住决定书等相关材料送交被告人住处或者指定居所所在地的公安机关执行。

对被告人指定居所监视居住后，人民法院应当在二十四小时以内，将监视居住的原因和处所通知其家属；确实无法通知的，应当记录在案。

《高检规则》

第一百一十六条 监视居住应当在犯罪嫌疑人的住处执行。犯罪嫌疑人无固定住处的，可以在指定的居所执行。

固定住处是指犯罪嫌疑人在办案机关所在地的市、县内工作、生活的合法居所。

指定的居所应当符合下列条件：

(一)具备正常的生活、休息条件；
(二)便于监视、管理；
(三)能够保证安全。

采取指定居所监视居住，不得在看守所、拘留所、监狱等羁押、监管场所以及留置室、讯问室等专门的办案场所、办公区域执行。

第一百一十七条 在指定的居所执行监视居住，除无法通知的以外，人民检察院应当在执行监视居住后二十四小时以内，将指定居所监视居住的原因通知被监视居住人的家属。无法通知的，应当将原因写明附卷。无法通知的情形消除后，应当立即通知。

无法通知包括下列情形：

(一)被监视居住人无家属；
(二)与其家属无法取得联系；
(三)受自然灾害等不可抗力阻碍。

第一百一十八条 对于公安机关、人民法院决定指定居所监视居住的案件，由批准或者决定的公安机关、人民法院的同级人民检察院负责捕诉的部门对决定是否合法实行监督。

人民检察院决定指定居所监视居住的案件，由负责控告申诉检察的部门对决定是否合法实行监督。

第一百一十九条 被指定居所监视居住人及其法定代理人、近亲属或者辩护人认为指定居所监视居住决定存在违法情形，提出控告或者举报的，人民检察院应当受理。

人民检察院可以要求有关机关提供指定居所监视居住决定书和相关案卷材料。经审查，发现存在下列违法情形之一的，应当及时通知其纠正：

(一)不符合指定居所监视居住的适用条件的；
(二)未按法定程序履行批准手续的；
(三)在决定过程中有其他违反刑事诉讼法规定的行为的。

第一百二十条 对于公安机关、人民法院决定指定居所监视居住的案件，由人民检察院负责刑事执行检察的部门对指定居所监视居住的执行活动是否合法实行监督。发现存在下列违法情形之一的，应当及时提出纠正意见：

(一)执行机关收到指定居所监视居住决定书、执行通知书等法律文书后不派员执行或者不及时派员执行的；
(二)在执行指定居所监视居住后二十四小时以内没有通知被监视居住人的家属的；
(三)在羁押场所、专门的办案场所执行监视居住的；
(四)为被监视居住人通风报信、私自传递信件、物品的；
(五)违反规定安排辩护人同被监视居住人会见、通信，或者违法限制被监视居住人与辩护人会见、通信的；
(六)对被监视居住人刑讯逼供、体罚、虐待或者变相体罚、虐待的；
(七)有其他侵犯被监视居住人合法权利行为或者其他违法行为的。

被监视居住人及其法定代理人、近亲属或者辩护人认为执行机关或者执行人员存在上述违法情形，提出控告或者举报的，人民检察院应当受理。

人民检察院决定指定居所监视居住的案件，由负责控告申诉检察的部门对指定居所监视居住的执行活动是否合法实行监督。

《公安部规定》

第一百一十二条 固定住处，是指被监视居住人在办案机关所在的市、县内生活的合法住处；指定的居所，是指公安机关根据案件情况，在办案机关所在的市、县内为被监视居住人指定的生活居所。

指定的居所应当符合下列条件：

(一)具备正常的生活、休息条件；

(二)便于监视、管理;
(三)保证安全。
公安机关不得在羁押场所、专门的办案场所或者办公场所执行监视居住。
第一百一十三条 指定居所监视居住的,除无法通知的以外,应当制作监视居住通知书,在执行监视居住后二十四小时以内,由决定机关通知被监视居住人的家属。
有下列情形之一的,属于本条规定的"无法通知":
(一)不讲真实姓名、住址、身份不明的;
(二)没有家属的;
(三)提供的家属联系方式无法取得联系的;
(四)因自然灾害等不可抗力导致无法通知的。
无法通知的情形消失以后,应当立即通知被监视居住人的家属。
无法通知家属的,应当在监视居住通知书中注明原因。
第一百一十七条 公安机关决定监视居住的,由被监视居住人住处或者指定居所所在地的派出所执行,办案部门可以协助执行。必要时,也可以由办案部门负责执行,派出所或者其他部门协助执行。
第一百一十八条 人民法院、人民检察院决定监视居住的,负责执行的县级公安机关应当在收到法律文书和有关材料后二十四小时以内,通知被监视居住人住处或者指定居所所在地的派出所,核实被监视居住人身份、住处或者居所等情况后执行。必要时,可以由人民法院、人民检察院协助执行。
负责执行的派出所应当及时将执行情况通知决定监视居住的机关。

《六机关规定》
15. 指定居所监视居住的,不得要求被监视居住人支付费用。

(三)监视居住的期限
第七十六条 [监视居住的刑期折抵]指定居所监视居住的期限应当折抵刑期。被判处管制的,监视居住一日折抵刑期一日;被判处拘役、有期徒刑的,监视居住二日折抵刑期一日。
第七十九条 [取保候审和监视居住的期限]人民法院、人民检察院和公安机关对犯罪嫌疑人、被告人取保候审最长不得超过十二个月,监视居住最长不得超过六个月。
在取保候审、监视居住期间,不得中断对案件的侦查、起诉和审理。对于发现不应当追究刑事责任或者取保候审、监视居住期限届满的,应当及时解除取保候审、监视居住。解除取保候审、监视居住,应当及时通知被取保候审、监视居住人和有关单位。

(四)被监视居住人的义务
第七十七条 [被监视居住人的义务]被监视居住的犯罪嫌疑人、被告人应当遵守以下规定:
(一)未经执行机关批准不得离开执行监视居住的处所;
(二)未经执行机关批准不得会见他人或者通信;

(三)在传讯的时候及时到案;
(四)不得以任何形式干扰证人作证;
(五)不得毁灭、伪造证据或者串供;
(六)将护照等出入境证件、身份证件、驾驶证件交执行机关保存。
被监视居住的犯罪嫌疑人、被告人违反前款规定,情节严重的,可以予以逮捕;需要予以逮捕的,可以对犯罪嫌疑人、被告人先行拘留。

《高检规则》
第一百一十一条 犯罪嫌疑人有下列违反监视居住规定的行为,人民检察院应当对犯罪嫌疑人予以逮捕:
(一)故意实施新的犯罪行为;
(二)企图自杀、逃跑;
(三)实施毁灭、伪造证据或者串供、干扰证人作证行为,足以影响侦查、审查起诉工作正常进行;
(四)对被害人、证人、鉴定人、举报人、控告人及其他人员实施打击报复。
犯罪嫌疑人有下列违反监视居住规定的行为,人民检察院可以对犯罪嫌疑人予以逮捕:
(一)未经批准,擅自离开执行监视居住的处所,造成严重后果,或者两次未经批准,擅自离开执行监视居住的处所;
(二)未经批准,擅自会见他人或者通信,造成严重后果,或者两次未经批准,擅自会见他人或者通信;
(三)经传讯不到案,造成严重后果,或者经两次传讯不到案。
有前两款情形,需要对犯罪嫌疑人予以逮捕的,可以先行拘留。

《公安部规定》
第一百二十条 被监视居住人有正当理由要求离开住处或者指定的居所以及要求会见他人或者通信的,应当经负责执行的派出所或者办案部门负责人批准。
人民法院、人民检察院决定监视居住的,负责执行的派出所在批准被监视居住人离开住处或者指定的居所以及与他人会见或者通信前,应当征得决定监视居住的机关同意。
第一百二十一条 被监视居住人违反应当遵守的规定,公安机关应当区分情形责令被监视居住人具结悔过或者给予治安管理处罚。情节严重的,可以予以逮捕;需要予以逮捕的,可以对其先行拘留。
人民法院、人民检察院决定监视居住的,被监视居住人违反应当遵守的规定,负责执行的派出所应当及时通知决定监视居住的机关。

考点34 拘留

(一)拘留的条件
第八十二条 [拘留的条件]公安机关对于现行犯或者重大嫌疑分子,如果有下列情形之一的,可以先行拘留:
(一)正在预备犯罪、实行犯罪或者在犯罪后即时被发觉的;

(二)被害人或者在场亲眼看见的人指认他犯罪的；
(三)在身边或者住处发现有犯罪证据的；
(四)犯罪后企图自杀、逃跑或者在逃的；
(五)有毁灭、伪造证据或者串供可能的；
(六)不讲真实姓名、住址，身份不明的；
(七)有流窜作案、多次作案、结伙作案重大嫌疑的。

《高检规则》

第一百二十一条 人民检察院对于具有下列情形之一的犯罪嫌疑人，可以决定拘留：
(一)犯罪后企图自杀、逃跑或者在逃的；
(二)有毁灭、伪造证据或者串供可能的。

《公安部规定》

第一百二十四条 公安机关对于现行犯或者重大嫌疑分子，有下列情形之一的，可以先行拘留：
(一)正在预备犯罪、实行犯罪或者在犯罪后即时被发觉的；
(二)被害人或者在场亲眼看见的人指认他犯罪的；
(三)在身边或者住处发现有犯罪证据的；
(四)犯罪后企图自杀、逃跑或者在逃的；
(五)有毁灭、伪造证据或者串供可能的；
(六)不讲真实姓名、住址，身份不明的；
(七)有流窜作案、多次作案、结伙作案重大嫌疑的。

(二)拘留的程序

1 第八十三条 [异地拘留、逮捕] 公安机关在异地执行拘留、逮捕的时候，应当通知被拘留、逮捕人所在地的公安机关，被拘留、逮捕人所在地的公安机关应当予以配合。

2 第八十五条 [拘留] 公安机关拘留人的时候，必须出示拘留证。

拘留后，应当立即将被拘留人送看守所羁押，至迟不得超过二十四小时。除无法通知或者涉嫌危害国家安全犯罪、恐怖活动犯罪通知可能有碍侦查的情形以外，应当在拘留后二十四小时以内，通知被拘留人的家属。有碍侦查的情形消失以后，应当立即通知被拘留人的家属。

《高检规则》

第一百二十二条 人民检察院作出拘留决定后，应当将有关法律文书和案由、犯罪嫌疑人基本情况的材料送交同级公安机关执行。必要时，人民检察院可以协助公安机关执行。

拘留后，应当立即将被拘留人送看守所羁押，至迟不得超过二十四小时。

第一百二十三条 对犯罪嫌疑人拘留后，除无法通知的以外，人民检察院应当在二十四小时以内，通知被拘留人的家属。

无法通知的，应当将原因写明附卷。无法通知的情形消除后，应当立即通知其家属。

《公安部规定》

第一百二十五条 拘留犯罪嫌疑人，应当填写呈请拘留报告书，经县级以上公安机关负责人批准，制作拘留证。执行拘留时，必须出示拘留证，并责令被拘留人在拘留证上签名、捺指印，拒绝签名、捺指印的，侦查人员应当注明。

紧急情况下，对于符合本规定第一百二十四条所列情形之一的，经出示人民警察证，可以将犯罪嫌疑人口头传唤至公安机关后立即审查，办理法律手续。

第一百二十六条 拘留后，应当立即将被拘留人送看守所羁押，至迟不得超过二十四小时。

异地执行拘留，无法及时将犯罪嫌疑人押解回管辖地的，应当在宣布拘留后立即将其送抓获地看守所羁押，至迟不得超过二十四小时。到达管辖地后，应当立即将犯罪嫌疑人送看守所羁押。

第一百二十七条 除无法通知或者涉嫌危害国家安全犯罪、恐怖活动犯罪通知可能有碍侦查的情形以外，应当在拘留后二十四小时以内制作拘留通知书，通知被拘留人的家属。拘留通知书应当写明拘留原因和羁押处所。

本条规定的"无法通知"的情形适用本规定第一百一十三条第二款的规定。

有下列情形之一的，属于本条规定的"有碍侦查"：
(一)可能毁灭、伪造证据，干扰证人作证或者串供的；
(二)可能引起同案犯逃避、妨碍侦查的；
(三)犯罪嫌疑人的家属与犯罪有牵连的。

无法通知、有碍侦查的情形消失以后，应当立即通知被拘留人的家属。

对于没有在二十四小时以内通知家属的，应当在拘留通知书中注明原因。

第一百五十三条 看守所应当凭公安机关签发的拘留证、逮捕证收押被拘留、逮捕的犯罪嫌疑人、被告人。犯罪嫌疑人、被告人被送至看守所羁押时，看守所应当在拘留证、逮捕证上注明犯罪嫌疑人、被告人到达看守所的时间。

查获被通缉、脱逃的犯罪嫌疑人以及执行追捕、押解任务需要临时寄押的，应当持通缉令或者其他有关法律文书并经寄押地县级以上公安机关负责人批准，送看守所寄押。

临时寄押的犯罪嫌疑人出所时，看守所应当出具羁押该犯罪嫌疑人的证明，载明该犯罪嫌疑人基本情况、羁押原因、入所和出所时间。

第一百五十四条 看守所收押犯罪嫌疑人、被告人和罪犯，应当进行健康和体表检查，并予以记录。

第一百五十五条 看守所收押犯罪嫌疑人、被告人和罪犯，应当对其人身和携带的物品进行安全检查。发现违禁物品、犯罪证据和可疑物品，应当制作笔录，由被羁押人签名、捺指印后，送办案机关处理。

对女性的人身检查，应当由女工作人员进行。

《六机关规定》

16. 刑事诉讼法规定，拘留由公安机关执行。对于人民检察院直接受理的案件，人民检察院作出的拘留决定，应当送达公安机关执行，公安机关应当立即执行，人民检察院可以协助公安机关执行。

3 **第八十六条** [拘留后的讯问]公安机关对被拘留的人,应当在拘留后的二十四小时以内进行讯问。在发现不应当拘留的时候,必须立即释放,发给释放证明。

《高检规则》

第一百二十四条 对被拘留的犯罪嫌疑人,应当在拘留后二十四小时以内进行讯问。

第一百二十五条 对被拘留的犯罪嫌疑人,发现不应当拘留的,应当立即释放;依法可以取保候审或者监视居住的,按照本规则的有关规定办理取保候审或者监视居住手续。

对被拘留的犯罪嫌疑人,需要逮捕的,按照本规则的有关规定办理逮捕手续;决定不予逮捕的,应当及时变更强制措施。

《公安部规定》

第一百二十八条 对被拘留的人,应当在拘留后二十四小时以内进行讯问。发现不应当拘留的,应当经县级以上公安机关负责人批准,制作释放通知书,看守所凭释放通知书发给被拘留人释放证明书,将其立即释放。

(三)拘留的期限

第九十一条 [提请批捕和批捕的期限]公安机关对被拘留的人,认为需要逮捕的,应当在拘留后的三日以内,提请人民检察院审查批准。在特殊情况下,提请审查批准的时间可以延长一日至四日。

对于流窜作案、多次作案、结伙作案的重大嫌疑分子,提请审查批准的时间可以延长至三十日。

人民检察院应当自接到公安机关提请批准逮捕书后的七日以内,作出批准逮捕或者不批准逮捕的决定。人民检察院不批准逮捕的,公安机关应当在接到通知后立即释放,并且将执行情况及时通知人民检察院。对于需要继续侦查,并且符合取保候审、监视居住条件的,依法取保候审或者监视居住。

《公安部规定》

第一百二十九条 对被拘留的犯罪嫌疑人,经过审查认为需要逮捕的,应当在拘留后的三日以内,提请人民检察院审查批准。在特殊情况下,经县级以上公安机关负责人批准,提请审查批准逮捕的时间可以延长一日至四日。

对流窜作案、多次作案、结伙作案的重大嫌疑分子,经县级以上公安机关负责人批准,提请审查批准逮捕的时间可以延长至三十日。

本条规定的"流窜作案",是指跨市、县管辖范围连续作案,或者在居住地作案后逃窜到外市、县继续作案;"多次作案",是指三次以上作案;"结伙作案",是指二人以上共同作案。

第一百三十条 犯罪嫌疑人不讲真实姓名、住址,身份不明的,应当对其身份进行调查。对符合逮捕条件的犯罪嫌疑人,也可以按其自报的姓名提请批准逮捕。

第一百三十一条 对被拘留的犯罪嫌疑人审查后,根据案件情况报经县级以上公安机关负责人批准,分别作出如下处理:

(一)需要逮捕的,在拘留期限内,依法办理提请批准逮捕手续;

(二)应当追究刑事责任,但不需要逮捕的,依法直接向人民检察院移送审查起诉,或者依法办理取保候审或者监视居住手续后,向人民检察院移送审查起诉;

(三)拘留期限届满,案件尚未办结,需要继续侦查的,依法办理取保候审或者监视居住手续;

(四)具有本规定第一百八十六条规定情形之一的,释放被拘留人,发给释放证明书;需要行政处理的,依法予以处理或者移送有关部门。

《高检规则》

第一百二十六条 人民检察院直接受理侦查的案件,拘留犯罪嫌疑人的羁押期限为十四日,特殊情况下可以延长一日至三日。

第一百四十二条 对于监察机关移送起诉的已采留置措施的案件,人民检察院应当在受理案件后,及时对犯罪嫌疑人作出拘留决定,交公安机关执行。执行拘留后,留置措施自动解除。

第一百四十三条 人民检察院应当在执行拘留后十日以内,作出是否逮捕、取保候审或者监视居住的决定。特殊情况下,决定的时间可以延长一日至四日。

人民检察院决定采取强制措施的期间不计入审查起诉期限。

考点35 **逮捕**

(一)逮捕的条件

第八十一条 [逮捕的条件]对有证据证明有犯罪事实,可能判处徒刑以上刑罚的犯罪嫌疑人、被告人,采取取保候审尚不足以防止发生下列社会危险性的,应当予以逮捕:

(一)可能实施新的犯罪的;

(二)有危害国家安全、公共安全或者社会秩序的现实危险的;

(三)可能毁灭、伪造证据,干扰证人作证或者串供的;

(四)可能对被害人、举报人、控告人实施打击报复的;

(五)企图自杀或者逃跑的。

批准或者决定逮捕,应当将犯罪嫌疑人、被告人涉嫌犯罪的性质、情节、认罪认罚等情况,作为是否可能发生社会危险性的考虑因素。

对有证据证明有犯罪事实,可能判处十年有期徒刑以上刑罚的,或者有证据证明有犯罪事实,可能判处徒刑以上刑罚,曾经故意犯罪或者身份不明的,应当予以逮捕。

被取保候审、监视居住的犯罪嫌疑人、被告人违反取保候审、监视居住规定,情节严重的,可以予以逮捕。

(二)逮捕的权限

第八十条 [逮捕的权限]逮捕犯罪嫌疑人、被告人,必须经过人民检察院批准或者人民法院决定,由公安机关执行。

《刑事诉讼法》

第八十九条　[批准逮捕权]人民检察院审查批准逮捕犯罪嫌疑人由检察长决定。重大案件应当提交检察委员会讨论决定。

第九十条　[审查批捕阶段的补充侦查]人民检察院对于公安机关提请批准逮捕的案件进行审查后,应当根据情况分别作出批准逮捕或者不批准逮捕的决定。对于批准逮捕的决定,公安机关应当立即执行,并且将执行情况及时通知人民检察院。对于不批准逮捕的,人民检察院应当说明理由,需要补充侦查的,应当同时通知公安机关。

《刑诉解释》

第一百六十七条　人民法院作出逮捕决定后,应当将逮捕决定书等相关材料送交公安机关执行,并将逮捕决定书抄送人民检察院。逮捕被告人后,人民法院应当将逮捕的原因和羁押的处所,在二十四小时以内通知其家属;确实无法通知的,应当记录在案。

《六机关规定》

17. 对于人民检察院批准逮捕的决定,公安机关应当立即执行,并将执行回执及时送达批准逮捕的人民检察院。如果未能执行,也应当将回执送达人民检察院,并写明未能执行的原因。对于人民检察院决定不批准逮捕的,公安机关在收到不批准逮捕决定书后,应当立即释放在押的犯罪嫌疑人或者变更强制措施,并将执行回执在收到不批准逮捕决定书后的三日内送达作出不批准逮捕决定的人民检察院。

《高检规则》

第二百八十二条　对公安机关提请批准逮捕的犯罪嫌疑人,已经被拘留的,人民检察院应当在收到提请批准逮捕书后七日以内作出是否批准逮捕的决定;未被拘留的,应当在收到提请批准逮捕书后十五日以内作出是否批准逮捕的决定,重大、复杂案件,不得超过二十日。

第二百八十八条　人民检察院办理公安机关提请批准逮捕的案件,发现遗漏应当逮捕的犯罪嫌疑人的,应当经检察长批准,要求公安机关提请批准逮捕。公安机关不提请批准逮捕或者说明的不提请批准逮捕的理由不成立的,人民检察院可以直接作出逮捕决定,送达公安机关执行。

第二百八十九条　对已经作出的批准逮捕决定发现确有错误的,人民检察院应当撤销原批准逮捕决定,送达公安机关执行。

对已经作出的不批准逮捕决定发现确有错误,需要批准逮捕的,人民检察院应当撤销原不批准逮捕决定,并重新作出批准逮捕决定,送达公安机关执行。

对因撤销原批准逮捕决定而被释放的犯罪嫌疑人或者逮捕后公安机关变更为取保候审、监视居住的犯罪嫌疑人,又发现需要逮捕的,人民检察院应当重新办理逮捕手续。

第二百九十四条　外国人、无国籍人涉嫌危害国家安全犯罪的案件或者涉及国与国之间政治、外交关系的案件以及在适用法律上确有疑难的案件,需要逮捕犯罪嫌疑人的,按照刑事诉讼法关于管辖的规定,分别由基层人民检察院或者设区的市级人民检察院审查并提出意见,层报最高人民检察院审查。最高人民检察院认为需要逮捕的,经征求外交部的意见后,作出批准逮捕的批复;认为不需要逮捕的,作出不批准逮捕的批复。基层人民检察院或者设区的市级人民检察院根据最高人民检察院的批复,依法作出批准或者不批准逮捕的决定。层报过程中,上级人民检察院认为不需要逮捕的,应当作出不批准逮捕的批复。报送的人民检察院根据批复依法作出不批准逮捕的决定。

基层人民检察院或者设区的市级人民检察院认为不需要逮捕的,可以直接依法作出不批准逮捕的决定。

外国人、无国籍人涉嫌本条第一款规定以外的其他犯罪案件,决定批准逮捕的人民检察院应当在作出批准逮捕决定后四十八小时以内报上一级人民检察院备案,同时向同级人民政府外事部门通报。上一级人民检察院经审查发现批准逮捕决定错误的,应当依法及时纠正。

第二百九十五条　人民检察院办理审查逮捕的危害国家安全犯罪案件,应当报上一级人民检察院备案。

上一级人民检察院经审查发现错误的,应当依法及时纠正。

(三)逮捕的通知和讯问

第八十八条　[审查逮捕时应当讯问的情形]人民检察院审查批准逮捕,可以讯问犯罪嫌疑人;有下列情形之一的,应当讯问犯罪嫌疑人:

(一)对是否符合逮捕条件有疑问的;

(二)犯罪嫌疑人要求向检察人员当面陈述的;

(三)侦查活动可能有重大违法行为的。

人民检察院审查批准逮捕,可以询问证人等诉讼参与人,听取辩护律师的意见;辩护律师提出要求的,应当听取辩护律师的意见。

第九十三条　[逮捕的程序与通知]公安机关逮捕人的时候,必须出示逮捕证。

逮捕后,应当立即将被逮捕人送看守所羁押。除无法通知的以外,应当在逮捕后二十四小时以内,通知被逮捕人的家属。

《刑事诉讼法》

第九十六条　[不当强制措施的撤销或变更]人民法院、人民检察院和公安机关如果发现对犯罪嫌疑人、被告人采取强制措施不当的,应当及时撤销或者变更。公安机关释放被逮捕的人或者变更逮捕措施的,应当通知原批准的人民检察院。

《刑诉解释》

第一百六十七条　人民法院作出逮捕决定后,应当将逮捕决定书等相关材料送交公安机关执行,并将逮捕决定书抄送人民检察院。逮捕被告人后,人民法院应当将逮捕的原因和羁押的处所,在二十四小时以内通知其家属;确实无法通知的,应当记录在案。

第一百六十八条　人民法院对决定逮捕的被告人,应当在逮捕后二十四小时以内讯问。发现不应当逮捕的,应当立即释放。必要时,可以依法变更强制措施。

· 86 ·

第一百七十条　被逮捕的被告人具有下列情形之一的，人民法院应当立即释放；必要时，可以依法变更强制措施：

（一）第一审人民法院判决被告人无罪、不负刑事责任或者免予刑事处罚的；

（二）第一审人民法院判处管制、宣告缓刑、单独适用附加刑，判决尚未发生法律效力的；

（三）被告人被羁押的时间已到第一审人民法院对其判处的刑期期限的；

（四）案件不能在法律规定的期限内审结的。

第一百七十一条　人民法院决定释放被告人的，应当立即将释放通知书送交公安机关执行。

《高检规则》

第二百八十条　人民检察院办理审查逮捕案件，可以讯问犯罪嫌疑人；具有下列情形之一的，应当讯问犯罪嫌疑人：

（一）对是否符合逮捕条件有疑问的；

（二）犯罪嫌疑人要求向检察人员当面陈述的；

（三）侦查活动可能有重大违法行为的；

（四）案情重大、疑难、复杂的；

（五）犯罪嫌疑人认罪认罚的；

（六）犯罪嫌疑人系未成年人的；

（七）犯罪嫌疑人是盲、聋、哑人或者是尚未完全丧失辨认或者控制自己行为能力的精神病人的。

讯问未被拘留的犯罪嫌疑人，讯问前应当听取公安机关的意见。

办理审查逮捕案件，对被拘留的犯罪嫌疑人不予讯问的，应当送达听取犯罪嫌疑人意见书，由犯罪嫌疑人填写后及时收回审查并附卷。经审查认为应当讯问犯罪嫌疑人的，应当及时讯问。

考点36　强制措施的变更和解除
羁押必要性审查

第九十五条　[羁押必要性审查] 犯罪嫌疑人、被告人被逮捕后，人民检察院仍应当对羁押的必要性进行审查。对不需要继续羁押的，应当建议予以释放或者变更强制措施。有关机关应当在十日以内将处理情况通知人民检察院。

《高检规则》

第五百七十三条　犯罪嫌疑人、被告人被逮捕后，人民检察院仍应当对羁押的必要性进行审查。

第五百七十四条　人民检察院在办案过程中可以依职权主动进行羁押必要性审查。

犯罪嫌疑人、被告人及其法定代理人、近亲属或者辩护人可以申请人民检察院进行羁押必要性审查。申请时应当说明不需要继续羁押的理由，有相关证据或者其他材料的应当提供。

看守所根据在押人员身体状况，可以建议人民检察院进行羁押必要性审查。

第五百七十五条　负责捕诉的部门依法对侦查和审判阶段的羁押必要性进行审查。经审查认为不需要羁押的，应当建议公安机关或者人民法院释放犯罪嫌疑人、被告人或者变更强制措施。

审查起诉阶段，负责捕诉的部门经审查认为不需要继续羁押的，应当直接释放犯罪嫌疑人或者变更强制措施。

负责刑事执行检察的部门收到有关材料或者发现不需要继续羁押的，应当及时将有关材料和意见移送负责捕诉的部门。

第五百七十六条　办案机关对应的同级人民检察院负责控告申诉检察的部门或者负责案件管理的部门收到羁押必要性审查申请后，应当在当日移送本院负责捕诉的部门。

其他人民检察院收到羁押必要性审查申请的，应当告知申请人向办案机关对应的同级人民检察院提出申请，或者在二日以内将申请材料移送办案机关对应的同级人民检察院，并告知申请人。

第五百七十七条　人民检察院可以采取以下方式进行羁押必要性审查：

（一）审查犯罪嫌疑人、被告人不需要继续羁押的理由和证明材料；

（二）听取犯罪嫌疑人、被告人及其法定代理人、辩护人的意见；

（三）听取被害人及其法定代理人、诉讼代理人的意见，了解是否达成和解协议；

（四）听取办案机关的意见；

（五）调查核实犯罪嫌疑人、被告人的身体健康状况；

（六）需要采取的其他方式。

必要时，可以依照有关规定进行公开审查。

专题九　附带民事诉讼

考点38　附带民事诉讼的提起与审判程序

1 第一百零一条　[附带民诉的提起] 被害人由于被告人的犯罪行为而遭受物质损失的，在刑事诉讼过程中，有权提起附带民事诉讼。被害人死亡或者丧失行为能力的，被害人的法定代理人、近亲属有权提起附带民事诉讼。

如果是国家财产、集体财产遭受损失的，人民检察院在提起公诉的时候，可以提起附带民事诉讼。

《刑诉解释》

第一百七十五条　被害人因人身权利受到犯罪侵犯或者财物被犯罪分子毁坏而遭受物质损失的，有权在刑事诉讼过程中提起附带民事诉讼；被害人死亡或者丧失行为能力的，其法定代理人、近亲属有权提起附带民事诉讼。

因受到犯罪侵犯，提起附带民事诉讼或者单独提起民事诉讼要求赔偿精神损失的，人民法院一般不予受理。

[2023年回忆~附带民事诉讼的赔偿范围]

第一百七十六条　被告人非法占有、处置被害人财产的，应当依法予以追缴或者责令退赔。被害人提起附带民事诉讼的，人民法院不予受理。追缴、退赔的情况，可以作为量刑情节考虑。

第一百七十七条　国家机关工作人员在行使职权时,侵犯他人人身、财产权利构成犯罪,被害人或者其法定代理人、近亲属提起附带民事诉讼的,人民法院不予受理,但应当告知其可以依法申请国家赔偿。

第一百七十八条　人民法院受理刑事案件后,对符合刑事诉讼法第一百零一条和本解释第一百七十五条第一款规定的,可以告知被害人或者其法定代理人、近亲属有权提起附带民事诉讼。

有权提起附带民事诉讼的人放弃诉讼权利的,应当准许,并记录在案。

第一百七十九条　国家财产、集体财产遭受损失,受损失的单位未提起附带民事诉讼,人民检察院在提起公诉时提起附带民事诉讼的,人民法院应当受理。

人民检察院提起附带民事诉讼的,应当列为附带民事诉讼原告人。

被告人非法占有、处置国家财产、集体财产的,依照本解释第一百七十六条的规定处理。

第一百八十一条　被害人或者其法定代理人、近亲属仅对部分共同侵害人提起附带民事诉讼的,人民法院应当告知其可以对其他共同侵害人,包括没有被追究刑事责任的共同侵害人,一并提起附带民事诉讼,但共同犯罪案件中同案犯在逃的除外。

被害人或者其法定代理人、近亲属放弃对其他共同侵害人的诉讼权利的,人民法院应当告知其相应法律后果,并在裁判文书中说明其放弃诉讼请求的情况。

第一百八十二条　附带民事诉讼的起诉条件是:
(一)起诉人符合法定条件;
(二)有明确的被告人;
(三)有请求赔偿的具体要求和事实、理由;
(四)属于人民法院受理附带民事诉讼的范围。

第一百八十三条　共同犯罪案件,同案犯在逃的,不应列为附带民事诉讼被告人。逃跑的同案犯到案后,被害人或者其法定代理人、近亲属可以对其提起附带民事诉讼,但已经从其他共同犯罪人处获得足额赔偿的除外。

第一百八十四条　附带民事诉讼应当在刑事案件立案后及时提起。

提起附带民事诉讼应当提交附带民事起诉状。

第一百八十五条　侦查、审查起诉期间,有权提起附带民事诉讼的人提出赔偿要求,经公安机关、人民检察院调解,当事人双方已经达成协议并全部履行,被害人或者其法定代理人、近亲属又提起附带民事诉讼的,人民法院不予受理,但有证据证明调解违反自愿、合法原则的除外。

第一百八十六条　被害人或者其法定代理人、近亲属提起附带民事诉讼的,人民法院应当在七日以内决定是否受理。符合刑事诉讼法第一百零一条以及本解释有关规定的,应当受理;不符合的,裁定不予受理。

第一百八十七条　人民法院受理附带民事诉讼后,应当在五日以内将附带民事起诉状副本送达附带民事诉讼被告人及其法定代理人,或者将口头起诉的内容及时通知附带民事诉讼被告人及其法定代理人,并制作笔录。

人民法院送达附带民事起诉状副本时,应当根据刑事案件的审理期限,确定被告人及其法定代理人的答辩准备时间。

第一百八十八条　附带民事诉讼当事人对自己提出的主张,有责任提供证据。

第一百九十五条　附带民事诉讼原告人经传唤,无正当理由拒不到庭,或者未经法庭许可中途退庭的,应当按撤诉处理。

刑事被告人以外的附带民事诉讼被告人经传唤,无正当理由拒不到庭,或者未经法庭许可中途退庭的,附带民事部分可以缺席判决。

刑事被告人以外的附带民事诉讼被告人下落不明,或者用公告送达以外的其他方式无法送达,可能导致刑事案件审判过分迟延的,可以不将其列为附带民事诉讼被告人,告知附带民事诉讼原告人另行提起民事诉讼。

② 第一百零二条　[财产保全] 人民法院在必要的时候,可以采取保全措施,查封、扣押或者冻结被告人的财产。附带民事诉讼原告人或者人民检察院可以申请人民法院采取保全措施。人民法院采取保全措施,适用民事诉讼法的有关规定。

《刑诉解释》

第一百八十九条　人民法院对可能因被告人的行为或者其他原因,使附带民事判决难以执行的案件,根据附带民事诉讼原告人的申请,可以裁定采取保全措施,查封、扣押或者冻结被告人的财产;附带民事诉讼原告人未提出申请的,必要时,人民法院也可以采取保全措施。

有权提起附带民事诉讼的人因情况紧急,不立即申请保全将会使其合法权益受到难以弥补的损害的,可以在提起附带民事诉讼前,向被保全财产所在地、被申请人居住地或者对案件有管辖权的人民法院申请采取保全措施。申请人在人民法院受理刑事案件后十五日以内未提起附带民事诉讼的,人民法院应当解除保全措施。

人民法院采取保全措施,适用民事诉讼法第一百条(现为第一百零三条)①至第一百零五条(现为第一百零八条)的有关规定,但民事诉讼法第一百零一条(现为第一百零四条)第三款的规定除外。

《民事诉讼法》

第一百零四条　利害关系人因情况紧急,不立即申请保全将会使其合法权益受到难以弥补的损害的,可以在提起诉讼或者申请仲裁前向被保全财产所在地、被申请人住所地或者对案件有管辖权的人民法院申请采取保全措施。申请人应当提供担保,不提供担保的,裁定驳回申请。

人民法院接受申请后,必须在四十八小时内作出裁定;裁定采取保全措施的,应当立即开始执行。

申请人在人民法院采取保全措施后三十日内不依法提起诉讼或者申请仲裁的,人民法院应当解除保全。

---

① 编者注,下同。

❸ **第一百零三条** ［附带民诉的调解］人民法院审理附带民事诉讼案件,可以进行调解,或者根据物质损失情况作出判决、裁定。

《刑诉解释》

第一百九十条 人民法院审理附带民事诉讼案件,可以根据自愿、合法的原则进行调解。经调解达成协议的,应当制作调解书。调解书经双方当事人签收后即具有法律效力。

调解达成协议并即时履行完毕的,可以不制作调解书,但应当制作笔录,经双方当事人、审判人员、书记员签名后即发生法律效力。

第一百九十一条 调解未达成协议或者调解书签收前当事人反悔的,附带民事诉讼应当同刑事诉讼一并判决。

第一百九十二条 对附带民事诉讼作出判决,应当根据犯罪行为造成的物质损失,结合案件具体情况,确定被告人应当赔偿的数额。

犯罪行为造成被害人人身损害的,应当赔偿医疗费、护理费、交通费等为治疗和康复支付的合理费用,以及因误工减少的收入。造成被害人残疾的,还应当赔偿残疾生活辅助具等费用;造成被害人死亡的,还应当赔偿丧葬费等费用。

驾驶机动车致人伤亡或者造成公私财产重大损失,构成犯罪的,依照《中华人民共和国道路交通安全法》第七十六条的规定确定赔偿责任。

附带民事诉讼当事人就民事赔偿问题达成调解、和解协议的,赔偿范围、数额不受第二款、第三款规定的限制。〔2023年回忆~赔偿数额〕

第一百九十七条 人民法院认定公诉案件被告人的行为不构成犯罪,对已经提起的附带民事诉讼,经调解不能达成协议的,可以一并作出刑事附带民事判决,也可以告知附带民事原告人另行提起民事诉讼。

人民法院准许人民检察院撤回起诉的公诉案件,对已经提起的附带民事诉讼,可以进行调解;不宜调解或者经调解不能达成协议的,应当裁定驳回起诉,并告知附带民事诉讼原告人可以另行提起民事诉讼。〔2014年真题~强制医疗案件中附带民事诉讼案件的审理〕

第一百九十八条 第一审期间未提起附带民事诉讼,在第二审期间提起的,第二审人民法院可以依法进行调解;调解不成的,告知当事人可以在刑事判决、裁定生效后另行提起民事诉讼。

第二百条 被害人或者其法定代理人、近亲属在刑事诉讼过程中未提起附带民事诉讼,另行提起民事诉讼的,人民法院可以进行调解,或者根据本解释第一百九十二条第二款、第三款的规定作出判决。

❹ **第一百零四条** ［附带民诉的审理］附带民事诉讼应当同刑事案件一并审判,只有为了防止刑事案件审判的过分迟延,才可以在刑事案件审判后,由同一审判组织继续审理附带民事诉讼。〔2022年回忆~附带民事诉讼〕

《刑诉解释》

第一百九十三条 人民检察院提起附带民事诉讼的,人民法院经审理,认为附带民事诉讼被告人依法应当承担赔偿责任的,应当判令附带民事诉讼被告人直接向遭受损失的单位作出赔偿;遭受损失的单位已经终止,有权利义务继承人的,应当判令其向继承人作出赔偿;没有权利义务继承人的,应当判令其向人民检察院交付赔偿款,由人民检察院上缴国库。

第一百九十六条 附带民事诉讼应当同刑事案件一并审判,只有为了防止刑事案件审判的过分迟延,才可以在刑事案件审判后,由同一审判组织继续审理附带民事诉讼;同一审判组织的成员确实不能继续参与审判的,可以更换。〔2022年回忆~附带民事诉讼的审理〕

第一百九十九条 人民法院审理附带民事诉讼案件,不收取诉讼费。〔2023年回忆~附带民事诉讼的诉讼费;2014年真题~强制医疗案件中附带民事诉讼案件的审理〕

专题十 期间、送达

考点39 期间

❶ **第一百零五条** ［期间计算］期间以时、日、月计算。

期间开始的时和日不算在期间以内。

法定期间不包括路途上的时间。上诉状或者其他文件在期满前已经交邮的,不算过期。

期间的最后一日为节假日的,以节假日后的第一日为期满日期,但犯罪嫌疑人、被告人或者罪犯在押期间,应当至期满之日为止,不得因节假日而延长。

《刑诉解释》

第二百零二条 以月计算的期间,自本月某日至下月同日为一个月;期限起算日为本月最后一日的,至下月最后一日为一个月;下月同日不存在的,自本月某日至下月最后一日为一个月;半个月一律按十五日计算。

以年计算的刑期,自本年本月某日至次年同月同日的前一日为一年;次年同月同日不存在的,自本年本月某日至次年同月最后一日的前一日为一年。以月计算的刑期,自本月某日至下月同日的前一日为一个月;刑期起算日为本月最后一日的,至下月最后一日的前一日为一个月;下月同日不存在的,自本月某日至下月最后一日的前一日为一个月;半个月一律按十五日计算。

第六百二十七条 审理申请没收违法所得案件的期限,参照公诉案件第一审普通程序和第二审程序的审理期限执行。

公告期间和请求刑事司法协助的时间不计入审理期限。

❷ **第一百零六条** ［期间的耽误与恢复］当事人由于不能抗拒的原因或者有其他正当理由而耽误期限的,在障碍消除后五日以内,可以申请继续进行应当在期满以前完成的诉讼活动。

前款申请是否准许,由人民法院裁定。

《刑诉解释》

第二百零三条 当事人由于不能抗拒的原因或者有

其他正当理由而耽误期限,依法申请继续进行应当在期满前完成的诉讼活动的,人民法院查证属实后,应当裁定准许。

考点40 送达

第一百零七条 [送达]送达传票、通知书和其他诉讼文件应当交给收件人本人;如果本人不在,可以交给他的成年家属或者所在单位的负责人员代收。

收件人本人或者代收人拒绝接收或者拒绝签名、盖章的时候,送达人可以邀请他的邻居或者其他见证人到场,说明情况,把文件留在他的住处,在送达证上记明拒绝的事由、送达的日期,由送达人签名,即认为已经送达。

《刑诉解释》

第二百零四条 送达诉讼文书,应当由收件人签收。收件人不在的,可以由其成年家属或者所在单位负责收件的人员代收。收件人或者代收人在送达回证上签收的日期为送达日期。

收件人或者代收人拒绝签收的,送达人可以邀请见证人到场,说明情况,在送达回证上注明拒收的事由和日期,由送达人、见证人签名或者盖章,将诉讼文书留在收件人、代收人的住处或者单位;也可以把诉讼文书留在受送达人的住处,并采用拍照、录像等方式记录送达过程,即视为送达。

第二百零五条 直接送达诉讼文书有困难的,可以委托收件人所在地的人民法院代为送达或者邮寄送达。

第二百零六条 委托送达的,应当将委托函、委托送达的诉讼文书及送达回证寄送受托法院。受托法院收到后,应当登记,在十日以内送达收件人,并将送达回证寄送委托法院;无法送达的,应当告知委托法院,并将诉讼文书及送达回证退回。

第二百零七条 邮寄送达的,应当将诉讼文书、送达回证邮寄给收件人。签收日期为送达日期。

第二百零八条 诉讼文书的收件人是军人的,可以通过其所在部队团级以上单位的政治部门转交。

收件人正在服刑的,可以通过执行机关转交。

收件人正在接受专门矫治教育等的,可以通过相关机构转交。

由有关部门、单位代为转交诉讼文书的,应当请有关部门、单位收到后立即交收件人签收,并将送达回证及时寄送人民法院。

第二编 分 论

专题十一 立 案

考点42 立案程序和立案监督
(一)立案程序

1 第一百零九条 [立案权]公安机关或者人民检察院发现犯罪事实或者犯罪嫌疑人,应当按照管辖范围,立案侦查。

2 第一百一十条 [立案材料来源]任何单位和个人发现有犯罪事实或者犯罪嫌疑人,有权利也有义务向公安机关、人民检察院或者人民法院报案或者举报。

被害人对侵犯其人身、财产权利的犯罪事实或者犯罪嫌疑人,有权向公安机关、人民检察院或者人民法院报案或者控告。

公安机关、人民检察院或者人民法院对于报案、控告、举报,都应当接受。对于不属于自己管辖的,应当移送主管机关处理,并且通知报案人、控告人、举报人;对于不属于自己管辖而又必须采取紧急措施的,应当先采取紧急措施,然后移送主管机关。

犯罪人向公安机关、人民检察院或者人民法院自首的,适用第三款规定。

3 第一百一十一条 [报案、控告、举报的形式、要求及保护措施]报案、控告、举报可以用书面或者口头提出。接受口头报案、控告、举报的工作人员,应当写成笔录,经宣读无误后,由报案人、控告人、举报人签名或者盖章。

接受控告、举报的工作人员,应当向控告人、举报人说明诬告应负的法律责任。但是,只要不是捏造事实,伪造证据,即使控告、举报的事实有出入,甚至是错告的,也要和诬告严格加以区别。

公安机关、人民检察院或者人民法院应当保障报案人、控告人、举报人及其近亲属的安全。报案人、控告人、举报人如果不愿公开自己的姓名和报案、控告、举报的行为,应当为他保守秘密。

《公安部规定》

第一百六十九条 公安机关对于公民扭送、报案、控告、举报或者犯罪嫌疑人自动投案的,都应当立即接受,问明情况,并制作笔录,经核对无误后,由扭送人、报案人、控告人、举报人、投案人签名、捺指印。必要时,应当对接受过程录音录像。

第一百七十一条 公安机关接受案件时,应当制作受案登记表和受案回执,并将受案回执交扭送人、报案人、控告人、举报人。扭送人、报案人、控告人、举报人无法取得联系或者拒绝接受回执的,应当在回执中注明。

第一百七十二条 公安机关接受控告、举报的工作人员,应当向控告人、举报人说明诬告应负的法律责任。但是,只要不是捏造事实、伪造证据,即使控告、举报的事实有出入,甚至是错告的,也要和诬告严格加以区别。

第一百七十三条 公安机关应当保障扭送人、报案人、控告人、举报人及其近亲属的安全。

扭送人、报案人、控告人、举报人如果不愿意公开自己的身份,应当为其保守秘密,并在材料中注明。

4 第一百一十二条 [对立案材料的处理]人民法院、人民检察院或者公安机关对于报案、控告、举报和自首的材料,应当按照管辖范围,迅速进行审查,认为有犯罪事实需要追究刑事责任的时候,应当立案;认为没有犯罪事实,或者犯罪事实显著轻微,不需要追究刑事责任的时候,不予立案,并且将不立案的原因通知控告人。控告人如果不服,可以申请复议。

《公安部规定》

第一百七十四条 对接受的案件,或者发现的犯罪线索,公安机关应当迅速进行审查。发现案件事实或者线索不明的,必要时,经办案部门负责人批准,可以进行调查核实。

调查核实过程中,公安机关可以依照有关法律和规定采取询问、查询、勘验、鉴定和调取证据材料等不限制被调查对象人身、财产权利的措施。但是,不得对被调查对象采取强制措施,不得查封、扣押、冻结调查对象的财产,不得采取技术侦查措施。

第一百七十八条 公安机关接受案件后,经审查,认为有犯罪事实需要追究刑事责任,且属于自己管辖的,经县级以上公安机关负责人批准,予以立案;认为没有犯罪事实,或者犯罪事实显著轻微不需要追究刑事责任,或者具有其他依法不追究刑事责任情形,经县级以上公安机关负责人批准,不予立案。

对有控告人的案件,决定不予立案的,公安机关应当制作不予立案通知书,并在三日以内送达控告人。

决定不予立案后又发现新的事实或者证据,或者发现原认定事实错误,需要追究刑事责任的,应当及时立案处理。

第一百七十九条 控告人对不予立案决定不服的,可以在收到不予立案通知书后七日以内向作出决定的公安机关申请复议;公安机关应当在收到复议申请后三十日以内作出决定,并将决定书送达控告人。

控告人对不予立案的复议决定不服的,可以在收到复议决定书后七日以内向上一级公安机关申请复核;上一级公安机关应当在收到复核申请后三十日以内作出决定。对上级公安机关撤销不予立案决定的,下级公安机关应当执行。

案情重大、复杂的,公安机关可以延长复议、复核时限,但是延长时限不得超过三十日,并书面告知申请人。

第一百八十二条 对人民检察院要求说明不立案理由的案件,公安机关应当在收到通知书后七日以内,对不立案的情况、依据和理由作出书面说明,回复人民检察院。公安机关作出立案决定的,应当将立案决定书复印件送达人民检察院。

人民检察院通知公安机关立案的,公安机关应当在收到通知书后十五日以内立案,并将立案决定书复印件送达人民检察院。

第一百八十三条 人民检察院认为公安机关不应当立案而立案,提出纠正意见的,公安机关应当进行调查核实,并将有关情况回复人民检察院。

《高检规则》

第一百七十一条 人民检察院对于直接受理的案件,经审查认为有犯罪事实需要追究刑事责任的,应当制作立案报告书,经检察长批准后予以立案。

符合立案条件,但犯罪嫌疑人尚未确定的,可以依据已查明的犯罪事实作出立案决定。

对具有下列情形之一的,报请检察长决定不予立案:

(一)具有刑事诉讼法第十六条规定情形之一的;

(二)认为没有犯罪事实的;

(三)事实或者证据尚不符合立案条件的。

第一百七十二条 对于其他机关或者本院其他办案部门移送的案件线索,决定不予立案的,负责侦查的部门应当制作不予立案通知书,写明案由和案件来源、决定不立案的原因和法律依据,自作出不立案决定之日起十日以内送达移送案件线索的机关或者部门。

(二)立案监督

第一百一十三条 [立案监督]人民检察院认为公安机关对应当立案侦查的案件而不立案侦查的,或者被害人认为公安机关对应当立案侦查的案件而不立案侦查,向人民检察院提出的,人民检察院应当要求公安机关说明不立案的理由。人民检察院认为公安机关不立案理由不能成立的,应当通知公安机关立案,公安机关接到通知后应当立案。

《高检规则》

第五百五十七条 被害人及其法定代理人、近亲属或者行政执法机关,认为公安机关对其控告或者移送的案件应当立案侦查而不立案侦查,或者当事人认为公安机关不应当立案而立案,向人民检察院提出的,人民检察院应当受理并进行审查。

人民检察院发现公安机关可能存在应当立案侦查而不立案侦查情形的,应当依法进行审查。

人民检察院接到控告、举报或者发现行政执法机关不移送涉嫌犯罪案件的,经检察长批准,应当向行政执法机关提出检察意见,要求其按照管辖规定向公安机关移送涉嫌犯罪案件。

第五百五十九条 人民检察院经审查,认为需要公安机关说明不立案理由的,应当要求公安机关书面说明不立案的理由。

对于有证据证明公安机关可能存在违法动用刑事手段插手民事、经济纠纷,或者利用立案实施报复陷害、敲诈勒索以及谋取其他非法利益等违法立案情形,尚未提请批准逮捕或者移送起诉的,人民检察院应当要求公安机关书面说明立案理由。

第五百六十条 人民检察院要求公安机关说明不立案或者立案理由,应当书面通知公安机关,并且告知公安机关在收到通知后七日以内,书面说明不立案或者立案的情况、依据和理由,连同有关证据材料回复人民检察院。

第五百六十一条 公安机关说明不立案或者立案的理由后,人民检察院应当进行审查。认为公安机关不立案或者立案理由不能成立的,经检察长决定,应当通知公安机关立案或者撤销案件。

人民检察院认为公安机关不立案或者立案理由成立的,应当在十日以内将不立案或者立案的依据和理由告知被害人及其法定代理人、近亲属或者行政执法机关。

第五百六十三条 人民检察院通知公安机关立案或者撤销案件,应当制作通知立案书或者通知撤销案件书,说明依据和理由,连同证据材料送达公安机关,并且告知公安机关应当在收到通知立案书后十五日以内立案,对通知撤销案件书没有异议的应当立即撤销案件,并将立案决定书或者撤销案件决定书及时送达人民检察院。

第五百六十四条 人民检察院通知公安机关立案或者撤销案件的,应当依法对执行情况进行监督。

公安机关在收到通知立案书或者通知撤销案件书后超过十五日不予立案或者未要求复议、提请复核也不撤销案件的,人民检察应当发出纠正违法通知书。公安机关仍不纠正的,报上一级人民检察院协商同级公安机关处理。

公安机关立案后三个月以内未侦查终结的,人民检察院可以向公安机关发出立案监督案件催办函,要求公安机关及时向人民检察院反馈侦查工作进展情况。

第五百六十六条 人民检察院负责捕诉的部门发现本院负责侦查的部门对应当立案侦查的案件不立案侦查或者对不应当立案侦查的案件立案侦查的,应当建议负责侦查的部门立案侦查或者撤销案件。建议不被采纳的,应当报请检察长决定。

《六机关规定》

18. 刑事诉讼法第一百一十一条(现第一百一十三条)规定:"人民检察院认为公安机关对应当立案侦查的案件而不立案侦查的,或者被害人认为公安机关对应当立案侦查的案件而不立案侦查,向人民检察院提出的,人民检察院应当要求公安机关说明不立案的理由。人民检察院认为公安机关不立案理由不能成立的,应当通知公安机关立案,公安机关接到通知后应当立案。"根据上述规定,公安机关收到人民检察院要求说明不立案理由通知书后,应当在七日内将说明情况书面答复人民检察院。人民检察院认为公安机关不立案理由不能成立,发出通知立案书时,应当将有关证明应当立案的材料同时移送公安机关。公安机关收到通知立案书后,应当在十五日内决定立案,并将立案决定书送达人民检察院。

专题十二 侦 查

考点43 侦查行为

(一)讯问犯罪嫌疑人

1 第一百一十八条 [讯问主体和地点]讯问犯罪嫌疑人必须由人民检察院或者公安机关的侦查人员负责进行。讯问的时候,侦查人员不得少于二人。

犯罪嫌疑人被送交看守所羁押以后,侦查人员对其进行讯问,应当在看守所内进行。

《高检规则》

第一百八十二条 讯问犯罪嫌疑人,由检察人员负责进行。讯问时,检察人员或者检察人员和书记员不得少于二人。

讯问同案的犯罪嫌疑人,应当个别进行。

《公安部规定》

第二百零二条 讯问犯罪嫌疑人,必须由侦查人员进行。讯问的时候,侦查人员不得少于二人。

讯问同案的犯罪嫌疑人,应当个别进行。

2 第一百一十九条 [传唤和拘传犯罪嫌疑人]对不需要逮捕、拘留的犯罪嫌疑人,可以传唤到犯罪嫌疑人所在市、县内的指定地点或者到他的住处进行讯问,但是应当出示人民检察院或者公安机关的证明文件。对在现场发现的犯罪嫌疑人,经出示工作证件,可以口头传唤,但应当在讯问笔录中注明。

传唤、拘传持续的时间不得超过十二小时;案情特别重大、复杂,需要采取拘留、逮捕措施的,传唤、拘传持续的时间不得超过二十四小时。

不得以连续传唤、拘传的形式变相拘禁犯罪嫌疑人。传唤、拘传犯罪嫌疑人,应当保证犯罪嫌疑人的饮食和必要的休息时间。〔2022年回忆~传唤、拘传〕

《高检规则》

第八十三条 拘传的时间从犯罪嫌疑人到案时开始计算。犯罪嫌疑人到案后,应当责令其在拘传证上填写到案时间,签名或者盖章,并捺指印,然后立即讯问。拘传结束后,应当责令犯罪嫌疑人在拘传证上填写拘传结束时间。犯罪嫌疑人拒绝填写的,应当在拘传证上注明。

一次拘传持续的时间不得超过十二小时;案情特别重大、复杂,需要采取拘留、逮捕措施的,拘传持续的时间不得超过二十四小时。两次拘传间隔的时间一般不得少于十二小时,不得以连续拘传的方式变相拘禁犯罪嫌疑人。

拘传犯罪嫌疑人,应当保证犯罪嫌疑人的饮食和必要的休息时间。

第八十四条 人民检察院拘传犯罪嫌疑人,应当在犯罪嫌疑人所在市、县内的地点进行。

犯罪嫌疑人工作单位与居住地不在同一市、县的,拘传应当在犯罪嫌疑人工作单位所在的市、县内进行;特殊情况下,也可以在犯罪嫌疑人居住地所在的市、县内进行。

第八十五条 需要对被拘传的犯罪嫌疑人变更强制措施的,应当在拘传期限内办理变更手续。

在拘传期间决定不采取其他强制措施的,拘传期限届满,应当结束拘传。

第一百八十三条 对于不需要逮捕、拘留的犯罪嫌疑人,可以传唤到犯罪嫌疑人所在市、县内的指定地点或者到他的住处进行讯问。

传唤犯罪嫌疑人,应当出示传唤证和工作证件,并责令犯罪嫌疑人在传唤证上签名或者盖章,并捺指印。

犯罪嫌疑人到案后,应当由其在传唤证上填写到案时间。传唤结束时,应当由其在传唤证上填写传唤结束时间。拒绝填写的,应当在传唤证上注明。

对在现场发现的犯罪嫌疑人,经出示工作证件,可以口头传唤,并将传唤的原因和依据告知被传唤人。在讯问笔录中应当注明犯罪嫌疑人到案时间、到案经过和传唤结束时间。

本规则第八十四条第二款的规定适用于传唤犯罪嫌疑人。

第一百八十四条 传唤犯罪嫌疑人时,其家属在场的,应当当场将传唤的原因和处所口头告知其家属,并在讯问笔录中注明。其家属不在场的,应当及时将传唤的原因和处所通知被传唤人家属。无法通知的,应当在讯问笔录中注明。

第一百八十五条　传唤持续的时间不得超过十二小时。案情特别重大、复杂,需要采取拘留、逮捕措施的,传唤持续的时间不得超过二十四小时。两次传唤间隔的时间一般不得少于十二小时,不得以连续传唤的方式变相拘禁犯罪嫌疑人。

传唤犯罪嫌疑人,应当保证犯罪嫌疑人的饮食和必要的休息时间。

第一百八十六条　犯罪嫌疑人被送交看守所羁押后,检察人员对其进行讯问,应当填写提讯、提解证,在看守所讯问室进行。

因辨认、鉴定、侦查实验或者追缴犯罪有关财物的需要,经检察长批准,可以提押犯罪嫌疑人出所,并应当由两名以上司法警察押解。不得以讯问为目的将犯罪嫌疑人提押出所进行讯问。

《公安部规定》

第七十八条　公安机关根据案件情况对需要拘传的犯罪嫌疑人,或者经过传唤没有正当理由不到案的犯罪嫌疑人,可以拘传到其所在市、县公安机关执法办案场所进行讯问。

需要拘传的,应当填写呈请拘传报告书,并附有关材料,报县级以上公安机关负责人批准。〔2022年回忆~拘传〕

第七十九条　公安机关拘传犯罪嫌疑人应当出示拘传证,并责令其在拘传证上签名、捺指印。

犯罪嫌疑人到案后,应当责令其在拘传证上填写到案时间;拘传结束后,应当由其在拘传证上填写拘传结束时间。犯罪嫌疑人拒绝填写的,侦查人员应当在拘传证上注明。〔2022年回忆~拘传〕

第八十条　拘传持续的时间不得超过十二小时;案情特别重大、复杂,需要采取拘留、逮捕措施的,经县级以上公安机关负责人批准,拘传持续的时间不得超过二十四小时。不得以连续拘传的形式变相拘禁犯罪嫌疑人。

拘传期限届满,未作出采取其他强制措施决定的,应当立即结束拘传。〔2022年回忆~拘传〕

第一百九十八条　讯问犯罪嫌疑人,除下列情形以外,应当在公安机关执法办案场所的讯问室进行:

(一)紧急情况下在现场进行讯问的;

(二)对有严重伤病或者残疾、行动不便,以及正在怀孕的犯罪嫌疑人,在其住处或者就诊的医疗机构进行讯问的。

对于已送交看守所羁押的犯罪嫌疑人,应当在看守所讯问室进行讯问。

对于正在被执行行政拘留、强制隔离戒毒的人员以及正在监狱服刑的罪犯,可以在其执行场所进行讯问。

对于不需要拘留、逮捕的犯罪嫌疑人,经办案部门负责人批准,可以传唤到犯罪嫌疑人所在市、县公安机关执法办案场所或者到他的住处进行讯问。

第一百九十九条　传唤犯罪嫌疑人时,应当出示传唤证和侦查人员的人民警察证,并责令其在传唤证上签名、捺指印。

犯罪嫌疑人到案后,应当由其在传唤证上填写到案时间。传唤结束时,应当由其在传唤证上填写传唤结束时间。犯罪嫌疑人拒绝填写的,侦查人员应当在传唤证上注明。

对在现场发现的犯罪嫌疑人,侦查人员经出示人民警察证,可以口头传唤,并将传唤的原因和依据告知被传唤人。在讯问笔录中应当注明犯罪嫌疑人到案方式,并由犯罪嫌疑人注明到案时间和传唤结束时间。

对自动投案或者群众扭送到公安机关的犯罪嫌疑人,可以依法传唤。

第二百条　传唤持续的时间不得超过十二小时。案情特别重大、复杂,需要采取拘留、逮捕措施的,经办案部门负责人批准,传唤持续的时间不得超过二十四小时。不得以连续传唤的形式变相拘禁犯罪嫌疑人。

传唤期限届满,未作出采取其他强制措施决定的,应当立即结束传唤。

第二百零一条　传唤、拘传、讯问犯罪嫌疑人,应当保证犯罪嫌疑人的饮食和必要的休息时间,并记录在案。

3 第一百二十条　[对如实供述从宽处理] 侦查人员在讯问犯罪嫌疑人的时候,应当首先讯问犯罪嫌疑人是否有犯罪行为,让他陈述有罪的情节或者无罪的辩解,然后向他提出问题。犯罪嫌疑人对侦查人员的提问,应当如实回答。但是对与本案无关的问题,有拒绝回答的权利。

侦查人员在讯问犯罪嫌疑人的时候,应当告知犯罪嫌疑人享有的诉讼权利,如实供述自己罪行可以从宽处理和认罪认罚的法律规定。

《高检规则》

第一百八十七条　讯问犯罪嫌疑人一般按照下列顺序进行:

(一)核实犯罪嫌疑人的基本情况,包括姓名、出生年月日、户籍地、公民身份证号码、民族、职业、文化程度、工作单位及职务、住所、家庭情况、社会经历、是否属于人大代表、政协委员等;

(二)告知犯罪嫌疑人在侦查阶段的诉讼权利,有权自行辩护或者委托律师辩护,告知其如实供述自己罪行可以依法从宽处理和认罪认罚的法律规定;

(三)讯问犯罪嫌疑人是否有犯罪行为,让他陈述有罪的事实或者无罪的辩解,应当允许其连贯陈述。

犯罪嫌疑人对检察人员的提问,应当如实回答。但是对与本案无关的问题,有拒绝回答的权利。

讯问犯罪嫌疑人时,应当告知犯罪嫌疑人将对讯问进行全程同步录音、录像。告知情况应当在录音、录像中予以反映,并记明笔录。

讯问时,对犯罪嫌疑人提出的辩解要认真查核。严禁刑讯逼供和以威胁、引诱、欺骗以及其他非法的方法获取供述。

《公安部规定》

第二百零三条　侦查人员讯问犯罪嫌疑人时,应当首先讯问犯罪嫌疑人是否有犯罪行为,并告知犯罪嫌疑人享有的诉讼权利,如实供述自己罪行可以从宽处理以及认罪认罚的法律规定,让他陈述有罪的情节或者无罪的辩解,然后向他提出问题。

犯罪嫌疑人对侦查人员的提问,应当如实回答。但是对与本案无关的问题,有拒绝回答的权利。

第一次讯问,应当问明犯罪嫌疑人的姓名、别名、曾用名、出生年月日、户籍所在地、现住地、籍贯、出生地、民族、职业、文化程度、政治面貌、工作单位、家庭情况、社会经历,是否属于人大代表、政协委员,是否受过刑事处罚或者行政处理等情况。

4 第一百二十一条 [讯问聋、哑人的要求]讯问聋、哑的犯罪嫌疑人,应当有通晓聋、哑手势的人参加,并且将这种情况记明笔录。

《刑诉解释》

第九十四条 被告人供述具有下列情形之一的,不得作为定案的根据:
……
(二)讯问聋、哑人,应当提供通晓聋、哑手势的人员而未提供的;
……

《公安部规定》

第二百零四条 讯问聋、哑的犯罪嫌疑人,应当有通晓聋、哑手势的人参加,并在讯问笔录上注明犯罪嫌疑人的聋、哑情况,以及翻译人员的姓名、工作单位和职业。

讯问不通晓当地语言文字的犯罪嫌疑人,应当配备翻译人员。

5 第一百二十二条 [讯问笔录与书面供词]讯问笔录应当交犯罪嫌疑人核对,对于没有阅读能力的,应当向他宣读。如果记载有遗漏或者差错,犯罪嫌疑人可以提出补充或者改正。犯罪嫌疑人承认笔录没有错误后,应当签名或者盖章。侦查人员也应当在笔录上签名。犯罪嫌疑人请求自行书写供述的,应当准许。必要的时候,侦查人员也可以要犯罪嫌疑人亲笔书写供词。

6 第一百二十三条 [讯问过程同步录音、录像]侦查人员在讯问犯罪嫌疑人的时候,可以对讯问过程进行录音或者录像;对于可能判处无期徒刑、死刑的案件或者其他重大犯罪案件,应当对讯问过程进行录音或者录像。

录音或者录像应当全程进行,保持完整性。

《高检规则》

第一百九十条 人民检察院办理直接受理侦查的案件,应当在每次讯问犯罪嫌疑人时,对讯问过程实行全程录音、录像,并在讯问笔录中注明。

《公安部规定》

第二百零八条 讯问犯罪嫌疑人,在文字记录的同时,可以对讯问过程进行录音录像。对于可能判处无期徒刑、死刑的案件或者其他重大犯罪案件,应当对讯问过程进行录音录像。

前款规定的"可能判处无期徒刑、死刑的案件",是指应当适用的法定刑或者量刑档次包含无期徒刑、死刑的案件。"其他重大犯罪案件",是指致人重伤、死亡严重

危害公共安全犯罪、严重侵犯公民人身权利犯罪,以及黑社会性质组织犯罪、严重毒品犯罪等重大故意犯罪案件。

对讯问过程录音录像的,应当对每一次讯问全程不间断进行,保持完整性。不得选择性地录制,不得剪接、删改。

(二)搜查

1 第一百三十八条 [搜查证]进行搜查,必须向被搜查人出示搜查证。

在执行逮捕、拘留的时候,遇有紧急情况,不另用搜查证也可以进行搜查。

《高检规则》

第二百零五条 搜查时,应当向被搜查人或者他的家属出示搜查证。

在执行逮捕、拘留的时候,遇有下列紧急情况之一,不另用搜查证也可以进行搜查:
(一)可能随身携带凶器的;
(二)可能隐藏爆炸、剧毒等危险物品的;
(三)可能隐匿、毁弃、转移犯罪证据的;
(四)可能隐匿其他犯罪嫌疑人的;
(五)其他紧急情况。

搜查结束后,搜查人员应当在二十四小时以内补办有关手续。

《公安部规定》

第二百二十三条 进行搜查,必须向被搜查人出示搜查证,执行搜查的侦查人员不得少于二人。

第二百二十四条 执行拘留、逮捕的时候,遇有下列紧急情况之一的,不用搜查证也可以进行搜查:
(一)可能随身携带凶器的;
(二)可能隐藏爆炸、剧毒等危险物品的;
(三)可能隐匿、毁弃、转移犯罪证据的;
(四)可能隐匿其他犯罪嫌疑人的;
(五)其他突然发生的紧急情况。

2 第一百三十九条 [搜查程序]在搜查的时候,应当有被搜查人或者他的家属,邻居或者其他见证人在场。

搜查妇女的身体,应当由女工作人员进行。

《高检规则》

第二百零七条 搜查时,如果遇到阻碍,可以强制进行搜查。对以暴力、威胁方法阻碍搜查的,应当予以制止,或者由司法警察将其带离现场。阻碍搜查构成犯罪的,应当依法追究刑事责任。

(三)技术侦查措施

1 第一百五十条 [技术侦查措施的适用情形]公安机关在立案后,对于危害国家安全犯罪、恐怖活动犯罪、黑社会性质的组织犯罪、重大毒品犯罪或者其他严重危害社会的犯罪案件,根据侦查犯罪的需要,经过严格的批准手续,可以采取技术侦查措施。

人民检察院在立案后,对于利用职权实施的严重侵犯公民人身权利的重大犯罪案件,根据侦查犯罪的需要,经过严格的批准手续,可以采取技术侦查措施,按照规定交有关机关执行。

追捕被通缉或者批准、决定逮捕的在逃的犯罪嫌疑人、被告人,经过批准,可以采取追捕所必需的技术侦查措施。[2013年真题~检察机关技术侦查措施的适用;技术侦查措施的适用条件]

《高检规则》

第二百二十七条 人民检察院在立案后,对于利用职权实施的严重侵犯公民人身权利的重大犯罪案件,经过严格的批准手续,可以采取技术侦查措施,交有关机关执行。

第二百二十八条 人民检察院办理直接受理侦查的案件,需要追捕被通缉或者决定逮捕的在逃犯罪嫌疑人、被告人的,经过批准,可以采取追捕所必需的技术侦查措施,不受本规则第二百二十七条规定的案件范围的限制。

《公安部规定》

第二百六十三条 公安机关在立案后,根据侦查犯罪的需要,可以对下列严重危害社会的犯罪案件采取技术侦查措施:

(一)危害国家安全犯罪、恐怖活动犯罪、黑社会性质的组织犯罪、重大毒品犯罪案件;

(二)故意杀人、故意伤害致人重伤或者死亡、强奸、抢劫、绑架、放火、爆炸、投放危险物质等严重暴力犯罪案件;

(三)集团性、系列性、跨区域性重大犯罪案件;

(四)利用电信、计算机网络、寄递渠道等实施的重大犯罪案件,以及针对计算机网络实施的重大犯罪案件;

(五)其他严重危害社会的犯罪案件,依法可能判处七年以上有期徒刑的。

公安机关追捕被通缉或者批准、决定逮捕的在逃的犯罪嫌疑人、被告人,可以采取追捕所必需的技术侦查措施。

第二百六十四条 技术侦查措施是指由设区的市一级以上公安机关负责技术侦查的部门实施的记录监控、行踪监控、通信监控、场所监控等措施。

技术侦查措施的适用对象是犯罪嫌疑人、被告人以及与犯罪活动直接关联的人员。

第二百六十五条 需要采取技术侦查措施的,应当制作呈请采取技术侦查措施报告书,报设区的市一级以上公安机关负责人批准,制作采取技术侦查措施决定书。

人民检察院等部门决定采取技术侦查措施,交公安机关执行的,由设区的市一级以上公安机关按照规定办理相关手续后,交负责技术侦查的部门执行,并将执行情况通知人民检察院等部门。

❷ 第一百五十一条 [技术侦查措施的期限] 批准决定应当根据侦查犯罪的需要,确定采取技术侦查措施的种类和适用对象。批准决定自签发之日起三个月以内有效。对于不需要继续采取技术侦查措施的,应当及时解除;对复杂、疑难案件,期限届满仍有必要继续采取技术侦查措施的,经过批准,有效期可以延长,每次不得超过三个月。[2013年真题~技术侦查措施的适用条件]

《高检规则》

第二百二十九条 人民检察院采取技术侦查措施应当根据侦查犯罪的需要,确定采取技术侦查措施的种类和适用对象,按照有关规定报请批准。批准决定自签发之日起三个月以内有效。对于不需要继续采取技术侦查措施的,应当及时解除;对复杂、疑难案件,期限届满仍

有必要继续采取技术侦查措施的,应当在期限届满前十日以内制作呈请延长技术侦查措施期限报告书,写明延长的期限及理由,经过原批准机关批准,有效期可以延长,每次不得超过三个月。

采取技术侦查措施收集的材料作为证据使用的,批准采取技术侦查措施的法律文书应当附卷,辩护律师可以依法查阅、摘抄、复制。

《公安部规定》

第二百六十六条 批准采取技术侦查措施的决定自签发之日起三个月以内有效。

在有效期限内,对不需要继续采取技术侦查措施的,办案部门应当立即书面通知负责技术侦查的部门解除技术侦查措施;负责技术侦查的部门认为需要解除技术侦查措施的,报批准机关负责人批准,制作解除技术侦查措施决定书,并及时通知办案部门。

对复杂、疑难案件,采取技术侦查措施的有效期限届满仍需要继续采取技术侦查措施的,经负责技术侦查的部门审核后,报批准机关负责人批准,制作延长技术侦查措施期限决定书。批准延长期限,每次不得超过三个月。

有效期限届满,负责技术侦查的部门应当立即解除技术侦查措施。

《六机关规定》

20. 刑事诉讼法第一百四十九条(现第一百五十一条)中规定:"批准决定应当根据侦查犯罪的需要,确定采取技术侦查措施的种类和适用对象。"采取技术侦查措施收集的材料作为证据使用的,批准采取技术侦查措施的法律文书应当附卷,辩护律师可以依法查阅、摘抄、复制,在审判过程中可以向法庭出示。

❸ 第一百五十二条 [侦查措施的实施] 采取技术侦查措施,必须严格按照批准的措施种类、适用对象和期限执行。

侦查人员对采取技术侦查措施过程中知悉的国家秘密、商业秘密和个人隐私,应当保密;对采取技术侦查措施获取的与案件无关的材料,必须及时销毁。

采取技术侦查措施获取的材料,只能用于对犯罪的侦查、起诉和审判,不得用于其他用途。

公安机关依法采取技术侦查措施,有关单位和个人应当配合,并对有关情况予以保密。[2013年真题~技术侦查措施的适用条件]

《高检规则》

第二百三十条 采取技术侦查措施收集的物证、书证及其他证据材料,检察人员应当制作相应的说明材料,写明获取证据的时间、地点、数量、特征以及采取技术侦查措施的批准机关、种类等,并签名和盖章。

对于使用技术侦查措施获取的证据材料,如果可能危及特定人员的人身安全、涉及国家秘密或者公开后可能暴露侦查秘密或者严重损害商业秘密、个人隐私的,应当采取不暴露有关人员身份、技术方法等保护措施。必要时,可以建议不在法庭上质证,由审判人员在庭外对证据进行核实。

第二百三十一条 检察人员对采取技术侦查措施过

程中知悉的国家秘密、商业秘密和个人隐私,应当保密;对采取技术侦查措施获取的与案件无关的材料,应当及时销毁,并对销毁情况制作记录。

采取技术侦查措施获取的证据、线索及其他有关材料,只能用于对犯罪的侦查、起诉和审判,不得用于其他用途。

《公安部规定》

第二百六十七条 采取技术侦查措施,必须严格按照批准的措施种类、适用对象和期限执行。

在有效期限内,需要变更技术侦查措施种类或者适用对象的,应当按照本规定第二百六十五条规定重新办理批准手续。

第二百六十八条 采取技术侦查措施收集的材料在刑事诉讼中可以作为证据使用。使用技术侦查措施收集的材料作为证据时,可能危及有关人员的人身安全,或者可能产生其他严重后果的,应当采取不暴露有关人员身份和使用的技术设备、侦查方法等保护措施。

采取技术侦查措施收集的材料作为证据使用的,采取技术侦查措施决定书应当附卷。

第二百六十九条 采取技术侦查措施收集的材料,应当严格依照有关规定存放,只能用于对犯罪的侦查、起诉和审判,不得用于其他用途。

采取技术侦查措施收集的与案件无关的材料,必须及时销毁,并制作销毁记录。

第二百七十条 侦查人员对采取技术侦查措施过程中知悉的国家秘密、商业秘密和个人隐私,应当保密。

公安机关依法采取技术侦查措施,有关单位和个人应当配合,并对有关情况予以保密。

《刑诉解释》

第一百一十六条第一款 依法采取技术调查、侦查措施收集的材料在刑事诉讼中可以作为证据使用。

第一百一十八条 移送技术调查、侦查证据材料的,应当附采取技术调查、侦查措施的法律文书、技术调查、侦查证据材料清单和有关说明材料。

移送采用技术调查、侦查措施收集的视听资料、电子数据的,应当制作新的存储介质,并附制作说明,写明原始证据材料、原始存储介质的存放地点等信息,由制作人签名,并加盖单位印章。

第一百一十九条 对采取技术调查、侦查措施收集的证据材料,除根据相关证据材料所属的证据种类,依照本章第二节至第七节的相应规定进行审查外,还应当着重审查以下内容:

(一)技术调查、侦查措施所针对的案件是否符合法律规定;

(二)技术调查措施是否经过严格的批准手续,按照规定交有关机关执行;技术侦查措施是否在刑事立案后,经过严格的批准手续;

(三)采取技术调查、侦查措施的种类、适用对象和期限是否按照批准决定载明的内容执行;

(四)采取技术调查、侦查措施收集的证据材料与其他证据是否矛盾;存在矛盾的,能否得到合理解释。

第一百二十条 采取技术调查、侦查措施收集的证据材料,应当经过当庭出示、辨认、质证等法庭调查程序查证。

当庭调查技术调查、侦查证据材料可能危及有关人员的人身安全,或者可能产生其他严重后果的,法庭应当采取不暴露有关人员身份和技术调查、侦查措施使用的技术设备、技术方法等保护措施。必要时,审判人员可以在庭外对证据进行核实。

第一百二十一条 采用技术调查、侦查证据作为定案根据的,人民法院在裁判文书中可以表述相关证据的名称、证据种类和证明对象,但不得表述有关人员身份和技术调查、侦查措施使用的技术设备、技术方法等。

4 第一百五十三条 [秘密侦查、控制下交付]为了查明案情,在必要的时候,经公安机关负责人决定,可以由有关人员隐匿其身份实施侦查。但是,不得诱使他人犯罪,不得采用可能危害公共安全或者发生重大人身危险的方法。

对涉及给付毒品等违禁品或者财物的犯罪活动,公安机关根据侦查犯罪的需要,可以依照规定实施控制下交付。〔2013年真题~技术侦查措施的适用条件〕

5 第一百五十四条 [特殊侦查措施获得材料的证据效力]依照本节规定采取侦查措施收集的材料在刑事诉讼中可以作为证据使用。如果使用该证据可能危及有关人员的人身安全,或者可能产生其他严重后果的,应当采取不暴露有关人员身份、技术方法等保护措施,必要的时候,可以由审判人员在庭外对证据进行核实。〔2013年真题~技术侦查措施的适用条件〕

考点44 侦查终结
(一)侦查终结的条件和手续

1 第一百六十一条 [听取辩护律师意见]在案件侦查终结前,辩护律师提出要求的,侦查机关应当听取辩护律师的意见,并记录在案。辩护律师提出书面意见的,应当附卷。

2 第一百六十二条 [侦查终结的条件和手续]公安机关侦查终结的案件,应当做到犯罪事实清楚,证据确实、充分,并且写出起诉意见书,连同案卷材料、证据一并移送同级人民检察院审查决定;同时将案件移送情况告知犯罪嫌疑人及其辩护师。

犯罪嫌疑人自愿认罪的,应当记录在案,随案移送,并在起诉意见书中写明有关情况。〔2011年真题~犯罪认定标准〕

《公安部规定》

第二百八十四条 对侦查终结的案件,公安机关应当全面审查证明证据收集合法性的证据材料,依法排除非法证据。排除非法证据后证据不足的,不得移送审查起诉。

公安机关发现侦查人员非法取证的,应当依法作出处理,并可另行指派侦查人员重新调查取证。

第二百八十六条 侦查终结案件的处理,由县级以上公安机关负责人批准;重大、复杂、疑难的案件应当经过集体讨论。

第二百八十七条　侦查终结后,应当将全部案卷材料按照要求装订立卷。

向人民检察院移送案件时,只移送诉讼卷,侦查卷由公安机关存档备查。

第二百八十九条　对侦查终结的案件,应当制作起诉意见书,经县级以上公安机关负责人批准后,连同全部案卷材料、证据,以及辩护律师提出的意见,一并移送同级人民检察院审查决定;同时将案件移送情况告知犯罪嫌疑人及其辩护律师。

犯罪嫌疑人自愿认罪的,应当记录在案,随案移送,并在起诉意见书中写明有关情况;认为案件符合速裁程序适用条件的,可以向人民检察院提出适用速裁程序的建议。

第二百九十条　对于犯罪嫌疑人在境外,需要及时进行审判的严重危害国家安全犯罪、恐怖活动犯罪案件,应当在侦查终结后层报公安部批准,移送同级人民检察院审查起诉。

在审查起诉或者缺席审理过程中,犯罪嫌疑人、被告人向公安机关自动投案或者被公安机关抓获的,公安机关应当立即通知人民检察院、人民法院。

第二百九十二条　被害人提出附带民事诉讼的,应当记录在案;移送审查起诉时,应当在起诉意见书末页注明。

（二）侦查的羁押期限

❶ 第一百五十六条　[一般侦查羁押期限] 对犯罪嫌疑人逮捕后的侦查羁押期限不得超过二个月。案情复杂、期限届满不能终结的案件,可以<u>经上一级人民检察院批准延长一个月</u>。

《高检规则》

第三百零五条　人民检察院办理直接受理侦查的案件,对犯罪嫌疑人逮捕后的侦查羁押期限不得超过二个月。案情复杂、期限届满不能终结的案件,可以经上一级人民检察院批准延长一个月。

第三百零九条　公安机关需要延长侦查羁押期限的,人民检察院应当要求其在侦查羁押期限届满七日前提请批准延长侦查羁押期限。

人民检察院办理直接受理侦查的案件,负责侦查的部门认为需要延长侦查羁押期限的,应当按照前款规定向本院负责捕诉的部门移送延长侦查羁押期限意见书及有关材料。

对于超过法定羁押期限提请延长侦查羁押期限的,不予受理。

第三百一十条　人民检察院审查批准或者决定延长侦查羁押期限,由负责捕诉的部门办理。

受理案件的人民检察院对延长侦查羁押期限的意见审查后,应当提出是否同意延长侦查羁押期限的意见,将公安机关延长侦查羁押期限的意见和本院的审查意见层报有决定权的人民检察院审查决定。

第三百一十一条　对于同时具备下列条件的案件,人民检察院应当作出批准延长侦查羁押期限一个月的决定:

(一)符合刑事诉讼法第一百五十六条的规定;

(二)符合逮捕条件;

(三)犯罪嫌疑人有继续羁押的必要。

第三百一十二条　犯罪嫌疑人虽然符合逮捕条件,但经审查,公安机关在对犯罪嫌疑人执行逮捕后二个月以内未有效开展侦查工作或者侦查取证工作没有实质进展的,人民检察院可以作出不批准延长侦查羁押期限的决定。

犯罪嫌疑人不符合逮捕条件,需要撤销下级人民检察院逮捕决定的,上级人民检察院在作出不批准延长侦查羁押期限决定的同时,应当作出撤销逮捕的决定,或者通知下级人民检察院撤销逮捕决定。

第三百一十三条　有决定权的人民检察院作出批准延长侦查羁押期限或者不批准延长侦查羁押期限的决定后,应当将决定书交由最初受理案件的人民检察院送达公安机关。

最初受理案件的人民检察院负责捕诉的部门收到批准延长侦查羁押期限决定书或者不批准延长侦查羁押期限决定书,应当书面告知本院负责刑事执行检察的部门。

❷ 第一百五十七条　[特殊侦查羁押期限] 因为特殊原因,在较长时间内不宜交付审判的特别重大复杂的案件,由最高人民检察院报请<u>全国人民代表大会常务委员会</u>批准延期审理。

❸ 第一百五十八条　[重大复杂案件的侦查羁押期限的延长] 下列案件在本法第一百五十六条规定的期限届满不能侦查终结的,<u>经省、自治区、直辖市人民检察院批准或者决定</u>,可以<u>延长二个月</u>:

(一)交通十分不便的边远地区的重大复杂案件;

(二)重大的犯罪集团案件;

(三)流窜作案的重大复杂案件;

(四)犯罪涉及面广,取证困难的重大复杂案件。

《高检规则》

第三百零六条　设区的市级人民检察院和基层人民检察院办理直接受理侦查的案件,符合刑事诉讼法第一百五十八条规定,在本规则第三百零五条规定的期限届满前不能侦查终结的,经省级人民检察院批准,可以延长二个月。

省级人民检察院直接受理侦查的案件,有前款情形的,可以直接决定延长二个月。

《公安部规定》

第一百四十九条　下列案件在本规定第一百四十八条规定的期限届满不能侦查终结的,应当制作提请批准延长侦查羁押期限意见书,<u>经县级以上公安机关负责人批准</u>,在期限届满七日前提请同级人民检察院层报省、自治区、直辖市人民检察院批准,<u>延长二个月</u>:

(一)交通十分不便的边远地区的重大复杂案件;

(二)重大的犯罪集团案件;

(三)流窜作案的重大复杂案件;

(四)犯罪涉及面广,取证困难的重大复杂案件。

❹ 第一百五十九条　[侦查羁押期限再延长二个月的情形] 对犯罪嫌疑人可能判处十年有期徒刑以上刑罚,

依照本法第一百五十八条规定延长期限届满，仍不能侦查终结的，经省、自治区、直辖市人民检察院批准或者决定，可以再延长二个月。

《高检规则》

第三百零七条　设区的市级人民检察院和基层人民检察院办理直接受理侦查的案件，对犯罪嫌疑人可能判处十年有期徒刑以上刑罚，依照本规则第三百零六条的规定依法延长羁押期限届满，仍不能侦查终结的，经省级人民检察院批准，可以再延长二个月。

省级人民检察院办理直接受理侦查的案件，有前款情形的，可以直接决定再延长二个月。

5 第一百六十条　[侦查羁押期限的重新计算和不计算]在侦查期间，发现犯罪嫌疑人<u>另有重要罪行的</u>，自发现之日起依照本法第一百五十六条的规定重新计算侦查羁押期限。

犯罪嫌疑人<u>不讲真实姓名、住址，身份不明的</u>，应当对其身份进行调查，侦查羁押期限自查清其身份之日起计算，但是不得停止对其犯罪行为的侦查取证。对于犯罪事实清楚，证据确实、充分，确实无法查明其身份的，也可以按其自报的姓名起诉、审判。

《高检规则》

第三百一十五条　人民检察院在侦查期间发现犯罪嫌疑人另有重要罪行的，自发现之日起依照本规则第三百零五条的规定重新计算侦查羁押期限。

另有重要罪行是指与逮捕时的罪行不同种的重大犯罪或者同种的影响罪名认定、量刑档次的重大犯罪。

第三百一十六条　人民检察院重新计算侦查羁押期限，应当由负责侦查的部门提出重新计算侦查羁押期限的意见，移送本院负责捕诉的部门审查。负责捕诉的部门审查后应当提出是否同意重新计算侦查羁押期限的意见，报检察长决定。

第三百一十七条　对公安机关重新计算侦查羁押期限的备案，由负责捕诉的部门审查。负责捕诉的部门认为公安机关重新计算侦查羁押期限不当的，应当提出纠正意见。

第三百一十八条　人民检察院直接受理侦查的案件，不能在法定侦查羁押期限内侦查终结的，应当依法释放犯罪嫌疑人或者变更强制措施。

第三百一十九条　负责捕诉的部门审查延长侦查羁押期限、审查重新计算侦查羁押期限，可以讯问犯罪嫌疑人，听取辩护律师和侦查人员的意见，调取案卷及相关材料等。

《公安部规定》

第一百五十一条　在侦查期间，发现犯罪嫌疑人另有重要罪行的，应当自发现之日起五日以内报县级以上公安机关负责人批准后，重新计算侦查羁押期限，制作变更羁押期限通知书，送达看守所，并报批准逮捕的人民检察院备案。

前款规定的"另有重要罪行"，是指与逮捕时的罪行不同种的重大犯罪以及同种犯罪并将影响罪名认定、量刑档次的重大犯罪。

第一百五十二条　犯罪嫌疑人不讲真实姓名、住址，身份不明的，应当对其身份进行调查。经县级以上公安机关负责人批准，侦查羁押期限自查清其身份之日起计算，但不得停止对其犯罪行为的侦查取证。

对于犯罪事实清楚，证据确实、充分，确实无法查明其身份的，按其自报的姓名移送人民检察院审查起诉。

《六机关规定》

22. 刑事诉讼法第一百五十八条（现第一百六十条）第一款规定："在侦查期间，发现犯罪嫌疑人另有重要罪行的，自发现之日起依照本法第一百五十四条（现第一百五十六条）的规定重新计算侦查羁押期限。"公安机关依照上述规定重新计算侦查羁押期限的，<u>不需要经人民检察院批准</u>，但应当报人民检察院备案，人民检察院可以进行监督。

考点45 补充侦查

第九十条　[审查批捕阶段的补充侦查]人民检察院对于公安机关提请批准逮捕的案件进行审查后，应当根据情况分别作出批准逮捕或者不批准逮捕的决定。对于批准逮捕的决定，公安机关应当立即执行，并且将执行情况及时通知人民检察院。对于不批准逮捕的，人民检察院应当说明理由，<u>需要补充侦查的</u>，<u>应当同时通知公安机关</u>。

《高检规则》

第二百八十五条　对公安机关提请批准逮捕的犯罪嫌疑人，具有本规则第一百三十九条至第一百四十一条规定情形，人民检察院作出不批准逮捕决定的，应当说明理由，连同案卷材料送达公安机关执行。需要补充侦查的，应当制作补充侦查提纲，送交公安机关。

人民检察院办理审查逮捕案件，不另行侦查，不得直接提出采取取保候审措施的意见。

对于因犯罪嫌疑人没有犯罪事实、具有刑事诉讼法第十六条规定的情形之一或者证据不足，人民检察院拟作出不批准逮捕决定的，应当经检察长批准。

《公安部规定》

第一百三十八条　对于人民检察院不批准逮捕并通知补充侦查的，公安机关应当按照人民检察院的补充侦查提纲补充侦查。

公安机关补充侦查完毕，认为符合逮捕条件的，应当重新提请批准逮捕。

专题十三　起　诉

考点47 审查起诉

1 第一百七十条　[与监察委移送案件衔接]人民检察院对于监察机关移送起诉的案件，依照本法和监察法的有关规定进行审查。人民检察院经审查，认为需要补充核实的，应当退回监察机关补充调查，必要时可以自行补充侦查。

对于监察机关移送起诉的已采取留置措施的案件，人民检察院应当对犯罪嫌疑人先行拘留，留置措施自动解除。人民检察院应当在拘留后的十日以内作出是否逮捕、取保候审或者监视居住的决定。在特殊情况下，决定的时间可以延长一日至四日。人民检察院决定采取强制措施的期间不计入审查起诉期限。

《高检规则》

第三百二十九条　监察机关移送起诉的案件，需要依照刑事诉讼法的规定指定审判管辖的，人民检察院应当在监察机关移送起诉二十日前协商同级人民法院办理指定管辖有关事宜。

《监察法》

第二十二条　被调查人涉嫌贪污贿赂、失职渎职等严重职务违法或者职务犯罪，监察机关已经掌握其部分违法犯罪事实及证据，仍有重要问题需要进一步调查，并有下列情形之一的，经监察机关依法审批，可以将其留置在特定场所：

（一）涉及案情重大、复杂的；

（二）可能逃跑、自杀的；

（三）可能串供或者伪造、隐匿、毁灭证据的；

（四）可能有其他妨碍调查行为的。

对涉嫌行贿犯罪或者共同职务犯罪的涉案人员，监察机关可以依照前款规定采取留置措施。

留置场所的设置、管理和监督依照国家有关规定执行。

第四十七条　对监察机关移送的案件，人民检察院依照《中华人民共和国刑事诉讼法》对被调查人采取强制措施。

人民检察院经审查，认为犯罪事实已经查清，证据确实、充分，依法应当追究刑事责任的，应当作出起诉决定。

人民检察院经审查，认为需要补充核实的，应当退回监察机关补充调查，必要时可以自行补充侦查。对于补充调查的案件，应当在一个月内补充调查完毕。补充调查以二次为限。

人民检察院对于有《中华人民共和国刑事诉讼法》规定的不起诉的情形的，经上一级人民检察院批准，依法作出不起诉的决定。监察机关认为不起诉的决定有错误的，可以向上一级人民检察院提请复议。

❷ 第一百七十二条　[审查起诉的期限]人民检察院对于监察机关、公安机关移送起诉的案件，应当在一个月以内作出决定，重大、复杂的案件，可以延长十五日；犯罪嫌疑人认罪认罚，符合速裁程序适用条件的，应当在十日以内作出决定，对可能判处的有期徒刑超过一年的，可以延长至十五日。

人民检察院审查起诉的案件，改变管辖的，从改变后的人民检察院收到案件之日起计算审查起诉期限。

❸ 第一百七十三条　[审查起诉的程序]人民检察院审查案件，应当讯问犯罪嫌疑人，听取辩护人或者值班律师、被害人及其诉讼代理人的意见，并记录在案。辩护人或者值班律师、被害人及其诉讼代理人提出书面意见的，应当附卷。

犯罪嫌疑人认罪认罚的，人民检察院应当告知其享有的诉讼权利和认罪认罚的法律规定，听取犯罪嫌疑人、辩护人或者值班律师、被害人及其诉讼代理人对下列事项的意见，并记录在案：

（一）涉嫌的犯罪事实、罪名及适用的法律规定；

（二）从轻、减轻或者免除处罚等从宽处罚的建议；

（三）认罪认罚后案件审理适用的程序；

（四）其他需要听取意见的事项。

人民检察院依照前两款规定听取值班律师意见的，应当提前为值班律师了解案件有关情况提供必要的便利。

《高检规则》

第二百六十九条　犯罪嫌疑人认罪认罚的，人民检察院应当告知其享有的诉讼权利和认罪认罚的法律规定，听取犯罪嫌疑人、辩护人或者值班律师、被害人及其诉讼代理人对下列事项的意见，并记录在案：

（一）涉嫌的犯罪事实、罪名及适用的法律规定；

（二）从轻、减轻或者免除处罚等从宽处罚的建议；

（三）认罪认罚后案件审理适用的程序；

（四）其他需要听取意见的事项。

依照前款规定听取值班律师意见的，应当提前为值班律师了解案件有关情况提供必要的便利。自人民检察院对案件审查起诉之日起，值班律师可以查阅案卷材料，了解案情。人民检察院应当为值班律师查阅案卷材料提供便利。

人民检察院不采纳辩护人或者值班律师所提意见的，应当向其说明理由。

第三百三十七条　人民检察院在审查起诉阶段认为需要逮捕犯罪嫌疑人的，应当经检察长决定。

第三百三十九条　人民检察院对案件进行审查后，应当依法作出起诉或者不起诉以及是否提起附带民事诉讼、附带民事公益诉讼的决定。

❹ 第一百七十四条　[认罪认罚具结书]犯罪嫌疑人自愿认罪，同意量刑建议和程序适用的，应当在辩护人或者值班律师在场的情况下签署认罪认罚具结书。

犯罪嫌疑人认罪认罚，有下列情形之一的，不需要签署认罪认罚具结书：

（一）犯罪嫌疑人是盲、聋、哑人，或者是尚未完全丧失辨认或者控制自己行为能力的精神病人的；

（二）未成年犯罪嫌疑人的法定代理人、辩护人对未成年人认罪认罚有异议的；

（三）其他不需要签署认罪认罚具结书的情形。

❺ 第一百七十五条　[审查起诉中的补充侦查]人民检察院审查案件，可以要求公安机关提供法庭审判所必需的证据材料；认为可能存在本法第五十六条规定的以非法方法收集证据情形的，可以要求其对证据收集的合法性作出说明。

人民检察院审查案件，对于需要补充侦查的，可以退回公安机关补充侦查，也可以自行侦查。

对于补充侦查的案件，应当在一个月以内补充侦查完毕。补充侦查以二次为限。补充侦查完毕移送人民检察院后，人民检察院重新计算审查起诉期限。

对于二次补充侦查的案件，人民检察院仍然认为证据不足,不符合起诉条件的,应当作出不起诉的决定。

《刑诉解释》

第二百七十四条　审判期间,公诉人发现案件需要补充侦查,建议延期审理的,合议庭可以同意,但建议延期审理不得超过两次。

人民检察院将补充收集的证据移送人民法院的,人民法院应当通知辩护人、诉讼代理人查阅、摘抄、复制。

补充侦查期限届满后,人民检察院未将补充的证据材料移送人民法院的,人民法院可以根据在案证据作出判决、裁定。

第二百七十七条　审判期间,合议庭发现被告人可能有自首、坦白、立功等法定量刑情节,而人民检察院移送的案卷中没有相关证据材料的,应当通知人民检察院在指定时间内移送。

审判期间,被告人提出新的立功线索的,人民法院可以建议人民检察院补充侦查。

《高检规则》

第三百四十一条　人民检察院在审查起诉中发现有应当排除的非法证据,应当依法排除,同时可以要求监察机关或者公安机关另行指派调查人员或者侦查人员重新取证。必要时,人民检察院也可以自行调查取证。

第三百四十二条　人民检察院认为犯罪事实不清、证据不足或者存在遗漏罪行、遗漏同案犯罪嫌疑人等情形需要补充侦查的,应当制作补充侦查提纲,连同案卷材料一并退回公安机关补充侦查。人民检察院也可以自行侦查,必要时可以要求公安机关提供协助。

第三百四十三条　人民检察院对于监察机关移送起诉的案件,认为需要补充调查的,应当退回监察机关补充调查。必要时,可以自行补充侦查。

需要退回补充调查的案件,人民检察院应当出具补充调查决定书、补充调查提纲,写明补充调查的事项、理由、调查方向、需补收集的证据及其证明作用等,连同案卷材料一并送交监察机关。

人民检察院决定退回补充调查的案件,犯罪嫌疑人已被采取强制措施的,应当将退回补充调查情况书面通知强制措施执行机关。监察机关需要讯问的,人民检察院应当予以配合。

第三百四十四条　对于监察机关移送起诉的案件,具有下列情形之一的,人民检察院可以自行补充侦查:

(一)证人证言、犯罪嫌疑人供述和辩解、被害人陈述的内容主要情节一致,个别情节不一致的;

(二)物证、书证等证据材料需要补充鉴定的;

(三)其他由人民检察院查证更为便利、更有效率、更有利于查清案件事实的情形。

自行补充侦查完毕后,应当将相关证据材料入卷,同时抄送监察机关。人民检察院自行补充侦查的,可以商请监察机关提供协助。

第三百四十五条　人民检察院负责捕诉的部门对本院负责侦查的部门移送起诉的案件进行审查后,认为犯罪事实不清、证据不足或者存在遗漏罪行、遗漏同案犯罪嫌疑人等情形需要补充侦查的,应当制作补充侦查提纲,连同案卷材料一并退回负责侦查的部门补充侦查。必要时,也可以自行侦查,可以要求负责侦查的部门予以协助。

第三百四十六条　退回监察机关补充调查、退回公安机关补充侦查的案件,均应在一个月以内补充调查、补充侦查完毕。

补充调查、补充侦查以二次为限。

补充调查、补充侦查完毕移送起诉后,人民检察院重新计算审查起诉期限。

人民检察院负责捕诉的部门退回本院负责侦查的部门补充侦查的期限、次数按照本条第一款至第三款的规定执行。

第三百四十七条　补充侦查期限届满,公安机关未将案件重新移送起诉的,人民检察院应当要求公安机关说明理由。

人民检察院发现公安机关违反法律规定撤销案件的,应当提出纠正意见。

第三百四十八条　人民检察院在审查起诉中决定自行侦查的,应当在审查起诉期限内侦查完毕。

第三百四十九条　人民检察院对已经退回监察机关二次补充调查或者退回公安机关二次补充侦查的案件,在审查起诉中又发现新的犯罪事实,应当将线索移送监察机关或者公安机关。对已经查清的犯罪事实,应当依法提起公诉。

第三百五十条　对于在审查起诉期间改变管辖的案件,改变后的人民检察院对于符合刑事诉讼法第一百七十五条第二款规定的案件,可以经原受理案件的人民检察院协助,直接退回原侦查案件的公安机关补充侦查,也可以自行侦查。改变管辖前后退回补充侦查的次数总共不得超过二次。

《六机关规定》

31. 法庭审理过程中,被告人揭发他人犯罪行为或者提供重要线索,人民检察院认为需要进行查证的,可以建议补充侦查。

《公安部规定》

第二百九十五条　侦查终结,移送人民检察院审查起诉的案件,人民检察院退回公安机关补充侦查的,公安机关接到人民检察院退回补充侦查的法律文书后,应当按照补充侦查提纲在一个月以内补充侦查完毕。

补充侦查以二次为限。

第二百九十六条　对人民检察院退回补充侦查的案件,根据不同情况,报县级以上公安机关负责人批准,分别作如下处理:

(一)原认定犯罪事实不清或者证据不够充分的,应当在查清事实、补充证据后,制作补充侦查报告书,移送人民检察院审查;对确实无法查明的事项或者无法补充的证据,应当书面向人民检察院说明情况;

(二)在补充侦查过程中,发现新的同案犯或者新的罪行,需要追究刑事责任的,应当重新制作起诉意见书,移送人民检察院审查;

(三)发现原认定的犯罪事实有重大变化,不应当追

究刑事责任的,应当撤销案件或者对犯罪嫌疑人终止侦查,并将有关情况通知退查的人民检察院;

(四)原认定犯罪事实清楚,证据确实、充分,人民检察院退回补充侦查不当的,应当说明理由,移送人民检察院审查。

考点48 不起诉

1 第一百七十七条　[不起诉的情形和程序] 犯罪嫌疑人没有犯罪事实,或者有本法第十六条规定的情形之一的,人民检察院应当作出不起诉决定。

对于犯罪情节轻微,依照刑法规定不需要判处刑罚或者免除刑罚的,人民检察院可以作出不起诉决定。

人民检察院决定不起诉的案件,应当同时对侦查中查封、扣押、冻结的财物解除查封、扣押、冻结。对被不起诉人需要给予行政处罚、处分或者需要没收其违法所得的,人民检察院应当提出检察意见,移送有关主管机关处理。有关主管机关应当将处理结果及时通知人民检察院。

《高检规则》

第三百六十五条　人民检察院对于监察机关或者公安机关移送起诉的案件,发现犯罪嫌疑人没有犯罪事实,或者符合刑事诉讼法第十六条规定的情形之一的,经检察长批准,应当作出不起诉决定。

对于犯罪事实并非犯罪嫌疑人所为,需要重新调查或者侦查的,应当在作出不起诉决定后书面说明理由,将案卷材料退回监察机关或者公安机关并建议重新调查或者侦查。

第三百六十六条　负责捕诉的部门对于本院负责侦查的部门移送起诉的案件,发现具有本规则第三百六十五条第一款规定情形的,应当退回本院负责侦查的部门,建议撤销案件。

第三百六十七条　人民检察院对于二次退回补充调查或者补充侦查的案件,仍然认为证据不足,不符合起诉条件的,经检察长批准,依法作出不起诉决定。

人民检察院对于经过一次退回补充调查或者补充侦查的案件,认为证据不足,不符合起诉条件,且没有再次退回补充调查或者补充侦查必要的,经检察长批准,可以作出不起诉决定。

第三百六十八条　具有下列情形之一,不能确定犯罪嫌疑人构成犯罪和需要追究刑事责任的,属于证据不足,不符合起诉条件:

(一)犯罪构成要件事实缺乏必要的证据予以证明的;

(二)据以定罪的证据存在疑问,无法查证属实的;

(三)据以定罪的证据之间、证据与案件事实之间的矛盾不能合理排除的;

(四)根据证据得出的结论具有其他可能性,不能排除合理怀疑的;

(五)根据证据认定案件事实不符合逻辑和经验法则,得出的结论明显不符合常理的。

第三百六十九条　人民检察院根据刑事诉讼法第一百七十五条第四款规定决定不起诉的,在发现新的证据,符合起诉条件时,可以提起公诉。

第三百七十条　人民检察院对于犯罪情节轻微,依照刑法规定不需要判处刑罚或者免除刑罚的,经检察长批准,可以作出不起诉决定。

第三百七十一条　人民检察院直接受理侦查的案件,以及监察机关移送起诉的案件,拟作不起诉决定的,应当报请上一级人民检察院批准。

第三百七十二条　人民检察院决定不起诉的,应当制作不起诉决定书。

不起诉决定书的主要内容包括:

(一)被不起诉人的基本情况,包括姓名、性别、出生年月日、出生地和户籍地、公民身份号码、民族、文化程度、职业、工作单位及职务、住址,是否受过刑事处分,采取强制措施的情况以及羁押处所等;如果是单位犯罪,应当写明犯罪单位的名称和组织机构代码、所在地址、联系方式,法定代表人和诉讼代表人的姓名、职务、联系方式;

(二)案由和案件来源;

(三)案件事实,包括否定或者指控被不起诉人构成犯罪的事实以及作为不起诉决定根据的事实;

(四)不起诉的法律根据和理由,写明作出不起诉决定适用的法律条款;

(五)查封、扣押、冻结的涉案财物的处理情况;

(六)有关告知事项。

第三百七十三条　人民检察院决定不起诉的案件,可以根据案件的不同情况,对被不起诉人予以训诫或者责令具结悔过、赔礼道歉、赔偿损失。

对被不起诉人需要给予行政处罚、政务处分或者其他处分的,经检察长批准,人民检察院应当提出检察意见,连同不起诉决定书一并移送有关主管机关处理,并要求有关主管机关及时通报处理情况。

第三百七十四条　人民检察院决定不起诉的案件,应当同时书面通知作出查封、扣押、冻结决定的机关或者执行查封、扣押、冻结决定的机关解除查封、扣押、冻结。

第三百七十五条　人民检察院决定不起诉的案件,需要没收违法所得的,经检察长批准,应当提出检察意见,移送有关主管机关处理,并要求有关主管机关及时通报处理情况。具体程序可以参照本规则第二百四十八条的规定办理。

《公安部规定》

第二百九十三条　人民检察院作出不起诉决定的,如果被不起诉人在押,公安机关应当立即办理释放手续。除依法转为行政案件办理外,应当根据人民检察院解除查封、扣押、冻结财物的书面通知,及时解除查封、扣押、冻结。

人民检察院提出对被不起诉人给予行政处罚、处分或没收其违法所得的检察意见,移送公安机关处理的,公安机关应当将处理结果及时通知人民检察院。

《人民检察院办理未成年人刑事案件规定》

第二十六条　对于犯罪情节轻微,具有下列情形之一,依照刑法规定不需要判处刑罚或者免除刑罚的未成

年犯罪嫌疑人,一般应当依法作出不起诉决定:

(一)被胁迫参与犯罪的;
(二)犯罪预备、中止、未遂的;
(三)在共同犯罪中起次要或者辅助作用的;
(四)系又聋又哑的人或者盲人的;
(五)因防卫过当或者紧急避险过当构成犯罪的;
(六)有自首或者立功表现的;
(七)其他依照刑法规定不需要判处刑罚或者免除刑罚的情形。

第二十七条 对于未成年人实施的轻伤害案件、初次犯罪、过失犯罪、犯罪未遂的案件以及被诱骗或者被教唆实施的犯罪案件等,情节轻微,犯罪嫌疑人确有悔罪表现,当事人双方自愿就民事赔偿达成协议并切实履行或者经被害人同意并提供有效担保,符合刑法第三十七条规定的,人民检察院可以依照刑事诉讼法第一百七十三条(现第一百七十七条)第二款的规定作出不起诉决定,并可以根据案件的不同情况,予以训诫或者责令具结悔过、赔礼道歉、赔偿损失,或者由主管部门予以行政处罚。

《关于推进以审判为中心的刑事诉讼制度改革的意见》

九、完善不起诉制度,对未达到法定证明标准的案件,人民检察院应当依法作出不起诉决定,防止事实不清、证据不足的案件进入审判程序。完善撤回起诉制度,规范撤回起诉的条件和程序。

❷ 第一百七十九条 [公安机关对不起诉决定的复议、复核] 对于公安机关移送起诉的案件,人民检察院决定不起诉的,应当将不起诉决定书送达公安机关。公安机关认为不起诉的决定有错误的时候,可以要求复议,如果意见不被接受,可以向上一级人民检察院提请复核。

《高检规则》

第三百七十八条 对于监察机关或者公安机关移送起诉的案件,人民检察院决定不起诉的,应当将不起诉决定书送达监察机关或者公安机关。

第三百七十九条 监察机关认为不起诉的决定有错误,向上一级人民检察院提请复议的,上一级人民检察院应当在收到提请复议意见书后三十日以内,经检察长批准,作出复议决定,通知监察机关。

公安机关认为不起诉决定有错误要求复议的,人民检察院负责捕诉的部门应当另行指派检察官或者检察官办案组进行审查,并在收到要求复议意见书后三十日以内,经检察长批准,作出复议决定,通知公安机关。

第三百八十条 公安机关对不起诉决定提请复核的,上一级人民检察院应当在收到提请复核意见书后三十日以内,经检察长批准,作出复核决定,通知提请复核的公安机关和下级人民检察院。经复核认为下级人民检察院不起诉决定错误的,应当指令下级人民检察院纠正,或者撤销、变更下级人民检察院作出的不起诉决定。

❸ 第一百八十条 [被害人对不起诉决定的异议] 对于有被害人的案件,决定不起诉的,人民检察院应当将不起诉决定书送达被害人。被害人如果不服,可以自收到决定书后七日以内向上一级人民检察院申诉,请求提起公诉。人民检察院应当将复查决定告知被害人。对人民检察院维持不起诉决定的,被害人可以向人民法院起诉。被害人也可以不经申诉,直接向人民法院起诉。人民法院受理案件后,人民检察院应当将有关案件材料移送人民法院。

《高检规则》

第三百八十一条 被害人不服不起诉决定,在收到不起诉决定书后七日以内提出申诉的,由作出不起诉决定的人民检察院的上一级人民检察院负责捕诉的部门进行复查。

被害人向作出不起诉决定的人民检察院提出申诉的,作出决定的人民检察院应当将申诉材料连同案卷一并报送上一级人民检察院。

第三百八十二条 被害人不服不起诉决定,在收到不起诉决定书七日以后提出申诉的,由作出不起诉决定的人民检察院负责控告申诉检察的部门进行审查。经审查,认为不起诉决定正确的,出具审查结论直接答复申诉人,并做好释法说理工作;认为不起诉决定可能存在错误的,移送负责捕诉的部门进行复查。

第三百八十三条 人民检察院应当将复查决定书送达被害人、被不起诉人和作出不起诉决定的人民检察院。

上级人民检察院经复查作出起诉决定的,应当撤销下级人民检察院的不起诉决定,交由下级人民检察院提起公诉,并将复查决定抄送移送起诉的监察机关或者公安机关。

第三百八十四条 人民检察院收到人民法院受理被害人对被不起诉人起诉的通知后,应当终止复查,将作出不起诉决定所依据的有关案卷材料移送人民法院。

❹ 第一百八十一条 [被不起诉人对酌定不起诉决定的申诉] 对于人民检察院依照本法第一百七十七条第二款规定作出的不起诉决定,被不起诉人如果不服,可以自收到决定书后七日以内向人民检察院申诉。人民检察院应当作出复查决定,通知被不起诉的人,同时抄送公安机关。

《高检规则》

第三百八十五条 对于人民检察院依照刑事诉讼法第一百七十七条第二款规定作出的不起诉决定,被不起诉人不服,在收到不起诉决定书七日以内提出申诉的,应当由作出决定的人民检察院负责捕诉的部门进行复查;被不起诉人在收到不起诉决定书七日以后提出申诉的,由负责控告申诉检察的部门进行审查。经审查,认为不起诉决定正确的,出具审查结论直接答复申诉人,并做好释法说理工作;认为不起诉决定可能存在错误的,移送负责捕诉的部门复查。

人民检察院应当将复查决定书送达被不起诉人、被害人。复查后,撤销不起诉决定,变更不起诉的事实或者法律依据的,应当同时将复查决定书抄送移送起诉的监察机关或者公安机关。

第三百八十六条 人民检察院复查不服不起诉决定的申诉,应当在立案后三个月以内报经检察长批准作出复查决定。案情复杂的,不得超过六个月。

第三百八十七条　被害人、被不起诉人对不起诉决定不服提出申诉的，应当递交申诉书，写明申诉理由。没有书写能力的，也可以口头提出申诉。人民检察院应当根据其口头提出的申诉制作笔录。

第三百八十八条　人民检察院发现不起诉决定确有错误，符合起诉条件的，应当撤销不起诉决定，提起公诉。

第三百八十九条　最高人民检察院对地方各级人民检察院的起诉、不起诉决定，上级人民检察院对下级人民检察院的起诉、不起诉决定，发现确有错误的，应当予以撤销或者指令下级人民检察院纠正。

5 第一百八十二条　[如实供述之结案处理]犯罪嫌疑人自愿如实供述涉嫌犯罪的事实，有重大立功或者案件涉及国家重大利益的，经最高人民检察院核准，公安机关可以撤销案件，人民检察院可以作出不起诉决定，也可以对涉嫌数罪中的一项或者多项不起诉。

根据前款规定不起诉或者撤销案件的，人民检察院、公安机关应当及时对查封、扣押、冻结的财物及其孳息作出处理。〔2021年回忆~构成重大立功的核准撤案〕

专题十四　刑事审判概述

考点50 刑事审判原则

第一百八十八条　[公开审理、不公开审理]人民法院审判第一审案件应当公开进行。但是有关国家秘密或者个人隐私的案件，不公开审理；涉及商业秘密的案件，当事人申请不公开审理的，可以不公开审理。

不公开审理的案件，应当当庭宣布不公开审理的理由。

《刑诉解释》

第八十一条　公开审理案件时，公诉人、诉讼参与人提出涉及国家秘密、商业秘密或者个人隐私的证据的，法庭应当制止；确与本案有关的，可以根据具体情况，决定将案件转为不公开审理，或者对相关证据的法庭调查不公开进行。

第二百二十二条　审判案件应当公开进行。

案件涉及国家秘密或者个人隐私的，不公开审理；涉及商业秘密，当事人提出申请的，法庭可以决定不公开审理。

不公开审理的案件，任何人不得旁听，但具有刑事诉讼法第二百八十五条规定情形的除外。

第五百五十七条　开庭审理时被告人不满十八周岁的案件，一律不公开审理。经未成年被告人及其法定代理人同意，未成年被告人所在学校和未成年保护组织可以派代表到场。到场代表的人数和范围，由法庭决定。经法庭同意，到场代表可以参与对未成年被告人的法庭教育工作。

对依法公开审理，但可能需要封存犯罪记录的案件，不得组织人员旁听；有旁听人员的，应当告知其不得传播案件信息。

第五百七十八条　对未成年人刑事案件，宣告判决应当公开进行。

对依法应当封存犯罪记录的案件，宣判时，不得组织人员旁听；有旁听人员的，应当告知其不得传播案件信息。

考点52 审判组织

1 第一百八十三条　[合议庭组成]基层人民法院、中级人民法院审判第一审案件，应当由审判员三人或者由审判员和人民陪审员共三人或者七人组成合议庭进行，但是基层人民法院适用简易程序、速裁程序的案件可以由审判员一人独任审判。

高级人民法院审判第一审案件，应当由审判员三人至七人或者由审判员和人民陪审员共三人或者七人组成合议庭进行。

最高人民法院审判第一审案件，应当由审判员三人至七人组成合议庭进行。

人民法院审判上诉和抗诉案件，由审判员三人或者五人组成合议庭进行。

合议庭的成员人数应当是单数。〔2022年回忆~合议庭的组成〕

《刑诉解释》

第二百一十二条　合议庭由审判员担任审判长。院长或者庭长参加审理案件时，由本人担任审判长。

审判员依法独任审判时，行使与审判长相同的职权。

第二百一十三条　基层人民法院、中级人民法院、高级人民法院审判下列第一审刑事案件，由审判员和人民陪审员组成合议庭进行：

（一）涉及群体利益、公共利益的；

（二）人民群众广泛关注或者其他社会影响较大的；

（三）案情复杂或者有其他情形，需要由人民陪审员参加审判的。

基层人民法院、中级人民法院、高级人民法院审判下列第一审刑事案件，由审判员和人民陪审员组成七人合议庭进行：

（一）可能判处十年以上有期徒刑、无期徒刑、死刑，且社会影响重大的；

（二）涉及征地拆迁、生态环境保护、食品药品安全，且社会影响重大的；

（三）其他社会影响重大的。〔2021年回忆~合议庭的组成及分工〕

《人民陪审员法》

第十四条　人民陪审员和法官组成合议庭审判案件，由法官担任审判长，可以组成三人合议庭，也可以由法官三人与人民陪审员四人组成七人合议庭。

第十五条　人民法院审判第一审刑事、民事、行政案件，有下列情形之一的，由人民陪审员和法官组成合议庭进行：

（一）涉及群体利益、公共利益的；

（二）人民群众广泛关注或者其他社会影响较大的；

（三）案情复杂或者有其他情形，需要由人民陪审员参加审判的。

人民法院审判前款规定的案件，法律规定由法官独任审理或者由法官组成合议庭审理的,从其规定。

第十六条 人民法院审判下列第一审案件,由人民陪审员和法官组成七人合议庭进行:

(一)可能判处十年以上有期徒刑、无期徒刑、死刑,社会影响重大的刑事案件;

(二)根据民事诉讼法、行政诉讼法提起的公益诉讼案件;

(三)涉及征地拆迁、生态环境保护、食品药品安全,社会影响重大的案件;

(四)其他社会影响重大的案件。

第十七条 第一审刑事案件被告人、民事案件原告或者被告、行政案件原告申请由人民陪审员参加合议庭审判的,人民法院可以决定由人民陪审员和法官组成合议庭审判。

② 第一百八十四条 [合议庭评议原则]合议庭进行评议的时候,如果意见分歧,应当按多数人的意见作出决定,但是少数人的意见应当写入笔录。评议笔录由合议庭的组成人员签名。

《刑诉解释》

第二百一十四条 开庭审理和评议案件,应当由同一合议庭进行。合议庭成员在评议案件时,应当独立发表意见并说明理由。意见分歧的,应当按多数意见作出决定,但少数意见应当记入笔录。评议笔录由合议庭的组成人员在审阅确认无误后签名。评议情况应当保密。

《人民陪审员法》

第二十三条 合议庭评议案件,实行少数服从多数的原则。人民陪审员同合议庭其他组成人员意见分歧的,应当将其意见写入笔录。

合议庭组成人员意见有重大分歧的,人民陪审员或者法官可以要求合议庭将案件提请院长决定是否提交审判委员会讨论决定。

专题十五 第一审程序

考点55 庭前准备

① 第一百八十六条 [公诉案件开庭审判的条件]人民法院对提起公诉的案件进行审查后,对于起诉书中有明确的指控犯罪事实的,应当决定开庭审判。

《六机关规定》

25. 刑事诉讼法第一百八十一条(现第一百八十六条)规定:"人民法院对提起公诉的案件进行审查后,对于起诉书中有明确的指控犯罪事实的,应当决定开庭审判。"对于人民检察院提起公诉的案件,人民法院都应当受理。人民法院对提起公诉的案件进行审查后,对于起诉书中有明确的指控犯罪事实并且附有案卷材料、证据的,应当决定开庭审判,不得以上述材料不充足为由而不开庭审判。如果人民检察院移送的材料中缺少上述材料的,人民法院可以通知人民检察院补充材料,人民检察院应当自收到通知之日起三日内补送。

人民法院对提起公诉的案件进行审查的期限计入人民法院的审理期限。

② 第一百八十七条 [庭前准备]人民法院决定开庭审判后,应当确定合议庭的组成人员,将人民检察院的起诉书副本至迟在开庭十日以前送达被告人及其辩护人。

在开庭以前,审判人员可以召集公诉人、当事人和辩护人、诉讼代理人,对回避、出庭证人名单、非法证据排除等与审判相关的问题,了解情况,听取意见。

人民法院确定开庭日期后,应当将开庭的时间、地点通知人民检察院,传唤当事人,通知辩护人、诉讼代理人、证人、鉴定人和翻译人员,传票和通知书至迟在开庭三日以前送达。公开审判的案件,应当在开庭三日以前先期公布案由、被告人姓名、开庭时间和地点。

上述活动情形应当写入笔录,由审判人员和书记员签名。〔2016年真题~庭前会议对非法证据的处理〕

《刑诉解释》

第二百二十一条 开庭审理前,人民法院应当进行下列工作:

(一)确定审判长及合议庭组成人员;

(二)开庭十日以前将起诉书副本送达被告人、辩护人;

(三)通知当事人、法定代理人、辩护人、诉讼代理人在开庭五日以前提供证人、鉴定人名单,以及拟当庭出示的证据;申请证人、鉴定人、有专门知识的人出庭的,应当列明有关人员的姓名、性别、年龄、职业、住址、联系方式;

(四)开庭三日以前将开庭的时间、地点通知人民检察院;

(五)开庭三日以前将传唤当事人的传票和通知辩护人、诉讼代理人、法定代理人、证人、鉴定人等出庭的通知书送达;通知有关人员出庭,也可以采取电话、短信、传真、电子邮件、即时通讯等能够确认对方收悉的方式;对被害人人数众多的涉众型犯罪案件,可以通过互联网公布相关文书,通知有关人员出庭;

(六)公开审理的案件,在开庭三日以前公布案由、被告人姓名、开庭时间和地点。

上述工作情况应当记录在案。

第二百二十六条 案件具有下列情形之一的,人民法院可以决定召开庭前会议:

(一)证据材料较多、案情重大复杂的;

(二)控辩双方对事实、证据存在较大争议的;

(三)社会影响重大的;

(四)需要召开庭前会议的其他情形。

第二百二十七条 控辩双方可以申请人民法院召开庭前会议,提出申请应当说明理由。人民法院经审查认为有必要的,应当召开庭前会议;决定不召开的,应当告知申请人。

第二百二十八条 庭前会议可以就下列事项向控辩双方了解情况,听取意见:

(一)是否对案件管辖有异议;

(二)是否申请有关人员回避;

(三)是否申请不公开审理;

(四)是否申请排除非法证据;

(五)是否提供新的证据材料;

(六)是否申请重新鉴定或者勘验;
(七)是否申请收集、调取证明被告人无罪或者罪轻的证据材料;
(八)是否申请证人、鉴定人、有专门知识的人、调查人员、侦查人员或者其他人员出庭,是否对出庭人员名单有异议;
(九)是否对涉案财物的权属情况和人民检察院的处理建议有异议;
(十)与审判相关的其他问题。

庭前会议中,人民法院可以开展附带民事调解。

对第一款规定中可能导致庭审中断的程序性事项,人民法院可以在庭前会议后依法作出处理,并在庭审中说明处理决定和理由。控辩双方没有新的理由,在庭审中再次提出有关申请或者异议的,法庭可以在说明庭前会议情况和处理决定理由后,依法予以驳回。

庭前会议情况应当制作笔录,由参会人员核对后签名。

第二百二十九条 庭前会议中,审判人员可以询问控辩双方对证据材料有无异议,对有异议的证据,应当在庭审时重点调查;无异议的,庭审时举证、质证可以简化。

第二百三十条 庭前会议由审判长主持,合议庭其他审判员也可以主持庭前会议。

召开庭前会议应当通知公诉人、辩护人到场。

庭前会议准备就非法证据排除了解情况、听取意见,或者准备询问控辩双方对证据材料的意见的,应当通知被告人到场。有多名被告人的案件,可以根据情况确定参加庭前会议的被告人。

第二百三十一条 庭前会议一般不公开进行。

根据案件情况,庭前会议可以采用视频等方式进行。

第二百三十二条 人民法院在庭前会议中听取控辩双方对案件事实、证据材料的意见后,对明显事实不清、证据不足的案件,可以建议人民检察院补充材料或者撤回起诉。建议撤回起诉的案件,人民检察院不同意的,开庭审理后,没有新的事实和理由,一般不准许撤回起诉。

第二百三十三条 对召开庭前会议的案件,可以在开庭时告知庭前会议情况。对庭前会议中达成一致意见的事项,法庭在向控辩双方核实后,可以当庭予以确认;未达成一致意见的事项,法庭可以归纳控辩双方争议焦点,听取控辩双方意见,依法作出处理。

控辩双方在庭前会议中就有关事项达成一致意见,在庭审中反悔的,除有正当理由外,法庭一般不再进行处理。

《高检规则》

第三百九十五条 在庭前会议中,公诉人可以对案件管辖、回避、出庭证人、鉴定人、有专门知识的人的名单、辩护人提供的无罪证据、非法证据排除、不公开审理、延期审理、适用简易程序或者速裁程序、庭审方案等与审判相关的问题提出和交换意见,了解辩护人收集的证据等情况。

对辩护人收集的证据有异议的,应当提出,并简要说明理由。

公诉人通过参加庭前会议,了解案件事实、证据和法律适用的争议和不同意见,解决有关程序问题,为参加法庭审理做好准备。

第三百九十六条 当事人、辩护人、诉讼代理人在庭前会议中提出证据系非法取得,人民法院认为可能存在以非法方法收集证据情形的,人民检察院应当对证据收集的合法性进行说明。需要调查核实的,在开庭审理前进行。

考点56 法庭审判程序

(一)开庭

第一百九十条 [开庭]开庭的时候,审判长查明当事人是否到庭,宣布案由;宣布合议庭的组成人员、书记员、公诉人、辩护人、诉讼代理人、鉴定人和翻译人员的名单;告知当事人有权对合议庭组成人员、书记员、公诉人、鉴定人和翻译人员申请回避;告知被告人享有辩护权利。

<u>被告人认罪认罚的,审判长应当告知被告人享有的诉讼权利和认罪认罚的法律规定,审查认罪认罚的自愿性和认罪认罚具结书内容的真实性、合法性。</u>

《刑诉解释》

第二百二十五条 被害人、诉讼代理人经传唤或者通知未到庭,不影响开庭审理的,人民法院可以开庭审理。

辩护人经通知未到庭,被告人同意的,人民法院可以开庭审理,但被告人属于应当提供法律援助情形的除外。

第二百三十六条 审判长宣布案件的来源、起诉的案由、附带民事诉讼当事人的姓名及是否公开审理;不公开审理的,应当宣布理由。

第二百三十九条 审判长应当询问当事人及其法定代理人、辩护人、诉讼代理人是否申请回避、申请何人回避和申请回避的理由。

当事人及其法定代理人、辩护人、诉讼代理人申请回避的,依照刑事诉讼法及本解释的有关规定处理。

同意或者驳回回避申请的决定及复议决定,由审判长宣布,并说明理由。必要时,也可以由院长到庭宣布。

(二)法庭调查

1 第一百九十一条 [法庭调查]公诉人在法庭上宣读起诉书后,被告人、被害人可以就起诉书指控的犯罪进行陈述,公诉人可以讯问被告人。

被害人、附带民事诉讼的原告人和辩护人、诉讼代理人,经审判长许可,可以向被告人发问。

<u>审判人员可以讯问被告人。</u>

《刑诉解释》

第二百四十条 审判长宣布法庭调查开始后,应当先由公诉人宣读起诉书;公诉人宣读起诉书后,审判长应当询问被告人对起诉书指控的犯罪事实和罪名有无异议。

有附带民事诉讼的,公诉人宣读起诉书后,由附带民事诉讼原告人或者法定代理人、诉讼代理人宣读附带民事起诉状。

第二百四十一条 在审判长主持下,被告人、被害人可以就起诉书指控的犯罪事实分别陈述。

第二百四十二条　在审判长主持下，公诉人可以就起诉书指控的犯罪事实讯问被告人。

经审判长准许，被害人及其法定代理人、诉讼代理人可以就公诉人讯问的犯罪事实补充发问；附带民事诉讼原告人及其法定代理人、诉讼代理人可以就附带民事部分的事实向被告人发问；被告人的法定代理人、辩护人，附带民事诉讼被告人及其法定代理人、诉讼代理人可以在控诉方、附带民事诉讼原告方就某一问题讯问、发问完毕后向被告人发问。

根据案件情况，就证据问题对被告人的讯问、发问可以在举证、质证环节进行。

第二百四十三条　讯问同案审理的被告人，应当分别进行。

第二百四十四条　经审判长准许，控辩双方可以向被害人、附带民事诉讼原告人发问。

第二百四十五条　必要时，审判人员可以讯问被告人，也可以向被害人、附带民事诉讼当事人发问。

《高检规则》

第四百零二条　讯问被告人、询问证人不得采取可能影响陈述或者证言客观真实的诱导性发问以及其他不当发问方式。

辩护人向被告人或者证人进行诱导性发问以及其他不当发问可能影响陈述或者证言的客观真实的，公诉人可以要求审判长制止或者要求对该项陈述或者证言不予采纳。

讯问共同犯罪案件的被告人、询问证人应当个别进行。

被告人、证人、被害人对同一事实的陈述存在矛盾的，公诉人可以建议法庭传唤有关被告人、通知有关证人同时到庭对质，必要时可以建议法庭询问被害人。

第四百零三条　被告人在庭审中的陈述与在侦查、审查起诉中的供述一致或者不一致的内容不影响定罪量刑的，可以不宣读被告人供述笔录。

被告人在庭审中的陈述与在侦查、审查起诉中的供述不一致，足以影响定罪量刑的，可以宣读被告人供述笔录，并针对笔录中被告人的供述内容对被告人进行讯问，或者提出其他证据进行证明。

2 第一百九十二条　[证人、鉴定人出庭作证义务] 公诉人、当事人或者辩护人、诉讼代理人对证人证言有异议，且该证人证言对案件定罪量刑有重大影响，人民法院认为证人有必要出庭作证的，证人应当出庭作证。

人民警察就其执行职务时目击的犯罪情况作为证人出庭作证，适用前款规定。

公诉人、当事人或者辩护人、诉讼代理人对鉴定意见有异议，人民法院认为鉴定人有必要出庭的，鉴定人应当出庭作证。经人民法院通知，鉴定人拒不出庭作证的，鉴定意见不得作为定案的根据。

《刑诉解释》

第二百四十六条　公诉人可以提请法庭通知证人、鉴定人、有专门知识的人、调查人员或者其他人员出庭，或者出示证据。被害人及其法定代理人、诉讼代理人，附带民事诉讼原告人及其诉讼代理人也可以提出申请。

在控诉方举证后，被告人及其法定代理人、辩护人可以提请法庭通知证人、鉴定人、有专门知识的人、调查人员、侦查人员或者其他人员出庭，或者出示证据。

第二百四十七条　控辩双方申请证人出庭作证，出示证据，应当说明证据的名称、来源和拟证明的事实。法庭认为有必要的，应当准许；对方提出异议，认为有关证据与案件无关或者明显重复、不必要，法庭经审查异议成立的，可以不予准许。

第二百四十九条　公诉人、当事人或者辩护人、诉讼代理人对证人证言有异议，且该证人证言对定罪量刑有重大影响，或者对鉴定意见有异议，人民法院认为证人、鉴定人有必要出庭作证的，应当通知证人、鉴定人出庭。

控辩双方对侦破经过、证据来源、证据真实性或者合法性等有异议，申请调查人员、侦查人员或者有关人员出庭，人民法院认为有必要的，应当通知调查人员、侦查人员或者有关人员出庭。

第二百五十条　公诉人、当事人及其辩护人、诉讼代理人申请法庭通知有专门知识的人出庭，就鉴定意见提出意见的，应当说明理由。法庭认为有必要的，应当通知有专门知识的人出庭。

申请有专门知识的人出庭，不得超过二人。有多种类鉴定意见的，可以相应增加人数。

第二百五十一条　为查明案件事实、调查核实证据，人民法院可以依职权通知证人、鉴定人、有专门知识的人、调查人员、侦查人员或者其他人员出庭。

第二百五十二条　人民法院通知有关人员出庭的，可以要求控辩双方予以协助。

第二百五十三条　证人具有下列情形之一，无法出庭作证的，人民法院可以准许其不出庭：

（一）庭审期间身患严重疾病或者行动极为不便的；

（二）居所远离开庭地点且交通极为不便的；

（三）身处国外短期无法回国的；

（四）有其他客观原因，确实无法出庭的。

具有前款规定情形的，可以通过视频等方式作证。

《高检规则》

第四百零四条　公诉人对证人证言有异议，且该证人证言对案件定罪量刑有重大影响的，可以申请人民法院通知证人出庭作证。

人民警察就其执行职务时目击的犯罪情况作为证人出庭作证，适用前款规定。

公诉人对鉴定意见有异议的，可以申请人民法院通知鉴定人出庭作证。经人民法院通知，鉴定人拒不出庭作证的，公诉人可以建议法庭不予采纳该鉴定意见作为定案的根据，也可以申请法庭重新通知鉴定人出庭作证或者申请重新鉴定。

必要时，公诉人可以申请法庭通知有专门知识的人出庭，就鉴定人作出的鉴定意见提出意见。

当事人或者辩护人、诉讼代理人对证人证言、鉴定意见有异议的,公诉人认为必要时,可以申请人民法院通知证人、鉴定人出庭作证。

第四百零五条　证人应当由人民法院通知并负责安排出庭作证。

对于经人民法院通知而未到庭的证人或者出庭后拒绝作证的证人的证言笔录,公诉人应当当庭宣读。

对于经人民法院通知而未到庭的证人的证言笔录存在疑问,确实需要证人出庭作证,且可以强制其到庭的,公诉人应当建议人民法院强制证人到庭作证和接受质证。

❸ 第一百九十三条　[强制证人出庭及例外、对不出庭的处罚]经人民法院通知,证人没有正当理由不出庭作证的,人民法院可以强制其到庭,但是被告人的配偶、父母、子女除外。

证人没有正当理由拒绝出庭或者出庭后拒绝作证的,予以训诫,情节严重的,经院长批准,处以十日以下的拘留。被处罚人对拘留决定不服的,可以向上一级人民法院申请复议。复议期间不停止执行。

《刑诉解释》

第二百五十五条　强制证人出庭的,应当由院长签发强制证人出庭令,由法警执行。必要时,可以商请公安机关协助。

❹ 第一百九十四条　[调查核实证言、鉴定意见]证人作证,审判人员应当告知他要如实地提供证言和有意作伪证或者隐匿罪证要负的法律责任。公诉人、当事人和辩护人、诉讼代理人经审判长许可,可以对证人、鉴定人发问。审判长认为发问的内容与案件无关的时候,应当制止。

审判人员可以询问证人、鉴定人。

《刑诉解释》

第二百五十八条　证人出庭的,法庭应当核实其身份、与当事人以及本案的关系,并告知其有关权利义务和法律责任。证人应当保证向法庭如实提供证言,并在保证书上签名。

第二百五十九条　证人出庭后,一般先向法庭陈述证言;其后,经审判长许可,由申请通知证人出庭的一方发问,发问完毕后,对方也可以发问。

法庭依职权通知证人出庭的,发问顺序由审判长根据案件情况确定。

第二百六十一条　向证人发问应当遵循以下规则:

(一)发问的内容应当与本案事实有关;

(二)不得以诱导方式发问;

(三)不得威胁证人;

(四)不得损害证人的人格尊严。

对被告人、被害人、附带民事诉讼当事人、鉴定人、有专门知识的人、调查人员、侦查人员或者其他人员的讯问、发问,适用前款规定。

第二百六十二条　控辩双方的讯问、发问方式不当或者内容与本案无关的,对方可以提出异议,申请审判长制止,审判长应当判明情况予以支持或者驳回;对方未提出异议的,审判长也可以根据情况予以制止。

第二百六十三条　审判人员认为必要时,可以询问证人、鉴定人、有专门知识的人、调查人员、侦查人员或者其他人员。

第二百六十四条　向证人、调查人员、侦查人员发问应当分别进行。

第二百六十五条　证人、鉴定人、有专门知识的人、调查人员、侦查人员或者其他人员不得旁听对本案的审理。有关人员作证或者发表意见后,审判长应当告知其退庭。

《高检规则》

第四百零七条　必要时,公诉人可以建议法庭采取不暴露证人、鉴定人、被害人外貌、真实声音等出庭作证保护措施,或者建议法庭根据刑事诉讼法第一百五十四条的规定在庭外对证据进行核实。

❺ 第一百九十五条　[调查核实证据]公诉人、辩护人应当向法庭出示物证,让当事人辨认,对未到庭的证人的证言笔录、鉴定人的鉴定意见、勘验笔录和其他作为证据的文书,应当当庭宣读。审判人员应当听取公诉人、当事人和辩护人、诉讼代理人的意见。

《刑诉解释》

第二百四十八条　已经移送人民法院的案卷和证据材料,控辩双方需要出示的,可以向法庭提出申请,法庭可以准许。案卷和证据材料应当在质证后当庭归还。

需要播放录音录像或者需要将证据材料交由法庭、公诉人或者诉讼参与人查看的,法庭可以指令值庭法警或者相关人员予以协助。

第二百六十七条　举证方当庭出示证据后,由对方发表质证意见。

第二百六十八条　对可能影响定罪量刑的关键证据和控辩双方存在争议的证据,一般应当单独举证、质证,充分听取质证意见。

对控辩双方无异议的非关键证据,举证方可以仅就证据的名称及拟证明的事实作出说明。

召开庭前会议的案件,举证、质证可以按照庭前会议确定的方式进行。

根据案件和庭审情况,法庭可以对控辩双方的举证、质证方式进行必要的指引。

第二百六十九条　审理过程中,法庭认为必要的,可以传唤同案被告人、分案审理的共同犯罪或者关联犯罪案件的被告人等到庭对质。

第二百七十条　当庭出示的证据,尚未移送人民法院的,应当在质证后当庭移交。

《高检规则》

第四百零八条　对于鉴定意见、勘验、检查、辨认、侦查实验等笔录和其他作为证据的文书以及经人民法院通知而未到庭的被害人的陈述笔录,公诉人应当当庭宣读。

第四百零九条　公诉人向法庭出示物证,一般应当出示原物,原物不易搬运、不易保存或者已返还被害人的,可以出示反映原物外形和特征的照片、录像、复制品,并向法庭说明情况及与原物的同一性。

公诉人向法庭出示书证,一般应当出示原件。获取书证原件确有困难的,可以出示书证副本或者复制件,并向法庭说明情况及与原件的同一性。

公诉人向法庭出示物证、书证,应当对该物证、书证所要证明的内容、获取情况作出说明,并向当事人、证人等问明物证的主要特征,让其确认。对该物证、书证进行鉴定的,应当宣读鉴定意见。

6 第一百九十六条　[休庭调查] 法庭审理过程中,合议庭对证据有疑问的,可以宣布休庭,对证据进行调查核实。

人民法院调查核实证据,可以进行<u>勘验</u>、<u>检查</u>、<u>查封</u>、<u>扣押</u>、<u>鉴定和查询</u>、<u>冻结</u>。

《刑诉解释》

第二百七十一条　法庭对证据有疑问的,可以告知公诉人、当事人及其法定代理人、辩护人、诉讼代理人补充证据或者作出说明;必要时,可以宣布休庭,对证据进行调查核实。

对公诉人、当事人及其法定代理人、辩护人、诉讼代理人补充的和审判人员庭外调查核实取得的证据,应当经过当庭质证才能作为定案的根据。但是,对不影响定罪量刑的非关键证据、有利于被告人的量刑证据以及认定被告人有犯罪前科的裁判文书等证据,经庭外征求意见,控辩双方没有异议的除外。

有关情况,应当记录在案。

《高检规则》

第四百一十条　在法庭审理过程中,被告人及其辩护人提出被告人庭前供述系非法取得,审判人员认为需要进行法庭调查的,公诉人可以通过出示讯问笔录、提讯登记、体检记录、采取强制措施或者侦查措施的法律文书、侦查终结前对讯问合法性进行核查的材料等证据材料,有针对性地播放讯问录音、录像,提请法庭通知调查人员、侦查人员或者其他人员出庭说明情况等方式,对证据收集的合法性加以证明。

审判人员认为可能存在刑事诉讼法第五十六条规定的以非法方法收集其他证据的情形,需要进行法庭调查的,公诉人可以参照前款规定对证据收集的合法性进行证明。

公诉人不能当庭证明证据收集的合法性,需要调查核实的,可以建议法庭休庭或者延期审理。

在法庭审理期间,人民检察院可以要求监察机关或者公安机关对证据收集的合法性进行说明或者提供相关证明材料。必要时,可以自行调查核实。

第四百一十一条　公诉人对证据收集的合法性进行证明后,法庭仍有疑问的,可以建议法庭休庭,由人民法院对相关证据进行调查核实。人民法院调查核实证据,通知人民检察院派员到场的,人民检察院可以派员到场。

第四百一十六条　人民法院根据申请收集、调取的证据或者在合议庭休庭后自行调查取得的证据,应当经过庭审出示、质证才能决定是否作为判决的依据。未经庭审出示、质证直接采纳为判决依据的,人民检察院应当提出纠正意见。

7 第一百九十七条　[调取新证据] 法庭审理过程中,当事人和辩护人、诉讼代理人有权申请通知新的证人到庭,调取新的物证,申请重新鉴定或者勘验。

公诉人、当事人和辩护人、诉讼代理人可以申请法庭通知有专门知识的人出庭,就鉴定人作出的<u>鉴定意见提出意见</u>。

法庭对于<u>上述申请</u>,应当作出是否同意的决定。

第二款规定的有专门知识的人出庭,适用鉴定人的有关规定。

《刑诉解释》

第二百七十二条　公诉人申请出示开庭前未移送或者提交人民法院的证据,辩护方提出异议的,审判长应当要求公诉人说明理由;理由成立并确有出示必要的,应当准许。

辩护方提出需要对新的证据作辩护准备的,法庭可以宣布休庭,并确定准备辩护的时间。

辩护方申请出示开庭前未提交的证据,参照适用前两款规定。

第二百七十三条　法庭审理过程中,控辩双方申请通知新的证人到庭,调取新的证据,申请重新鉴定或者勘验的,应当提供证人的基本信息、证据的存放地点,说明拟证明的事项,申请重新鉴定或者勘验的理由。法庭认为有必要的,应当同意,并宣布休庭;根据案件情况,可以决定延期审理。

人民法院决定重新鉴定的,应当及时委托鉴定,并将鉴定意见告知人民检察院、当事人及其辩护人、诉讼代理人。

第二百七十五条　人民法院向人民检察院调取需要调查核实的证据材料,或者根据被告人、辩护人的申请,向人民检察院调取在调查、侦查、审查起诉期间收集的有关被告人无罪或者罪轻的证据材料,应当通知人民检察院在收到调取证据材料决定书后三日以内移交。

(三)法庭辩论和最后陈述

第一百九十八条　[法庭辩论和最后陈述] 法庭审理过程中,对与定罪、量刑有关的事实、证据都应当进行调查、辩论。

经审判长许可,公诉人、当事人和辩护人、诉讼代理人可以对证据和案件情况发表意见并且可以互相辩论。

审判长在宣布辩论终结后,被告人有<u>最后陈述的权利</u>。

《刑诉解释》

第二百八十条　合议庭认为案件事实已经调查清楚的,应当由审判长宣布法庭调查结束,开始就定罪、量刑、涉案财物处理的事实、证据、适用法律等问题进行法庭辩论。

第二百八十一条　法庭辩论应当在审判长的主持下,按照下列顺序进行:

(一)公诉人发言;
(二)被害人及其诉讼代理人发言;
(三)被告人自行辩护;
(四)辩护人辩护;

(五)控辩双方进行辩论。

第二百八十二条 人民检察院可以提出量刑建议并说明理由；建议判处管制、宣告缓刑的，一般应当附有调查评估报告，或者附有委托调查函。

当事人及其辩护人、诉讼代理人可以对量刑提出意见并说明理由。

第二百八十三条 对被告人认罪的案件，法庭辩论时，应当指引控辩双方主要围绕量刑和其他有争议的问题进行。

对被告人不认罪或者辩护人作无罪辩护的案件，法庭辩论时，可以指引控辩双方先辩论定罪问题，后辩论量刑和其他问题。

第二百八十四条 附带民事部分的辩论应当在刑事部分的辩论结束后进行，先由附带民事诉讼原告人及其诉讼代理人发言，后由附带民事诉讼被告人及其诉讼代理人答辩。

第二百八十六条 法庭辩论过程中，合议庭发现与定罪、量刑有关的新的事实，有必要调查的，审判长可以宣布恢复法庭调查，在对新的事实调查后，继续法庭辩论。

第二百八十七条 审判长宣布法庭辩论终结后，合议庭应当保证被告人充分行使最后陈述的权利。

被告人在最后陈述中多次重复自己的意见的，法庭可以制止；陈述内容蔑视法庭、公诉人，损害他人及社会公共利益，或者与本案无关的，应当制止。

在公开审理的案件中，被告人最后陈述的内容涉及国家秘密、个人隐私或者商业秘密的，应当制止。

第二百八十八条 被告人在最后陈述中提出新的事实、证据，合议庭认为可能影响正确裁判的，应当恢复法庭调查；被告人提出新的辩解理由，合议庭认为可能影响正确裁判的，应当恢复法庭辩论。

第二百八十九条 公诉人当庭发表与起诉书不同的意见，属于变更、追加、补充或者撤回起诉的，人民法院应当要求人民检察院在指定时间内以书面方式提出；必要时，可以宣布休庭。人民检察院在指定时间内未提出的，人民法院应当根据法庭审理情况，就起诉书指控的犯罪事实依法作出判决、裁定。

人民检察院变更、追加、补充起诉的，人民法院应当给予被告人及其辩护人必要的准备时间。

第二百九十条 辩护人应当及时将书面辩护意见提交人民法院。

《高检规则》

第四百一十七条 在法庭审理过程中，经审判长许可，公诉人可以逐一对正在调查的证据和案件情况发表意见，并同被告人、辩护人进行辩论。证据调查结束时，公诉人应当发表总结性意见。

在法庭辩论中，公诉人与被害人、诉讼代理人意见不一致的，公诉人应当认真听取被害人、诉讼代理人的意见，阐明自己的意见和理由。

第四百一十八条第一款 人民检察院向人民法院提出量刑建议的，公诉人应当在发表公诉意见时提出。

第四百一十九条 适用普通程序审理的认罪认罚案件，公诉人可以建议适当简化法庭调查、辩论程序。

《规范量刑程序的意见》

第五条 符合下列条件的案件，人民检察院提起公诉时可以提出量刑建议；被告人认罪认罚的，人民检察院应当提出量刑建议：

(一)犯罪事实清楚，证据确实、充分；

(二)提出量刑建议所依据的法定从重、从轻、减轻或者免除处罚等量刑情节已查清；

(三)提出量刑建议所依据的酌定从重、从轻处罚等量刑情节已查清。

第十条 在刑事诉讼中，自诉人、被告人及其辩护人、被害人及其诉讼代理人可以提出量刑意见，并说明理由，人民检察院、人民法院应当记录在案并附卷。

第十二条 适用速裁程序审理的案件，在确认被告人认罪认罚的自愿性和认罪认罚具结书内容的真实性、合法性后，一般不再进行法庭调查、法庭辩论，但在判决宣告前应当听取辩护人的意见和被告人的最后陈述意见。

适用速裁程序审理的案件，应当当庭宣判。

第十三条 适用简易程序审理的案件，在确认被告人对起诉书指控的犯罪事实和罪名没有异议，自愿认罪且知悉认罪的法律后果后，法庭审理可以直接围绕量刑进行，不再区分法庭调查、法庭辩论，但在判决宣告前应当听取被告人的最后陈述意见。

适用简易程序审理的案件，一般应当当庭宣判。

第十四条 适用普通程序审理的被告人认罪案件，在确认被告人了解起诉书指控的犯罪事实和罪名，自愿认罪且知悉认罪的法律后果后，法庭审理主要围绕量刑和其他有争议的问题进行，可以适当简化法庭调查、法庭辩论程序。

第十五条 对于被告人不认罪或者辩护人做无罪辩护的案件，法庭调查和法庭辩论分别进行。

在法庭调查阶段，应当在查明定罪事实的基础上，查明有关量刑事实，被告人及其辩护人可以出示证明被告人无罪或者罪轻的证据，当庭发表质证意见。

在法庭辩论阶段，审判人员引导控辩双方先辩论定罪问题。在定罪辩论结束后，审判人员告知控辩双方可以围绕量刑问题进行辩论，发表量刑建议或者意见，并说明依据和理由。被告人及其辩护人参加量刑问题的调查的，不影响作无罪辩解或者辩护。

第十八条 人民法院、人民检察院、侦查机关或者辩护人委托有关方面制作涉及未成年人的社会调查报告的，调查报告应当在法庭上宣读，并进行质证。

第十九条 在法庭审理中，审判人员对量刑证据有疑问的，可以宣布休庭，对证据进行调查核实，必要时也可以要求人民检察院补充调查核实。人民检察院补充调查核实有关证据，必要时可以要求侦查机关提供协助。

对于控辩双方补充的证据，应当经过庭审质证才能作为定案的根据。但是，对于有利于被告人的量刑证据，经庭外征求意见，控辩双方没有异议的除外。

考点57 延期审理、中止审理和终止审理

(一)延期审理

第二百零四条 [延期审理]在法庭审判过程中,遇有下列情形之一,影响审判进行的,可以延期审理:

(一)需要通知新的证人到庭,调取新的物证,重新鉴定或者勘验的;

(二)检察人员发现提起公诉的案件需要补充侦查,提出建议的;

(三)由于申请回避而不能进行审判的。

《高检规则》

第四百二十条 在法庭审判过程中,遇有下列情形之一的,公诉人可以建议法庭延期审理:

(一)发现事实不清、证据不足,或者遗漏罪行、遗漏同案犯罪嫌疑人,需要补充侦查或补充提供证据的;

(二)被告人揭发他人犯罪行为并提供重要线索,需要补充侦查进行查证的;

(三)发现遗漏罪行或者遗漏同案犯罪嫌疑人,虽不需要补充侦查和补充提供证据,但需要补充、追加起诉的;

(四)申请人民法院通知证人、鉴定人出庭作证或者有专门知识的人出庭提出意见的;

(五)需要调取新的证据,重新鉴定或勘验的;

(六)公诉人出示、宣读开庭前移送人民法院的证据以外的证据,或者补充、追加、变更起诉,需要给予被告人、辩护人必要时间进行辩护准备的;

(七)被告人、辩护人向法庭出示公诉人不掌握的与定罪量刑有关的证据,需要调查核实的;

(八)公诉人对证据收集的合法性进行证明,需要调查核实的。

在人民法院开庭审理前发现具有前款情形之一的,人民检察院可以建议人民法院延期审理。

第四百二十一条 法庭宣布延期审理后,人民检察院应当在补充侦查期限内提请人民法院恢复法庭审理或者撤回起诉。

公诉人在法庭审理过程中建议延期审理的次数不得超过两次,每次不得超过一个月。

第四百二十二条 在审判过程中,对于需要补充提供法庭审判所必需的证据或补充侦查的,人民检察院应当自行收集证据和进行侦查,必要时可以要求监察机关或者公安机关提供协助;也可以书面要求监察机关或者公安机关补充提供证据。

人民检察院补充侦查,适用本规则第六章、第九章、第十章的规定。

补充侦查不得超过一个月。

(二)中止审理

第二百零六条 [中止审理]在审判过程中,有下列情形之一,致使案件在较长时间内无法继续审理的,可以中止审理:

(一)被告人患有严重疾病,无法出庭的;

(二)被告人脱逃的;

(三)自诉人患有严重疾病,无法出庭,未委托诉讼代理人出庭的;

(四)由于不能抗拒的原因。

中止审理的原因消失后,应当恢复审理。中止审理的期间不计入审理期限。

《刑诉解释》

第三百一十四条 有多名被告人的案件,部分被告人具有刑事诉讼法第二百零六条第一款规定情形的,人民法院可以对全案中止审理;根据案件情况,也可以对该部分被告人中止审理,对其他被告人继续审理。

对中止审理的部分被告人,可以根据案件情况另案处理。

考点59 自诉案件审理程序

(一)自诉案件的范围及审理特点

第二百一十条 [自诉案件范围]自诉案件包括下列案件:

(一)告诉才处理的案件;

(二)被害人有证据证明的轻微刑事案件;

(三)被害人有证据证明对被告人侵犯自己人身、财产权利的行为应当依法追究刑事责任,而公安机关或者人民检察院不予追究被告人刑事责任的案件。

第二百一十二条 [自诉案件的调解、和解和撤诉]人民法院对自诉案件,可以进行调解;自诉人在宣告判决前,可以同被告人自行和解或者撤回自诉。本法第二百一十条第三项规定的案件不适用调解。

人民法院审理自诉案件的期限,被告人被羁押的,适用本法第二百零八条第一款、第二款的规定;未被羁押的,应当在受理后六个月以内宣判。

第二百一十三条 [反诉]自诉案件的被告人在诉讼过程中,可以对自诉人提起反诉。反诉适用自诉的规定。

《刑诉解释》

第三百二十三条 自诉人明知有其他共同侵害人,但只对部分侵害人提起自诉的,人民法院应当受理,并告知其放弃告诉的法律后果;自诉人放弃告诉,判决宣告后又对其他共同侵害人就同一事实提起自诉的,人民法院不予受理。

共同被害人中只有部分人告诉的,人民法院应当通知他被害人参加诉讼,并告知其不参加诉讼的法律后果。被通知人接到通知后表示不参加诉讼或者不出庭的,视为放弃告诉。第一审宣判后,被通知人就同一事实又提起自诉的,人民法院不予受理。但是,当事人另行提起民事诉讼的,不受本解释限制。

第三百二十四条 被告人实施两个以上犯罪行为,分别属于公诉案件和自诉案件,人民法院可以一并审理。对自诉部分的审理,适用本章的规定。

第三百二十五条 自诉案件当事人因客观原因不能取得的证据,申请人民法院调取的,应当说明理由,并提供相关线索或者材料。人民法院认为有必要的,应当及时调取。

对通过信息网络实施的侮辱、诽谤行为,被害人向人民法院告诉,但提供证据确有困难的,人民法院可以要求

公安机关提供协助。

第三百二十六条　对犯罪事实清楚,有足够证据的自诉案件,应当开庭审理。

第三百二十七条　自诉案件符合简易程序适用条件的,可以适用简易程序审理。

不适用简易程序审理的自诉案件,参照适用公诉案件第一审普通程序的有关规定。

第三百二十八条　人民法院审理自诉案件,可以在查明事实、分清是非的基础上,根据自愿、合法的原则进行调解。调解达成协议的,应当制作刑事调解书,由审判人员、法官助理、书记员署名,并加盖人民法院印章。调解书经双方当事人签收后,即具有法律效力。调解没有达成协议,或者调解书签收前当事人反悔的,应当及时作出判决。

刑事诉讼法第二百一十条第三项规定的案件不适用调解。

第三百二十九条　判决宣告前,自诉案件的当事人可以自行和解,自诉人可以撤回自诉。

人民法院经审查,认为和解、撤回自诉确属自愿的,应当裁定准许;认为系被强迫、威吓等,并非自愿的,不予准许。

第三百三十条　裁定准许撤诉的自诉案件,被告人被采取强制措施的,人民法院应当立即解除。

第三百三十一条　自诉人经两次传唤,无正当理由拒不到庭,或者未经法庭准许中途退庭的,人民法院应当裁定按撤诉处理。

部分自诉人撤诉或者被裁定按撤诉处理的,不影响案件的继续审理。

第三百三十二条　被告人在自诉案件审判期间下落不明的,人民法院可以裁定中止审理;符合条件的,可以对被告人依法决定逮捕。

第三百三十三条　对自诉案件,应当参照刑事诉讼法第二百条和本解释第二百九十五条的有关规定作出判决。对依法宣告无罪的案件,有附带民事诉讼的,其附带民事部分可以依法进行调解或者一并作出判决;也可以告知附带民事诉讼原告人另行提起民事诉讼。

第三百三十四条　告诉才处理和被害人有证据证明的轻微刑事案件的被告人或者其法定代理人在诉讼过程中,可以对自诉人提起反诉。反诉必须符合下列条件:

(一)反诉的对象必须是本案自诉人;

(二)反诉的内容必须是与本案有关的行为;

(三)反诉的案件必须符合本解释第一条第一项、第二项的规定。

反诉案件适用自诉案件的规定,应当与自诉案件一并审理。自诉人撤诉的,不影响反诉案件的继续审理。

(二)自诉案件的庭前审查

第二百一十一条　[自诉案件审查后的处理]人民法院对于自诉案件进行审查后,按照下列情形分别处理:

(一)犯罪事实清楚,有足够证据的案件,应当开庭审判;

(二)缺乏罪证的自诉案件,如果自诉人提不出补充证据,应当说服自诉人撤回自诉,或者裁定驳回。

自诉人经两次依法传唤,无正当理由拒不到庭的,或者未经法庭许可中途退庭的,按撤诉处理。

法庭审理过程中,审判人员对证据有疑问,需要调查核实的,适用本法第一百九十六条的规定。

《刑诉解释》

第三百二十条　对自诉案件,人民法院应当在十五日以内审查完毕。经审查,符合受理条件的,应当决定立案,并书面通知自诉人或者代为告诉人。

具有下列情形之一的,应当说服自诉人撤回起诉;自诉人不撤回起诉的,裁定不予受理:

(一)不属于本解释第一条规定的案件的;

(二)缺乏罪证的;

(三)犯罪已过追诉时效期限的;

(四)被告人死亡的;

(五)被告人下落不明的;

(六)除因证据不足而撤诉的以外,自诉人撤诉后,就同一事实又告诉的;

(七)经人民法院调解结案后,自诉人反悔,就同一事实再行告诉的;

(八)属于本解释第一条第二项规定的案件,公安机关正在立案侦查或者人民检察院正在审查起诉的;

(九)不服人民检察院对未成年犯罪嫌疑人作出的附条件不起诉决定或附条件不起诉考验期满后作出的不起诉决定,向人民法院起诉的。

第三百二十一条　对已经立案,经审查缺乏罪证的自诉案件,自诉人提不出补充证据的,人民法院应当说服其撤回起诉或者裁定驳回起诉;自诉人撤回起诉或者被驳回起诉后,又提出了新的足以证明被告人有罪的证据,再次提起自诉的,人民法院应当受理。

考点60　简易程序

1　第二百一十四条　[简简易程序的适用条件]基层人民法院管辖的案件,符合下列条件的,可以适用简易程序审判:

(一)案件事实清楚、证据充分的;

(二)被告人承认自己所犯罪行,对指控的犯罪事实没有异议的;

(三)被告人对适用简易程序没有异议的。

人民检察院在提起公诉的时候,可以建议人民法院适用简易程序。〔2022年回忆~简易程序〕

《刑诉解释》

第三百五十九条　基层人民法院受理公诉案件后,经审查认为案件事实清楚、证据充分的,在将起诉书副本送达被告人时,应当询问被告人对指控的犯罪事实的意见,告知其适用简易程序的法律规定。被告人对指控的犯罪事实没有异议并同意适用简易程序的,可以决定适用简易程序,并在开庭前通知人民检察院和辩护人。

对人民检察院建议或者被告人及其辩护人申请适用简易程序审理的案件,依照前款规定处理;不符合简易程序适用条件的,应当通知人民检察院或者被告人及其辩护人。〔2022年回忆~简易程序〕

《高检规则》

第四百三十条　人民检察院对于基层人民法院管辖的案件，符合下列条件的，可以建议人民法院适用简易程序审理：

（一）案件事实清楚、证据充分的；

（二）被告人承认自己所犯罪行，对指控的犯罪事实没有异议的；

（三）被告人对适用简易程序没有异议的。

第四百三十二条　基层人民检察院审查案件，认为案件事实清楚、证据充分的，应当在讯问犯罪嫌疑人时，了解其是否承认自己所犯罪行，对指控的犯罪事实有无异议，告知其适用简易程序的法律规定，确认其是否同意适用简易程序。

《人民检察院办理未成年人刑事案件规定》

第五十五条　对于符合适用简易程序审理条件的未成年人刑事案件，人民检察院应当在提起公诉时向人民法院提出适用简易程序审理的建议。

❷ 第二百一十五条　[不适用简易程序的情况] 有下列情形之一的，不适用简易程序：

（一）被告人是盲、聋、哑人，或者是尚未完全丧失辨认或者控制自己行为能力的精神病人的；

（二）有重大社会影响的；

（三）共同犯罪案件中部分被告人不认罪或者对适用简易程序有异议的；

（四）其他不宜适用简易程序审理的。

《刑诉解释》

第三百六十条　具有下列情形之一的，不适用简易程序：

（一）被告人是盲、聋、哑人的；

（二）被告人是尚未完全丧失辨认或者控制自己行为能力的精神病人的；

（三）案件有重大社会影响的；

（四）共同犯罪案件中部分被告人不认罪或者对适用简易程序有异议的；

（五）辩护人作无罪辩护的；

（六）被告人认罪但经审查认为可能不构成犯罪的；

（七）不宜适用简易程序审理的其他情形。〔2022年回忆~简易程序〕

第五百六十六条　对未成年人刑事案件，人民法院决定适用简易程序审理的，应当征求未成年被告人及其法定代理人、辩护人的意见。上述人员提出异议的，不适用简易程序。

《高检规则》

第四百三十一条　具有下列情形之一的，人民检察院不得建议人民法院适用简易程序：

（一）被告人是盲、聋、哑人，或者是尚未完全丧失辨认或者控制自己行为能力的精神病人的；

（二）有重大社会影响的；

（三）共同犯罪案件中部分被告人不认罪或者对适用简易程序有异议的；

（四）比较复杂的共同犯罪案件；

（五）辩护人作无罪辩护或者对主要犯罪事实有异议的；

（六）其他不宜适用简易程序的。

人民法院决定适用简易程序审理的案件，人民检察院认为具有刑事诉讼法第二百一十五条规定情形之一的，应当向人民法院提出纠正意见；具有其他不宜适用简易程序情形的，人民检察院可以建议人民法院不适用简易程序。

❸ 第二百一十六条　[简易程序的支持公诉] 适用简易程序审理案件，对可能判处三年有期徒刑以下刑罚的，可以组成合议庭进行审判，也可以由审判员一人独任审判；对可能判处的有期徒刑超过三年的，应当组成合议庭进行审判。

适用简易程序审理公诉案件，人民检察院应当派员出席法庭。

《刑诉解释》

第三百六十一条　适用简易程序审理的案件，符合刑事诉讼法第三十五条第一款规定的，人民法院应当告知被告人及其近亲属可以申请法律援助。〔2022年回忆~简易程序〕

第三百六十二条　适用简易程序审理案件，人民法院应当在开庭前将开庭的时间、地点通知人民检察院、自诉人、被告人、辩护人，也可以通知其他诉讼参与人。

通知可以采用简便方式，但应当记录在案。〔2022年回忆~简易程序〕

第三百六十三条　适用简易程序审理案件，被告人有辩护人的，应当通知其出庭。〔2022年回忆~简易程序〕

第三百六十六条　适用简易程序独任审判过程中，发现对被告人可能判处的有期徒刑超过三年的，应当转由合议庭审理。〔2022年回忆~简易程序〕

❹ 第二百一十七条　[适用简易程序的前置程序] 适用简易程序审理案件，审判人员应当询问被告人对指控的犯罪事实的意见，告知被告人适用简易程序审理的法律规定，确认被告人是否同意适用简易程序审理。

❺ 第二百一十八条　[简易程序的法庭辩论] 适用简易程序审理案件，经审判人员许可，被告人及其辩护人可以同公诉人、自诉人及其诉讼代理人互相辩论。

❻ 第二百一十九条　[简易程序的程序简化] 适用简易程序审理案件，不受本章第一节关于送达期限、讯问被告人、询问证人、鉴定人、出示证据、法庭辩论程序规定的限制。但在判决宣告前应当听取被告人的最后陈述意见。

《刑诉解释》

第三百六十五条　适用简易程序审理案件，可以对庭审作如下简化：

（一）公诉人可以摘要宣读起诉书；

（二）公诉人、辩护人、审判人员对被告人的讯问、发问可以简化或者省略；

（三）对控辩双方无异议的证据，可以仅就证据的名称及所证明的事项作出说明；对控辩双方有异议或者法庭认为有必要调查核实的证据，应当出示，并进行质证；

（四）控辩双方对与定罪量刑有关的事实、证据没有异议的，法庭审理可以直接围绕罪名确定和量刑问题进行。

适用简易程序审理案件，判决宣告前应当听取被告人的最后陈述。〔2022年回忆~简易程序〕

第三百六十七条 适用简易程序审理案件，裁判文书可以简化。

适用简易程序审理案件，一般应当当庭宣判。〔2022年回忆~简易程序〕

《高检规则》

第四百三十四条 公诉人出席简易程序法庭时，应当主要围绕量刑以及其他有争议的问题进行法庭调查和法庭辩论。在确认被告人庭前收到起诉书并对起诉书指控的犯罪事实没有异议后，可以简化宣读起诉书，根据案件情况决定是否讯问被告人，询问证人、鉴定人和出示证据。

根据案件情况，公诉人可以建议法庭简化法庭调查和法庭辩论程序。

7 第二百二十条 [简易程序的审限]适用简易程序审理案件，人民法院应当在受理后二十日以内审结；对可能判处的有期徒刑超过三年的，可以延长至一个半月。〔2022年回忆~简易程序〕

8 第二百二十一条 [简易程序变更为普通程序]人民法院在审理过程中，发现不宜适用简易程序的，应当按照本章第一节或者第二节的规定重新审理。

《刑诉解释》

第三百六十八条 适用简易程序审理案件，在法庭审理过程中，具有下列情形之一的，应当转为普通程序审理：

（一）被告人的行为可能不构成犯罪的；

（二）被告人可能不负刑事责任的；

（三）被告人当庭对起诉指控的犯罪事实予以否认的；

（四）案件事实不清、证据不足的；

（五）不应当或者不宜适用简易程序的其他情形。

决定转为普通程序审理的案件，审理期限应当从作出决定之日起计算。〔2022年回忆~简易程序〕

《高检规则》

第四百三十五条 适用简易程序审理的公诉案件，公诉人发现不宜适用简易程序审理的，应当建议法庭按照第一审普通程序重新审理。

第四百三十六条 转为普通程序审理的案件，公诉人需要为出席法庭进行准备的，可以建议人民法院延期审理。

考点61 速裁程序

1 第二百二十二条 [速裁程序的适用条件及审判组织]基层人民法院管辖的可能判处三年有期徒刑以下刑罚的案件，案件事实清楚，证据确实、充分，被告人认罪认罚并同意适用速裁程序的，可以适用速裁程序，由审判员一人独任审判。

人民检察院在提起公诉的时候，可以建议人民法院适用速裁程序。

《刑诉解释》

第三百六十九条 对人民检察院在提起公诉时建议适用速裁程序的案件，基层人民法院经审查认为案件事实清楚，证据确实、充分，可能判处三年有期徒刑以下刑罚的，在将起诉书副本送达被告人时，应当告知被告人适用速裁程序的法律规定，询问其是否同意适用速裁程序。被告人同意适用速裁程序的，可以决定适用速裁程序，并在开庭前通知人民检察院和辩护人。

对人民检察院未建议适用速裁程序的案件，人民法院经审查认为符合速裁程序适用条件的，可以决定适用速裁程序，并在开庭前通知人民检察院和辩护人。

被告人及其辩护人可以向人民法院提出适用速裁程序的申请。

《高检规则》

第四百三十七条 人民检察院对基层人民法院管辖的案件，符合下列条件的，在提起公诉时，可以建议人民法院适用速裁程序审理：

（一）可能判处三年有期徒刑以下刑罚；

（二）案件事实清楚，证据确实、充分；

（三）被告人认罪认罚、同意适用速裁程序。

第四百三十九条 公安机关、犯罪嫌疑人及其辩护人建议适用速裁程序，人民检察院经审查认为符合条件的，可以建议人民法院适用速裁程序审理。

公安机关、辩护人未建议适用速裁程序，人民检察院经审查认为符合速裁程序适用条件，且犯罪嫌疑人同意适用的，可以建议人民法院适用速裁程序审理。

2 第二百二十三条 [不适用速裁程序的情形]有下列情形之一的，不适用速裁程序：

（一）被告人是盲、聋、哑人，或者是尚未完全丧失辨认或者控制自己行为能力的精神病人的；

（二）被告人是未成年人的；

（三）案件有重大社会影响的；

（四）共同犯罪案件中部分被告人对指控的犯罪事实、罪名、量刑建议或者适用速裁程序有异议的；

（五）被告人与被害人或者其法定代理人没有就附带民事诉讼赔偿等事项达成调解或者和解协议的；

（六）其他不宜适用速裁程序审理的。

《刑诉解释》

第三百七十条 具有下列情形之一的，不适用速裁程序：

（一）被告人是盲、聋、哑的；

（二）被告人是尚未完全丧失辨认或者控制自己行为能力的精神病人的；

（三）被告人是未成年人的；

（四）案件有重大社会影响的；

（五）共同犯罪案件中对指控的犯罪事实、罪名或者适用速裁程序有异议的；

（六）被告人与被害人或者其法定代理人没有就附带民事诉讼赔偿等事项达成调解、和解协议的；

（七）辩护人作无罪辩护的；

（八）其他不宜适用速裁程序的情形。

3 第二百二十四条 ［速裁程序的程序简化］适用速裁程序审理案件，不受本章第一节规定的送达期限的限制，<u>一般不进行法庭调查、法庭辩论，但在判决宣告前应当听取辩护人的意见和被告人的最后陈述意见</u>。

适用速裁程序审理案件，<u>应当当庭宣判</u>。

《刑诉解释》

第三百七十一条 适用速裁程序审理案件，人民法院应当在开庭前将开庭的时间、地点通知人民检察院、被告人、辩护人，也可以通知其他诉讼参与人。

通知可以采用简便方式，但应当记录在案。

第三百七十二条 适用速裁程序审理案件，可以集中开庭，逐案审理。公诉人简要宣读起诉书后，审判人员应当当庭询问被告人对指控事实、证据、量刑建议以及适用速裁程序的意见，核实具结书签署的自愿性、真实性、合法性，并核实附带民事诉讼赔偿等情况。

第三百七十三条 适用速裁程序审理案件，一般不进行法庭调查、法庭辩论，但在判决宣告前应当听取辩护人的意见和被告人的最后陈述。

第三百七十四条 适用速裁程序审理案件，裁判文书可以简化。

适用速裁程序审理案件，应当当庭宣判。

《高检规则》

第四百四十条 人民检察院建议人民法院适用速裁程序的案件，起诉书内容可以适当简化，重点写明指控的事实和适用的法律。

第四百四十一条 人民法院适用速裁程序审理的案件，人民检察院应当派员出席法庭。

第四百四十二条 公诉人出席速裁程序法庭时，可以简要宣读起诉书指控的犯罪事实、证据、适用法律及量刑建议，一般不再讯问被告人。

4 第二百二十五条 ［速裁程序的审限］适用速裁程序审理案件，人民法院应当在受理后十日以内审结；对可能判处的有期徒刑超过一年的，可以延长至十五日。

5 第二百二十六条 ［速裁程序转为普通或简易程序］人民法院在审理过程中，发现有被告人的行为不构成犯罪或者不应当追究其刑事责任、被告人违背意愿认罪认罚、被告人否认指控的犯罪事实或者其他不宜适用速裁程序审理的情形的，应当按照本章第一节或者第三节的规定重新审理。

《刑诉解释》

第三百七十五条 适用速裁程序审理案件，在法庭审理过程中，具有下列情形之一的，应当转为普通程序或者简易程序审理：

（一）被告人的行为可能不构成犯罪或者不应当追究刑事责任的；

（二）被告人违背意愿认罪认罚的；

（三）被告人否认指控的犯罪事实的；

（四）案件疑难、复杂或者对适用法律有重大争议的；

（五）其他不宜适用速裁程序的情形。

第三百七十六条 决定转为普通程序或者简易程序审理的案件，审理期限应当从作出决定之日起计算。

《高检规则》

第四百四十三条 适用速裁程序审理的案件，人民检察院发现有不宜适用速裁程序审理情形的，应当建议人民法院转为普通程序或者简易程序重新审理。

第四百四十四条 转为普通程序审理的案件，公诉人需要为出席法庭进行准备的，可以建议人民法院延期审理。

考点63 一审裁判

（一）裁判

第二百条 ［判决］在被告人最后陈述后，审判长宣布休庭，合议庭进行评议，根据已经查明的事实、证据和有关的法律规定，分别作出以下判决：

（一）案件事实清楚，证据确实、充分，依据法律认定被告人有罪的，<u>应当作出有罪判决</u>；

（二）依据法律认定被告人无罪的，应当作出无罪判决；

（三）证据不足，不能认定被告人有罪的，应当作出证据不足、指控的犯罪不能成立的无罪判决。

《刑诉解释》

第二百九十一条 被告人最后陈述后，审判长应当宣布休庭，由合议庭进行评议。

第二百九十五条 对第一审公诉案件，人民法院审理后，应当按照下列情形分别作出判决、裁定：

（一）起诉指控的事实清楚，证据确实、充分，依据法律认定指控被告人的罪名成立的，应当作出有罪判决；

（二）起诉指控的事实清楚，证据确实、充分，但指控的罪名不当的，应当依据法律和审理认定的事实作出有罪判决；

（三）案件事实清楚，证据确实、充分，依据法律认定被告人无罪的，应当判决宣告被告人无罪；

（四）证据不足，不能认定被告人有罪的，应当以证据不足、指控的犯罪不能成立，判决宣告被告人无罪；

（五）案件部分事实清楚，证据确实、充分的，应当作出有罪或者无罪的判决；对事实不清、证据不足部分，不予认定；

（六）被告人因未达到刑事责任年龄，不予刑事处罚的，应当判决宣告被告人不负刑事责任；

（七）被告人是精神病人，在不能辨认或者不能控制自己行为时造成危害结果，不予刑事处罚的，应当判决宣告被告人不负刑事责任；被告人符合强制医疗条件的，应当依照本解释第二十六章的规定进行审理并作出判决；

（八）犯罪已过追诉时效期限且不是必须追诉，或者经特赦令免除刑罚的，应当裁定终止审理；

（九）属于告诉才处理的案件，应当裁定终止审理，并告知被害人有权提起自诉；

（十）被告人死亡的，应当裁定终止审理；但有证据证明被告人无罪,经缺席审理确认无罪的,应当判决宣告被告人无罪。

对涉案财物,人民法院应当根据审理查明的情况,依照本解释第十八章的规定作出处理。

具有第一款第二项规定情形的,人民法院应当在判决前听取控辩双方的意见,保障被告人、辩护人充分行使辩护权。必要时,可以再次开庭,组织控辩双方围绕被告人的行为构成何罪及如何量刑进行辩论。

第二百九十六条 在开庭后,宣告判决前,人民检察院要求撤回起诉的,人民法院应当审查撤回起诉的理由,作出是否准许的裁定。

第二百九十七条 审判期间,人民法院发现新的事实,可能影响定罪量刑的,或者需要补查补证的,应当通知人民检察院,由其决定是否补充、变更、追加起诉或者补充侦查。

人民检察院不同意或者在指定时间内未回复书面意见的,人民法院应当就起诉指控的事实,依照本解释第二百九十五条的规定作出判决、裁定。[2016年真题~补充起诉程序]

第二百九十八条 对依照本解释第二百一十九条第一款第五项规定受理的案件,人民法院应当在判决中写明被告人曾被人民检察院提起公诉,因证据不足,指控的犯罪不能成立,被人民法院依法判决宣告无罪的情况;前案依照刑事诉讼法第二百条第三项规定作出的判决不予撤销。

第二百九十九条 合议庭成员、法官助理、书记员应当在评议笔录上签名,在判决书、裁定书等法律文书上署名。

第三百零一条 庭审结束后、评议前,部分合议庭成员不能继续履行审判职责的,人民法院应当依法更换合议庭组成人员,重新开庭审理。

评议后、宣判前,部分合议庭成员因调动、退休等正常原因不能参加宣判的,在不改变原评议结论的情况下,可以由审判本案的其他审判员宣判,裁判文书上仍署审判本案的合议庭成员的姓名。

(二)量刑

第二百零一条 [认罪认罚的定罪量刑]对于认罪认罚案件,人民法院依法作出判决时,一般应当采纳人民检察院指控的罪名和量刑建议,但有下列情形的除外:

(一)被告人的行为不构成犯罪或者不应当追究其刑事责任的;

(二)被告人违背意愿认罪认罚的;

(三)被告人否认指控的犯罪事实的;

(四)起诉指控的罪名与审判认定的罪名不一致的;

(五)其他可能影响公正审判的情形。

人民法院经审理认为量刑建议明显不当,或者被告人、辩护人对量刑建议提出异议的,人民检察院可以调整量刑建议。人民检察院不调整量刑建议或者调整量刑建议后仍然明显不当的,人民法院应当依法作出判决。

《高检规则》

第四百一十八条第二款 对认罪认罚案件,人民法院经审理认为人民检察院的量刑建议明显不当向人民检察院提出的,或者被告人、辩护人对量刑建议提出异议的,人民检察院可以调整量刑建议。

《适用认罪认罚从宽制度的指导意见》

32.提起公诉。人民检察院向人民法院提起公诉的,应当在起诉书中写明被告人认罪认罚情况,提出量刑建议,并移送认罪认罚具结书等材料。量刑建议书可以另行制作,也可以在起诉书中写明。

33.量刑建议的提出。犯罪嫌疑人认罪认罚的,人民检察院应当就主刑、附加刑、是否适用缓刑等提出量刑建议。人民检察院提出量刑建议前,应当充分听取犯罪嫌疑人、辩护人或者值班律师的意见,尽量协商一致。

办理认罪认罚案件,人民检察院一般应当提出确定刑量刑建议。对新类型、不常见犯罪案件,量刑情节复杂的重罪案件等,也可以提出幅度刑量刑建议。提出量刑建议,应当说明理由和依据。

犯罪嫌疑人认罪认罚没有其他法定量刑情节的,人民检察院可以根据犯罪的事实、性质等,在基准刑基础上适当减让提出确定刑量刑建议。有其他法定量刑情节的,人民检察院应当综合认罪认罚和其他法定量刑情节,参照相关量刑规范提出确定刑量刑建议。

犯罪嫌疑人在侦查阶段认罪认罚的,主刑从宽的幅度可以在前款基础上适当放宽;被告人在审判阶段认罪认罚的,在前款基础上可以适当减浮。建议单处罚金刑的,参照主刑的从宽幅度提出确定的数额。

34.速裁程序的办案期限。犯罪嫌疑人认罪认罚,人民检察院经审查,认为符合速裁程序适用条件的,应当在十日以内作出是否提起公诉的决定;对可能判处的有期徒刑超过一年的,可以在十五日以内作出是否提起公诉的决定。

35.侦查阶段的社会调查。犯罪嫌疑人认罪认罚,可能判处管制、宣告缓刑的,公安机关可以委托犯罪嫌疑人居住地的社区矫正机构进行调查评估。

公安机关在侦查阶段委托社区矫正机构进行调查评估,社区矫正机构在公安机关移送审查起诉后完成调查评估的,应当及时将评估意见提交受理案件的人民检察院或者人民法院,并抄送公安机关。

37.审判阶段的社会调查。被告人认罪认罚,人民法院拟判处管制或者宣告缓刑的,可以及时委托被告人居住地的社区矫正机构进行调查评估,也可以自行调查评估。

社区矫正机构出具的调查评估意见,是人民法院判处管制、宣告缓刑的重要参考。对没有委托社区矫正机构进行调查评估或者判决前未收到社区矫正机构调查评估报告的认罪认罚案件,人民法院经审理认为被告人符合管制、缓刑适用条件的,可以判处管制、宣告缓刑。

38.司法行政机关的职责。受委托的社区矫正机构应当根据委托机关的要求,对犯罪嫌疑人、被告人的居所情况、家庭和社会关系、一贯表现、犯罪行为的后果和影响、居住地村(居)民委员会和被害人意见、拟禁止的事项等进行调查了解,形成评估意见,及时提交委托机关。

(三)宣判

第二百零二条 [宣告判决]宣告判决,一律公开进行。

当庭宣告判决的,应当在五日以内将判决书送达当事人和提起公诉的人民检察院;定期宣告判决的,应当在宣告后立即将判决书送达当事人和提起公诉的人民检察院。判决书应当同时送达辩护人、诉讼代理人。

《刑诉解释》

第三百零二条 当庭宣告判决的,应当在五日以内送达判决书。定期宣告判决的,应当在宣判前,先期公告宣判的时间和地点,传唤当事人并通知公诉人、法定代理人、辩护人和诉讼代理人;判决宣告后,应当立即送达判决书。

第三百零三条 判决书应当送达人民检察院、当事人、法定代理人、辩护人、诉讼代理人,并可以送达被告人的近亲属。被害人死亡,其近亲属申请领取判决书的,人民法院应当及时提供。

判决生效后,还应当送达被告人的所在单位或者户籍地的公安派出所,或者被告单位的注册登记机关。被告人系外国人,且在境内有居住地的,应当送达居住地的公安派出所。

第三百零四条 宣告判决,一律公开进行。宣告判决结果时,法庭内全体人员应当起立。

公诉人、辩护人、诉讼代理人、被害人、自诉人或者附带民事诉讼原告人未到庭的,不影响宣判的进行。

《高检规则》

第四百二十三条 人民法院宣告判决前,人民检察院发现被告人的真实身份或者犯罪事实与起诉书中叙述的身份或者所指控犯罪事实不符的,或者事实、证据没有变化,但罪名、适用法律与起诉书不一致的,可以变更起诉。发现遗漏同案犯罪嫌疑人或者罪行的,应当要求公安机关补充移送起诉或者补充侦查;对于犯罪事实清楚、证据确实、充分的,可以直接追加、补充起诉。[2016年真题~补充起诉程序]

第四百二十四条 人民法院宣告判决前,人民检察院发现具有下列情形之一的,经检察长批准,可以撤回起诉:

(一)不存在犯罪事实的;

(二)犯罪事实并非被告人所为的;

(三)情节显著轻微、危害不大,不认为是犯罪的;

(四)证据不足或证据发生变化,不符合起诉条件的;

(五)被告人因未达到刑事责任年龄,不负刑事责任的;

(六)法律、司法解释发生变化导致不应当追究被告人刑事责任的;

(七)其他不应当追究被告人刑事责任的。

对于撤回起诉的案件,人民检察院应当在撤回起诉后三十日以内作出不起诉决定。需要重新调查或者侦查的,应当在作出不起诉决定后将案卷材料退回监察机关或者公安机关,建议监察机关或者公安机关重新调查或者侦查,并书面说明理由。

对于撤回起诉的案件,没有新的事实或者新的证据,人民检察院不得再行起诉。

新的事实是指原起诉书中未指控的犯罪事实。该犯罪事实触犯的罪名既可以是原指控罪名的同一罪名,也可以是其他罪名。

新的证据是指撤回起诉后收集、调取的足以证明原指控犯罪事实的证据。

(四)审理期限

第二百零八条 [公诉案件审理期限]人民法院审理公诉案件,应当在受理后二个月以内宣判,至迟不得超过三个月。对于可能判处死刑的案件或者附带民事诉讼的案件,以及有本法第一百五十八条规定情形之一的,经上一级人民法院批准,可以延长三个月;因特殊情况还需要延长的,报请最高人民法院批准。

人民法院改变管辖的案件,从改变后的人民法院收到案件之日起计算审理期限。

人民检察院补充侦查的案件,补充侦查完毕移送人民法院后,人民法院重新计算审理期限。[2023年回忆~公诉案件审理期限]

《刑事诉讼法》

第一百五十八条 [重大复杂案件的侦查羁押期限的延长]下列案件在本法第一百五十六条规定的期限届满不能侦查终结的,经省、自治区、直辖市人民检察院批准或者决定,可以延长二个月:

(一)交通十分不便的边远地区的重大复杂案件;

(二)重大的犯罪集团案件;

(三)流窜作案的重大复杂案件;

(四)犯罪涉及面广,取证困难的重大复杂案件。

《刑诉解释》

第二百一十一条 审判期间,对被告人作精神病鉴定的时间不计入审理期限。

专题十六 第二审程序

考点64 第二审程序的提起

(一)上诉、抗诉主体及期限

1 第二百二十七条 [上诉的主体]被告人、自诉人和他们的法定代理人,不服地方各级人民法院第一审的判决、裁定,有权用书状或者口头向上一级人民法院上诉。被告人的辩护人和近亲属,经被告人同意,可以提出上诉。

附带民事诉讼的当事人和他们的法定代理人,可以对地方各级人民法院第一审的判决、裁定中的附带民事诉讼部分,提出上诉。

对被告人的上诉权,不得以任何借口加以剥夺。

《刑诉解释》

第三百二十二条 自诉人对不予受理或驳回起诉的裁定不服的,可以提起上诉。

第二审人民法院查明第一审人民法院作出的不予受理裁定有错误的,应当在撤销原裁定的同时,指令第一审人民法院立案受理;查明第一审人民法院驳回起诉裁定有错误的,应当在撤销原裁定的同时,指令第一审人民法院进行审理。

第三百七十八条　地方各级人民法院在宣告第一审判决、裁定时,应当告知被告人、自诉人及其法定代理人不服判决和准许撤回起诉、终止审理等裁定的,有权在法定期限内以书面或者口头形式,通过本院或者直接向上一级人民法院提出上诉;被告人的辩护人、近亲属经被告人同意,也可以提出上诉;附带民事诉讼当事人及其法定代理人,可以对判决、裁定中的附带民事部分提出上诉。

被告人、自诉人、附带民事诉讼当事人及其法定代理人是否提出上诉,以其在上诉期满前最后一次的意思表示为准。

第三百七十九条　人民法院受理的上诉案件,一般应当有上诉状正本及副本。

上诉状内容一般包括:第一审判决书、裁定书的文号和上诉人收到的时间,第一审人民法院的名称,上诉的请求和理由,提出上诉的时间。被告人的辩护人、近亲属经被告人同意提出上诉的,还应当写明其与被告人的关系,并应当以被告人作为上诉人。

第六百五十一条　向人民法院提出自诉、上诉、申诉、申请等的,应当以书面形式提出。书写有困难的,除另有规定的以外,可以口头提出,由人民法院工作人员制作笔录或者记录在案,并由口述人宣读或者交其阅读。

2 第二百二十八条　[抗诉的主体]地方各级人民检察院认为本级人民法院第一审的判决、裁定确有错误的时候,应当向上一级人民法院提出抗诉。

《高检规则》

第五百八十四条　人民检察院认为同级人民法院第一审判决、裁定具有下列情形之一的,应当提出抗诉:

(一)认定的事实确有错误或者据以定罪量刑的证据不确实、不充分的;

(二)有确实、充分证据证明有罪判无罪,或者无罪判有罪的;

(三)重罪轻判、轻罪重判,适用刑罚明显不当的;

(四)认定罪名不正确,一罪判数罪、数罪判一罪,影响量刑或者造成严重社会影响的;

(五)免除刑事处罚或者适用缓刑、禁止令、限制减刑等错误的;

(六)人民法院在审理过程中严重违反法律规定的诉讼程序的。

第五百八十五条　人民检察院在收到人民法院第一审判决书或者裁定书后,应当及时审查。对于需要提出抗诉的案件,应当报请检察长决定。

3 第二百二十九条　[公诉案件被害人请求抗诉]被害人及其法定代理人不服地方各级人民法院第一审的判决的,自收到判决书后五日以内,有权请求人民检察院提出抗诉。人民检察院自收到被害人及其法定代理人的请求后五日以内,应当作出是否抗诉的决定并且答复请求人。

《高检规则》

第五百八十八条　被害人及其法定代理人不服地方各级人民法院第一审的判决,在收到判决书后五日以内请求人民检察院提出抗诉的,人民检察院应当立即进行审查,在收到被害人及其法定代理人的请求后五日以内作出是否抗诉的决定,并且答复请求人。经审查认为应当抗诉的,适用本规则第五百八十四条至第五百八十七条的规定办理。

被害人及其法定代理人在收到判决书五日以后请求人民检察院提出抗诉的,由人民检察院决定是否受理。

4 第二百三十条　[上诉、抗诉的期限]不服判决的上诉和抗诉的期限为十日,不服裁定的上诉和抗诉的期限为五日,从接到判决书、裁定书的第二日起算。

《刑诉解释》

第三百八十条　上诉、抗诉必须在法定期限内提出。不服判决的上诉、抗诉的期限为十日;不服裁定的上诉、抗诉的期限为五日。上诉、抗诉的期限,从接到判决书、裁定书的第二日起计算。

对附带民事判决、裁定的上诉、抗诉期限,应当按照刑事部分的上诉、抗诉期限确定。附带民事部分另行审判的,上诉期限也应当按照刑事诉讼法规定的期限确定。

第三百八十三条　上诉人在上诉期限内要求撤回上诉的,人民法院应当准许。

上诉人在上诉期满后要求撤回上诉的,第二审人民法院经审查,认为原判认定事实和适用法律正确,量刑适当的,应当裁定准许;认为原判确有错误的,应当不予准许,继续按照上诉案件审理。

被判处死刑立即执行的被告人提出上诉,在第二审开庭后宣告裁判前申请撤回上诉的,应当不予准许,继续按照上诉案件审理。

《高检规则》

第五百八十六条　人民检察院对同级人民法院第一审判决的抗诉,应当在接到判决书后第二日起十日以内提出;对第一审裁定的抗诉,应当在接到裁定书后第二日起五日以内提出。

(二)上诉、抗诉程序

1 第二百三十一条　[上诉的程序]被告人、自诉人、附带民事诉讼的原告人和被告人通过原审人民法院提出上诉的,原审人民法院应当在三日以内将上诉状连同案卷、证据移送上一级人民法院,同时将上诉状副本送交同级人民检察院和对方当事人。

被告人、自诉人、附带民事诉讼的原告人和被告人直接向第二审人民法院提出上诉的,第二审人民法院应当在三日以内将上诉状交原审人民法院送交同级人民检察院和对方当事人。

《刑诉解释》

第三百八十一条　上诉人通过第一审人民法院提出上诉的,第一审人民法院应当审查。上诉符合法律规定的,应当在上诉期满后三日以内将上诉状连同案卷、证据移送上一级人民法院,并将上诉状副本送交同级人民检察院和对方当事人。

第三百八十二条　上诉人直接向第二审人民法院提出上诉的,第二审人民法院应当在收到上诉状后三日以内将上诉状交第一审人民法院。第一审人民法院应当审查上诉是否符合法律规定。符合法律规定的，应当在接到上诉状后三日以内将上诉状连同案卷、证据移送上一级人民法院，并将上诉状副本送交同级人民检察院和对方当事人。

② 第二百三十二条 ［抗诉的程序］地方各级人民检察院对同级人民法院第一审判决、裁定的抗诉，应当<u>通过原审人民法院提出抗诉书，并且将抗诉书抄送上一级人民检察院</u>。原审人民法院应当将抗诉书连同案卷、证据移送上一级人民法院，并且将抗诉书副本送交当事人。

上级人民检察院如果认为抗诉不当，可以向同级人民法院撤回抗诉，并且通知下级人民检察院。

《刑诉解释》

第三百八十四条 地方各级人民检察院对同级人民法院第一审判决、裁定的抗诉，应当通过第一审人民法院提交抗诉书。第一审人民法院应当在抗诉期满后三日以内将抗诉书连同案卷、证据移送上一级人民法院，并将抗诉书副本送交当事人。

第三百八十五条 人民检察院在抗诉期限内要求撤回抗诉的，人民法院应当准许。

人民检察院在抗诉期满后要求撤回抗诉的，第二审人民法院可以裁定准许，但是认为原判存在将无罪判为有罪、轻罪重判等情形的，应当不予准许，继续审理。

上级人民检察院认为下级人民检察院抗诉不当，向第二审人民法院要求撤回抗诉的，适用前两款规定。

第三百八十六条 在上诉、抗诉期满前撤回上诉、抗诉的，第一审判决、裁定在上诉、抗诉期满之日起生效。在上诉、抗诉期满后要求撤回上诉、抗诉，第二审人民法院裁定准许的，第一审判决、裁定应当自第二审裁定书送达上诉人或者抗诉机关之日起生效。

《高检规则》

第五百八十七条 人民检察院对同级人民法院第一审判决、裁定的抗诉，应当制作抗诉书，通过原审人民法院向上一级人民法院提出，并将抗诉书副本连同案卷材料报送上一级人民检察院。

第五百八十九条 上一级人民检察院对下级人民检察院按照第二审程序提出抗诉的案件，认为抗诉正确的，应当支持抗诉。

上一级人民检察院认为抗诉不当的，应当听取下级人民检察院的意见。听取意见后，仍然认为抗诉不当的，应当向同级人民法院撤回抗诉，并且通知下级人民检察院。

上一级人民检察院在上诉、抗诉期限内，发现下级人民检察院应当提出抗诉而没有提出抗诉的案件，可以指令下级人民检察院依法提出抗诉。

上一级人民检察院支持或者部分支持抗诉意见的，可以<u>变更、补充抗诉理由</u>，及时制作支持抗诉意见书，并通知提出抗诉的人民检察院。

第五百九十条 第二审人民法院发回原审人民法院按照第一审程序重新审判的案件，如果人民检察院认为重新审判的判决、裁定确有错误的，可以按照第二审程序提出抗诉。

考点 65 上诉不加刑原则

第二百三十七条 ［上诉不加刑原则及其例外］第二审人民法院审理被告人或者他的法定代理人、辩护人、近亲属上诉的案件，不得加重被告人的刑罚。第二审人民法院发回原审人民法院重新审判的案件，<u>除有新的犯罪事实，人民检察院补充起诉的以外，原审人民法院也不得加重被告人的刑罚。</u>

<u>人民检察院提出抗诉或者自诉人提出上诉的，不受前款规定的限制。</u>〔2016年真题～上诉不加刑原则〕

《刑诉解释》

第四百零一条 审理被告人或者其法定代理人、辩护人、近亲属提出上诉的案件，不得对被告人的刑罚作出实质不利的改判，并应当执行下列规定：

（一）同案审理的案件，只有部分被告人上诉的，既不得加重上诉人的刑罚，也不得加重其他同案被告人的刑罚；

（二）原判认定的罪名不当的，可以改变罪名，但不得加重刑罚或者对刑罚执行产生不利影响；

（三）原判认定的罪数不当的，可以改变罪数，并调整刑罚，但不得加重决定执行的刑罚或者对刑罚执行产生不利影响；

（四）原判对被告人宣告缓刑的，不得撤销缓刑或者延长缓刑考验期；

（五）原判没有宣告职业禁止、禁止令的，不得增加宣告；原判宣告职业禁止、禁止令的，不得增加内容、延长期限；

（六）原判对被告人判处死刑缓期执行没有限制减刑、决定终身监禁的，不得限制减刑、决定终身监禁；

（七）原判判处的刑罚不当，应当适用附加刑而没有适用的，不得直接加重刑罚、适用附加刑。原判判处的刑罚畸轻，必须依法改判的，应当在第二审判决、裁定生效后，依照审判监督程序重新审判。

人民检察院抗诉或者自诉人上诉的案件，不受前款规定的限制。

第四百零二条 人民检察院只对部分被告人的判决提出抗诉，或者自诉人只对部分被告人的判决提出上诉的，第二审人民法院不得对其他同案被告人加重刑罚。

第四百零三条 被告人或者其法定代理人、辩护人、近亲属提出上诉，人民检察院未提出抗诉的案件，第二审人民法院发回重新审判后，除有新的犯罪事实且人民检察院补充起诉的以外，原审人民法院不得加重被告人的刑罚。

对前款规定的案件，原审人民法院对上诉发回重新审判的案件依法作出判决后，人民检察院抗诉的，第二审人民法院不得改判为重于原审人民法院第一次判处的刑罚。

考点 66 二审审理与裁判

（一）二审审理方式

第二百三十四条 ［二审开庭审理的范围］第二审人民

民法院对于下列案件,应当组成合议庭,开庭审理:

(一)被告人、自诉人及其法定代理人对第一审认定的事实、证据提出异议,可能影响定罪量刑的上诉案件;

(二)被告人被判处死刑的上诉案件;

(三)人民检察院抗诉的案件;

(四)其他应当开庭审理的案件。

第二审人民法院决定不开庭审理的,应当讯问被告人,听取其他当事人、辩护人、诉讼代理人的意见。

第二审人民法院开庭审理上诉、抗诉案件,可以到案件发生地或者原审人民法院所在地进行。

《刑诉解释》

第三百九十三条 下列案件,根据刑事诉讼法第二百三十四条的规定,应当开庭审理:

(一)被告人、自诉人及其法定代理人对第一审认定的事实、证据提出异议,可能影响定罪量刑的上诉案件;

(二)被告人被判处死刑的上诉案件;

(三)人民检察院抗诉的案件;

(四)应当开庭审理的其他案件。

被判处死刑的被告人没有上诉,同案的其他被告人上诉的案件,第二审人民法院应当开庭审理。

第三百九十四条 对上诉、抗诉案件,第二审人民法院经审查,认为原判事实不清、证据不足,或者具有刑事诉讼法第二百三十八条规定的违反法定诉讼程序情形,需要发回重新审判的,可以不开庭审理。

第三百九十八条 开庭审理上诉、抗诉案件,除参照适用第一审程序的有关规定外,应当按照下列规定进行:

(一)法庭调查阶段,审判人员宣读第一审判决书、裁定书后,上诉案件由上诉人或者辩护人先宣读上诉状或者陈述上诉理由,抗诉案件由检察员先宣读抗诉书;既有上诉又有抗诉的案件,先由检察员宣读抗诉书,再由上诉人或者辩护人宣读上诉状或陈述上诉理由;

(二)法庭辩论阶段,上诉案件,先由上诉人、辩护人发言,后由检察员、诉讼代理人发言;抗诉案件,先由检察员、诉讼代理人发言,后由被告人、辩护人发言;既有上诉又有抗诉的案件,先由检察员、诉讼代理人发言,后由上诉人、辩护人发言。

第三百九十九条 开庭审理上诉、抗诉案件,可以重点围绕对第一审判决、裁定有争议的问题或者有疑问的部分进行。根据案件情况,可以按照下列方式审理:

(一)宣读第一审判决书,可以只宣读案由、主要事实、证据名称和判决主文等;

(二)法庭调查应当重点围绕对第一审判决提出异议的事实、证据以及新的证据等进行;没有异议的事实、证据和情节,可以直接确认;

(三)对同案审理案件中未上诉的被告人,未被申请出庭或者人民法院认为没有必要到庭的,可以不再传唤到庭;

(四)被告人犯有数罪的案件,对其中事实清楚且无异议的犯罪,可以不在庭审时审理。

同案审理的案件,未提出上诉、人民检察院也未对其判决提出抗诉的被告人要求出庭的,应当准许。出庭的被告人可以参加法庭调查和辩论。

第四百条 第二审案件依法不开庭审理的,应当讯问被告人,听取其他当事人、辩护人、诉讼代理人的意见。合议庭全体成员应当阅卷,必要时应当提交书面阅卷意见。

(二)二审对一审判决的处理

1 第二百三十六条 [二审裁判结果]第二审人民法院对不服第一审判决的上诉、抗诉案件,经过审理后,应当按照下列情形分别处理:

(一)原判决认定事实和适用法律正确、量刑适当的,应当裁定驳回上诉或者抗诉,维持原判;

(二)原判决认定事实没有错误,但适用法律有错误,或者量刑不当的,应当改判;

(三)原判决事实不清楚或者证据不足的,可以在查清事实后改判;也可以裁定撤销原判,发回原审人民法院重新审判。

原审人民法院对于依照前款第三项规定发回重新审判的案件作出判决后,被告人提出上诉或者人民检察院提出抗诉的,第二审人民法院应当依法作出判决或者裁定,不得再发回原审人民法院重新审判。〔2023 年回忆~二审对一审判决的处理〕

《刑诉解释》

第三百七十七条 适用速裁程序审理的案件,第二审人民法院依照刑事诉讼法第二百三十六条第一款第三项的规定发回原审人民法院重新审判的,原审人民法院应当适用第一审普通程序重新审判。

第四百零四条 第二审人民法院认为第一审判决事实不清、证据不足的,可以在查清事实后改判,也可以裁定撤销原判,发回原审人民法院重新审判。

有多名被告人的案件,部分被告人的犯罪事实不清、证据不足或者有新的犯罪事实需要追诉,且有关犯罪与其他同案被告人没有关联的,第二审人民法院根据案件情况,可以对该部分被告人分案处理,将该部分被告人发回原审人民法院重新审判。原审人民法院重新作出判决后,被告人上诉或者人民检察院抗诉,其他被告人的案件尚未作出第二审判决、裁定的,第二审人民法院可以并案审理。〔2021 年回忆~二审中部分发回重审与并案审理〕

第四百零五条 原事实不清、证据不足,第二审人民法院发回重新审判的案件,原审人民法院重新作出判决后,被告人上诉或者人民检察院抗诉的,第二审人民法院应当依法作出判决、裁定,不得再发回重新审判。

第四百零七条 第二审人民法院审理对刑事部分提出上诉、抗诉,附带民事部分已经发生法律效力的案件,发现第一审判决、裁定中的附带民事部分确有错误的,应当依照审判监督程序对附带民事部分予以纠正。

第四百零八条 刑事附带民事诉讼案件,只有附带民事诉讼当事人及其法定代理人上诉的,第一审刑事部分的判决在上诉期满后即发生法律效力。

应当送监执行的第一审刑事被告人是第二审附带民事诉讼被告人的,在第二审附带民事诉讼案件审结前,可以暂缓送监执行。

第四百零九条　第二审人民法院审理对附带民事部分提出上诉,刑事部分已经发生法律效力的案件,应当对全案进行审查,并按照下列情形分别处理:

(一)第一审判决的刑事部分并无不当的,只需就附带民事部分作出处理;

(二)第一审判决的刑事部分确有错误的,依照审判监督程序对刑事部分进行再审,并将附带民事部分与刑事部分一并审理。

第四百一十条　第二审期间,第一审附带民事诉讼原告人增加独立的诉讼请求或者第一审附带民事诉讼被告人提出反诉的,第二审人民法院可以根据自愿、合法的原则进行调解;调解不成的,告知当事人另行起诉。

第四百一十一条　对第二审自诉案件,必要时可以调解,当事人也可以自行和解。调解结束的,应当制作调解书,第一审判决、裁定视为自动撤销。当事人自行和解的,依照本解释第三百二十九条的规定处理;裁定准许撤回自诉的,应当撤销第一审判决、裁定。

第四百一十二条　第二审期间,自诉案件的当事人提出反诉的,应当告知其另行起诉。

第四百一十三条　第二审人民法院可以委托第一审人民法院代为宣判,并向当事人送达第二审判决书、裁定书。第一审人民法院应当在代为宣判后五日以内将宣判笔录送交第二审人民法院,并在送达完毕后及时将送达回证送交第二审人民法院。

委托宣判的,第二审人民法院应当直接向同级人民检察院送达第二审判决书、裁定书。

第二审判决、裁定是终审的判决、裁定,自宣告之日起发生法律效力。

第四百一十四条　报请最高人民法院核准在法定刑以下判处刑罚的案件,应当按照下列情形分别处理:

(一)被告人未上诉、人民检察院未抗诉的,在上诉、抗诉期满后三日以内报请上一级人民法院复核。上级人民法院同意原判的,应当书面层报最高人民法院核准;不同意的,应当裁定发回重新审判,或者按照第二审程序提审;

(二)被告人上诉或者人民检察院抗诉的,上一级人民法院维持原判,或者改判后仍在法定刑以下判处刑罚的,应当依照前项规定层报最高人民法院核准。

第四百一十五条　对符合刑法第六十三条第二款规定的案件,第一审人民法院未在法定刑以下判处刑罚的,第二审人民法院可以在法定刑以下判处刑罚,并层报最高人民法院核准。

第四百一十六条　报请最高人民法院核准在法定刑以下判处刑罚的案件,应当报送判决书、报请核准的报告各五份,以及全部案卷、证据。

第四百一十七条　对在法定刑以下判处刑罚的案件,最高人民法院予以核准的,应当作出核准裁定书;不予核准的,应当作出不核准裁定书,撤销原判决、裁定,发回原审人民法院重新审判或者指定其他下级人民法院重新审判。

第四百一十八条　依照本解释第四百一十四条、第四百一十七条规定发回第二审人民法院重新审判的案件,第二审人民法院可以直接改判;必须通过开庭查清事实、核实证据或者纠正原审程序违法的,应当开庭审理。

第四百一十九条　最高人民法院和上级人民法院复核在法定刑以下判处刑罚案件的审理期限,参照适用刑事诉讼法第二百四十三条的规定。

第四百二十条　报请最高人民法院核准因罪犯具有特殊情况,不受执行刑期限制的假释案件,应当按照下列情形分别处理:

(一)中级人民法院依法作出假释裁定后,应当报请高级人民法院复核。高级人民法院同意的,应当书面报请最高人民法院核准;不同意的,应当裁定撤销中级人民法院的假释裁定;

(二)高级人民法院依法作出假释裁定的,应当报请最高人民法院核准。

第四百二十一条　报请最高人民法院核准因罪犯具有特殊情况,不受执行刑期限制的假释案件,应当报送报请核准的报告、罪犯具有特殊情况的报告、假释裁定书各五份,以及全部案卷。

第四百二十二条　对因罪犯具有特殊情况,不受执行刑期限制的假释案件,最高人民法院予以核准的,应当作出核准裁定书;不予核准的,应当作出不核准裁定书,并撤销原裁定。

2 第二百三十八条　[应当发回重审的情形]第二审人民法院发现第一审人民法院的审理有下列违反法律规定的诉讼程序的情形之一的,<u>应当裁定撤销原判,发回原审人民法院重新审判</u>:

(一)<u>违反本法有关公开审判的规定的</u>;

(二)<u>违反回避制度的</u>;

(三)<u>剥夺或者限制了当事人的法定诉讼权利,可能影响公正审判的</u>;

(四)<u>审判组织的组成不合法的</u>;

(五)<u>其他违反法律规定的诉讼程序,可能影响公正审判的</u>。〔2023年回忆~二审对一审判决的处理〕

第二百三十九条　[发回重审的审判]原审人民法院对于发回重新审判的案件,<u>应当另行组成合议庭</u>,依照第一审程序进行审判。对于重新审判后的判决,依照本法第二百二十七条、第二百二十八条、第二百二十九条的规定可以上诉、抗诉。

《刑诉解释》

第四百零六条　第二审人民法院发现原审人民法院在重新审判过程中,有刑事诉讼法第二百三十八条规定的情形之一,或者违反第二百三十九条规定的,应当裁定撤销原判,发回重新审判。

3 第二百四十条　[对裁定的二审]第二审人民法院对不服第一审裁定的上诉或者抗诉,经过审查后,应当参照本法第二百三十六条、第二百三十八条和第二百三十九条的规定,分别情形用裁定驳回上诉、抗诉,或者撤销、变更原裁定。〔2016年真题~发回重审案件再次上诉的审理程序〕

4 第二百四十一条　[重审期限]第二审人民法院

发回原审人民法院重新审判的案件,原审人民法院从收到发回的案件之日起,重新计算审理期限。

第二百四十三条　[二审审理期限]第二审人民法院受理上诉、抗诉案件,应当在二个月以内审结。对于可能判处死刑的案件或者附带民事诉讼的案件,以及有本法第一百五十八条规定情形之一的,经省、自治区、直辖市高级人民法院批准或者决定,可以延长二个月;因特殊情况还需要延长的,报请最高人民法院批准。

最高人民法院受理上诉、抗诉案件的审理期限,由最高人民法院决定。[2016年真题~发回重审案件再次上诉的审理程序]

《刑诉解释》

第四百一十九条　最高人民法院和上级人民法院复核在法定刑以下判处刑罚案件的审理期限,参照适用刑事诉讼法第二百四十三条的规定。

专题十七　死刑复核程序

考点67　判处死刑立即执行案件的复核程序

1 第二百四十七条　[死刑层报程序]中级人民法院判处死刑的第一审案件,被告人不上诉的,应当由高级人民法院复核后,报请最高人民法院核准。高级人民法院不同意判处死刑的,可以提审或者发回重新审判。

高级人民法院判处死刑的第一审案件被告人不上诉的,和判处死刑的第二审案件,都应当报请最高人民法院核准。

《刑诉解释》

第四百二十三条　报请最高人民法院核准死刑的案件,应当按照下列情形分别处理:

(一)中级人民法院判处死刑的第一审案件,被告人未上诉、人民检察院未抗诉的,在上诉、抗诉期满后十日以内报请高级人民法院复核。高级人民法院同意判处死刑的,应当在作出裁定后十日以内报请最高人民法院核准;认为原判认定的某一具体事实或者引用的法律条款等存在瑕疵,但判处被告人死刑并无不当的,可以在纠正后作出核准的判决、裁定;不同意判处死刑的,应当依照第二审程序提审或者发回重新审判;

(二)中级人民法院判处死刑的第一审案件,被告人上诉或者人民检察院抗诉,高级人民法院裁定维持的,应当在作出裁定后十日以内报请最高人民法院核准;

(三)高级人民法院判处死刑的第一审案件,被告人未上诉、人民检察院未抗诉的,应当在上诉、抗诉期满后十日以内报请最高人民法院核准。

高级人民法院复核死刑案件,应当讯问被告人。

2 第二百四十九条　[死刑复核的合议庭]最高人民法院复核死刑案件,高级人民法院复核死刑缓期执行的案件,应当由审判员三人组成合议庭进行。

3 第二百五十条　[最高人民法院死刑复核结果]最高人民法院复核死刑案件,应当作出核准或者不核准死刑的裁定。对于不核准死刑的,最高人民法院可以发回重新审判或者予以改判。

《刑诉解释》

第四百二十九条　最高人民法院复核死刑案件,应当按照下列情形分别处理:

(一)原判认定事实和适用法律正确、量刑适当、诉讼程序合法的,应当裁定核准;

(二)原判认定的某一具体事实或者引用的法律条款等存在瑕疵,但判处被告人死刑并无不当的,可以在纠正后作出核准的判决、裁定;

(三)原判事实不清、证据不足的,应当裁定不予核准,并撤销原判,发回重新审判;

(四)复核期间出现新的影响定罪量刑的事实、证据的,应当裁定不予核准,并撤销原判,发回重新审判;

(五)原判认定事实正确、证据充分,但依法不应当判处死刑的,应当裁定不予核准,并撤销原判,发回重新审判;根据案件情况,必要时,也可以依法改判;

(六)原审违反法定诉讼程序,可能影响公正审判的,应当裁定不予核准,并撤销原判,发回重新审判。

第四百三十条　最高人民法院裁定不予核准死刑的,根据案件情况,可以发回第二审人民法院或者第一审人民法院重新审判。

对最高人民法院发回第二审人民法院重新审判的案件,第二审人民法院一般不得发回第一审人民法院重新审判。

第一审人民法院重新审判的,应当开庭审理。第二审人民法院重新审判的,可以直接改判;必须通过开庭查清事实、核实证据或者纠正原审程序违法的,应当开庭审理。

第四百三十一条　高级人民法院依照复核程序审理后报请最高人民法院核准死刑,最高人民法院裁定不予核准,发回高级人民法院重新审判的,高级人民法院可以依照第二审程序提审或者发回重新审判。

第四百三十二条　最高人民法院裁定不予核准死刑,发回重新审判的案件,原审人民法院应当另行组成合议庭审理,但本解释第四百二十九条第四项、第五项规定的案件除外。

第四百三十三条　依照本解释第四百三十条、第四百三十一条发回重新审判的案件,第一审人民法院判处死刑、死刑缓期执行的,上一级人民法院依照第二审程序或者复核程序审理后,应当依法作出判决或者裁定,不得再发回重新审判。但是,第一审人民法院有刑事诉讼法第二百三十八条规定的情形或者违反刑事诉讼法第二百三十九条规定的除外。

4 第二百五十一条　[最高人民法院死刑复核程序]最高人民法院复核死刑案件,应当讯问被告人,辩护律师提出要求的,应当听取辩护律师的意见。

在复核死刑案件过程中,最高人民检察院可以向最高人民法院提出意见。最高人民法院应当将死刑复核结果通报最高人民检察院。

《刑诉解释》

第四百三十四条　死刑复核期间,辩护律师要求当面反映意见的,最高人民法院有关合议庭应当在办公场所听取其意见,并制作笔录;辩护律师提出书面意见的,应当附卷。

《高检规则》

第六百零二条 最高人民检察院依法对最高人民法院的死刑复核活动实行法律监督。

省级人民检察院依法对高级人民法院复核未上诉且未抗诉死刑立即执行案件和死刑缓期二年执行案件的活动实行法律监督。

第六百零五条 省级人民检察院发现死刑复核案件被告人有自首、立功、怀孕或者被告人家属与被害人家属达成赔偿谅解协议等新的重大情况,影响死刑适用的,应当及时向最高人民检察院报告。

第六百零七条 对于适用死刑存在较大分歧或者在全国有重大影响的死刑第二审案件,省级人民检察院应当及时报最高人民检察院备案。

《办理死刑复核案件听取辩护律师意见的办法》

第一条 死刑复核案件的辩护律师可以向最高人民法院立案庭查询立案信息。辩护律师查询时,应当提供本人姓名、律师事务所名称、被告人姓名、案由,以及报请复核的高级人民法院的名称及案号。

最高人民法院立案庭能够立即答复的,应当立即答复,不能立即答复的,应当在二个工作日内答复。答复内容为案件是否立案及承办案件的审判庭。

第二条 律师接受被告人、被告人近亲属的委托或者法律援助机构的指派,担任死刑复核案件辩护师的,应当在接受委托或者指派之日起三个工作日内向最高人民法院相关审判庭提交有关手续。

辩护律师应当在接受委托或者指派之日起一个半月内提交辩护意见。

第四条 辩护律师可以到最高人民法院办公场所查阅、摘抄、复制案卷材料。但依法不公开的材料不得查阅、摘抄、复制。

第五条 辩护律师要求当面反映意见的,案件承办法官应当及时安排。

一般由案件承办法官与书记员当面听取辩护律师意见,也可以由合议庭其他成员或者全体成员与书记员当面听取。

第六条 当面听取辩护律师意见,应当在最高人民法院或者地方人民法院办公场所进行。辩护律师可以携律师助理参加。当面听取意见的人员应当核实辩护律师和律师助理的身份。

第七条 当面听取辩护律师意见时,应当制作笔录,由辩护律师签名后附卷。辩护律师提交相关材料的,应当接收并开列收取清单一式二份,一份交给辩护律师,另一份附卷。

第八条 当面听取辩护律师意见时,具备条件的人民法院应当指派工作人员全程录音、录像。其他在场人员不得自行录音、录像、拍照。

第九条 复核终结后,受委托进行宣判的人民法院应当在宣判后五个工作日内将最高人民法院裁判文书送达辩护律师。

考点68 判处死刑缓期二年执行案件的复核程序

第二百四十八条 [死缓核准] 中级人民法院判处死刑缓期二年执行的案件,由高级人民法院核准。

《刑诉解释》

第四百二十八条 高级人民法院复核死刑缓期执行案件,应当按照下列情形分别处理:

(一)原判认定事实和适用法律正确、量刑适当、诉讼程序合法的,应当裁定核准;

(二)原判认定的某一具体事实或者引用的法律条款等存在瑕疵,但判处被告人死刑缓期执行并无不当的,可以在纠正后作出核准的判决、裁定;

(三)原判认定事实正确,但适用法律有错误,或者量刑过重的,应当改判;

(四)原判事实不清、证据不足的,可以裁定不予核准,并撤销原判,发回重新审判,或者依法改判;

(五)复核期间出现新的影响定罪量刑的事实、证据的,可以裁定不予核准,并撤销原判,发回重新审判,或者依照本解释第二百七十一条的规定审理后依法改判;

(六)原审违反法定诉讼程序,可能影响公正审判的,应当裁定不予核准,并撤销原判,发回重新审判。

复核死刑缓期执行案件,不得加重被告人的刑罚。

《关于死刑缓期执行限制减刑案件审理程序若干问题的规定》

第三条 高级人民法院审理或者复核判处死刑缓期执行并限制减刑的案件,认为原判对被告人判处死刑缓期执行适当,但判决限制减刑不当的,应当改判,撤销限制减刑。

第四条 高级人民法院审理判处死刑缓期执行没有限制减刑的上诉案件,认为原判事实清楚、证据充分,但应当限制减刑的,不得直接改判,也不得发回重新审判。确有必要限制减刑的,应当在第二审判决、裁定生效后,按照审判监督程序重新审判。

高级人民法院复核判处死刑缓期执行没有限制减刑的案件,认为应当限制减刑的,不得以提高审级等方式对被告人限制减刑。

第五条 高级人民法院审理判处死刑的第二审案件,对被告人改判死刑缓期执行的,如果符合刑法第五十条第二款的规定,可以同时决定对其限制减刑。

高级人民法院复核判处死刑后没有上诉、抗诉的案件,认为应当改判死刑缓期执行并限制减刑的,可以提审或者发回重新审判。

第六条 最高人民法院复核死刑案件,认为对被告人可以判处死刑缓期执行并限制减刑的,应当裁定不予核准,并撤销原判,发回重新审判。

一案中两名以上被告人被判处死刑,最高人民法院复核后,对其中部分被告人改判死刑缓期执行的,如果符合刑法第五十条第二款的规定,可以同时决定对其限制减刑。

第七条 人民法院对被判处死刑缓期执行的被告人所作的限制减刑决定,应当在判决书主文部分单独作为一项予以宣告。

专题十八 审判监督程序

考点70 审判监督程序的提起

(一)审判监督程序中的申诉

1 第二百五十二条 [申诉的主体及效力]当事人及其法定代理人、近亲属，对已经发生法律效力的判决、裁定，可以向人民法院或者人民检察院提出申诉，但是不能停止判决、裁定的执行。

《刑诉解释》

第四百五十一条 当事人及其法定代理人、近亲属对已经发生法律效力的判决、裁定提出申诉的，人民法院应当审查处理。

案外人认为已经发生法律效力的判决、裁定侵害其合法权益，提出申诉的，人民法院应当审查处理。

申诉可以委托律师代为进行。

第四百五十三条 申诉由终审人民法院审查处理。但是，第二审人民法院裁定准许撤回上诉的案件，申诉人对第一审判决提出申诉的，可以由第一审人民法院审查处理。

上一级人民法院对未经终审人民法院审查处理的申诉，可以告知申诉人向终审人民法院提出申诉，或者直接交终审人民法院审查处理，并告知申诉人；案件疑难、复杂、重大的，也可以直接审查处理。

对未经终审人民法院及其上一级人民法院审查处理，直接向上级人民法院申诉的，上级人民法院应当告知申诉人向下级人民法院提出。

第四百五十四条 最高人民法院或者上级人民法院可以指定终审人民法院以外的人民法院对申诉进行审查。被指定的人民法院审查后，应当制作审查报告，提出处理意见，层报最高人民法院或者上级人民法院审查处理。

第四百五十五条 对死刑案件的申诉，可以由原核准的人民法院直接审查处理，也可以交由原审人民法院审查。原审人民法院应当制作审查报告，提出处理意见，层报原核准的人民法院审查处理。

第四百五十六条 对立案审查的申诉案件，人民法院可以听取当事人和原办案单位的意见，也可以对原判据以定罪量刑的证据和新的证据进行核实。必要时，可以进行听证。

《高检规则》

第五百九十三条 当事人及其法定代理人、近亲属认为人民法院已经发生法律效力的判决、裁定确有错误，向人民检察院申诉的，由作出生效判决、裁定的人民法院的同级人民检察院依法办理。

当事人及其法定代理人、近亲属直接向上级人民检察院申诉的，上级人民检察院可以交由作出生效判决、裁定的人民法院的同级人民检察院受理；案情重大、疑难、复杂的，上级人民检察院可以直接受理。

当事人及其法定代理人、近亲属对人民法院已经发生法律效力的判决、裁定提出申诉，经人民检察院复查决定不予抗诉后继续提出申诉的，上一级人民检察院应当受理。[2017年真题～当事人向人民检察院申诉的程序]

第五百九十四条 对不服人民法院已经发生法律效力的判决、裁定的申诉，经两级人民检察院办理且省级人民检察院已经复查的，如果没有新的证据，人民检察院不再复查，但原审被告人可能被宣告无罪或者判决、裁定有其他重大错误可能的除外。[2017年真题～当事人向人民检察院申诉的程序]

第五百九十五条 人民检察院对已经发生法律效力的判决、裁定的申诉复查后，认为需要复请或者提出抗诉的，报请检察长决定。

地方各级人民检察院对不服同级人民法院已经发生法律效力的判决、裁定的申诉复查后，认为需要提出抗诉的，应当提请上一级人民检察院抗诉。

上级人民检察院对下一级人民检察院提请抗诉的申诉案件进行审查后，认为需要提出抗诉的，应当向同级人民法院提出抗诉。

人民法院开庭审理时，同级人民检察院应当派员出席法庭。[2017年真题～当事人向人民检察院申诉的程序]

第五百九十六条 人民检察院对不服人民法院已经发生法律效力的判决、裁定的申诉案件复查终结后，应当制作刑事申诉复查通知书，在十日以内通知申诉人。

经复查向上一级人民检察院提请抗诉的，应当在上一级人民检察院作出是否抗诉的决定后制作刑事申诉复查通知书。

2 第二百五十三条 [再审的条件]当事人及其法定代理人、近亲属的申诉符合下列情形之一的，人民法院应当重新审判：

(一)有新的证据证明原判决、裁定认定的事实确有错误，可能影响定罪量刑的；

(二)据以定罪量刑的证据不确实、不充分、依法应当予以排除，或者证明案件事实的主要证据之间存在矛盾的；

(三)原判决、裁定适用法律确有错误的；

(四)违反法律规定的诉讼程序，可能影响公正审判的；

(五)审判人员在审理该案件的时候，有贪污受贿，徇私舞弊，枉法裁判行为的。

《刑诉解释》

第四百五十七条 对立案审查的申诉案件，应当在三个月以内作出决定，至迟不得超过六个月。因案件疑难、复杂、重大或者其他特殊原因需要延长审查期限的，参照本解释第二百一十条的规定处理。

经审查，具有下列情形之一的，应当根据刑事诉讼法第二百五十三条的规定，决定重新审判：

(一)有新的证据证明原判决、裁定认定的事实确有错误，可能影响定罪量刑的；

(二)据以定罪量刑的证据不确实、不充分、依法应当排除的；

(三)证明案件事实的主要证据之间存在矛盾的；

(四)主要事实依据被依法变更或者撤销的；

(五)认定罪名错误的；

(六)量刑明显不当的；

（七）对违法所得或者其他涉案财物的处理确有明显错误的；

（八）违反法律关于溯及力规定的；

（九）违反法定诉讼程序，可能影响公正裁判的；

（十）审判人员在审理该案件时有贪污受贿、徇私舞弊、枉法裁判行为的。

申诉不具有上述情形的，应当说服申诉人撤回申诉；对仍然坚持申诉的，应当书面通知驳回。

第四百五十八条 具有下列情形之一，可能改变原判决、裁定据以定罪量刑的事实的证据，应当认定为刑事诉讼法第二百五十三条第一项规定的"新的证据"：

（一）原判决、裁定生效后新发现的证据；

（二）原判决、裁定生效前已经发现，但未予收集的证据；

（三）原判决、裁定生效前已经收集，但未经质证的证据；

（四）原判决、裁定所依据的鉴定意见，勘验、检查等笔录被改变或者否定的；

（五）原判决、裁定所依据的被告人供述、证人证言等证据发生变化，影响定罪量刑，且有合理理由的。

第四百五十九条 申诉人对驳回申诉不服的，可以向上一级人民法院申诉。上一级人民法院经审查认为申诉不符合刑事诉讼法第二百五十三条和本解释第四百五十七条第二款规定的，应当说服申诉人撤回申诉；对仍然坚持申诉的，应当驳回或者通知不予重新审判。

（二）提起审判监督程序的主体

第二百五十四条 [提起再审的主体、理由]各级人民法院院长对本院已经发生法律效力的判决和裁定，如果发现在认定事实上或者在适用法律上确有错误，必须提交审判委员会处理。

最高人民法院对各级人民法院已经发生法律效力的判决和裁定，上级人民法院对下级人民法院已经发生法律效力的判决和裁定，如果发现确有错误，有权提审或者指令下级人民法院再审。

最高人民检察院对各级人民法院已经发生法律效力的判决和裁定，上级人民检察院对下级人民法院已经发生法律效力的判决和裁定，如果发现确有错误，有权按照审判监督程序向同级人民法院提出抗诉。

人民检察院抗诉的案件，接受抗诉的人民法院应当组成合议庭重新审理，对于原判决事实不清楚或者证据不足的，可以指令下级人民法院再审。

第二百五十五条 [指令再审的审理法院]上级人民法院指令下级人民法院再审的，应当指令原审人民法院以外的下级人民法院审理；由原审人民法院审理更为适宜的，也可以指令原审人民法院审理。

《刑诉解释》

第四百六十条 各级人民法院院长发现本院已经发生法律效力的判决、裁定确有错误的，应当提交审判委员会讨论决定是否再审。

第四百六十一条 上级人民法院发现下级人民法院已经发生法律效力的判决、裁定确有错误的，可以指令下级人民法院再审；原判决、裁定认定事实正确但适用法律错误，或者案件疑难、复杂、重大，或者有不宜由原审人民法院审理情形的，也可以提审。

上级人民法院指令下级人民法院再审的，一般应当指令原审人民法院以外的下级人民法院审理；由原审人民法院审理更有利于查明案件事实、纠正裁判错误的，可以指令原审人民法院审理。〔2017年真题～再审的启动程序〕

第四百六十二条 对人民检察院依照审判监督程序提出抗诉的案件，人民法院应当在收到抗诉书后一个月以内立案。但是，有下列情形之一的，应当区别情况予以处理：

（一）不属于本院管辖的，应当将案件退回人民检察院；

（二）按照抗诉书提供的住址无法向被抗诉的原审被告人送达抗诉书的，应当通知人民检察院在三日以内重新提供原审被告人的住址；逾期未提供的，将案件退回人民检察院；

（三）以有新的证据为由提出抗诉，但未附相关证据材料或者有关证据不是指向原起诉事实的，应当通知人民检察院在三日以内补送相关材料；逾期未补送的，将案件退回人民检察院。

决定退回的抗诉案件，人民检察院经补充相关材料后再次抗诉，经审查符合受理条件的，人民法院应当受理。

《高检规则》

第五百九十一条 人民检察院认为人民法院已经发生法律效力的判决、裁定确有错误，具有下列情形之一的，应当按照审判监督程序向人民法院提出抗诉：

（一）有新的证据证明原判决、裁定认定的事实确有错误，可能影响定罪量刑的；

（二）据以定罪量刑的证据不确实、不充分的；

（三）据以定罪量刑的证据依法应当予以排除的；

（四）据以定罪量刑的主要证据之间存在矛盾的；

（五）原判决、裁定的主要事实依据被依法变更或者撤销的；

（六）认定罪名错误且明显影响量刑的；

（七）违反法律关于追诉时效期限的规定的；

（八）量刑明显不当的；

（九）违反法律规定的诉讼程序，可能影响公正审判的；

（十）审判人员在审理案件的时候有贪污受贿，徇私舞弊，枉法裁判行为的。

对于同级人民法院已经发生法律效力的判决、裁定，人民检察院认为可能有错误的，应当另行指派检察官或者检察官办案组进行审查。经审查，认为有前款规定情形之一的，应当提请上一级人民检察院提出抗诉。

对已经发生法律效力的判决、裁定的审查，参照本规则第五百八十五条的规定办理。

第五百九十二条 对于高级人民法院判处死刑缓期二年执行的案件,省级人民检察院认为确有错误提请抗诉的,一般应当在收到生效判决、裁定后三个月以内提出,至迟不得超过六个月。

第五百九十七条 最高人民检察院发现各级人民法院已经发生法律效力的判决或者裁定,上级人民检察院发现下级人民法院已经发生法律效力的判决或者裁定确有错误时,可以直接向同级人民法院提出抗诉,或者指令作出生效判决、裁定人民法院的上一级人民检察院向同级人民法院提出抗诉。

第五百九十八条 人民检察院按照审判监督程序向人民法院提出抗诉的,应当将抗诉书副本报送上一级人民检察院。

第五百九十九条 对按照审判监督程序提出抗诉的案件,人民检察院认为人民法院再审作出的判决、裁定仍然确有错误的,如果案件是依照第一审程序审判的,同级人民检察院应当按照第二审程序向上一级人民法院提出抗诉;如果案件是依照第二审程序审判的,上一级人民检察院应当按照审判监督程序向同级人民法院提出抗诉。

第六百条 人民检察院办理按照第二审程序、审判监督程序抗诉的案件,认为需要对被告人采取强制措施的,参照本规则相关规定。决定采取强制措施应当经检察长批准。

第六百零一条 人民检察院对自诉案件的判决、裁定的监督,适用本节的规定。

考点71 审判监督审理程序

第二百五十六条 [再审的审理]人民法院按照审判监督程序重新审判的案件,由原审人民法院审理的,应当另行组成合议庭进行。如果原来是第一审案件,应当依照第一审程序进行审判,所作的判决、裁定,可以上诉、抗诉;如果原来是第二审案件,或者是上级人民法院提审的案件,应当依照第二审程序进行审判,所作的判决、裁定,是终审的判决、裁定。

人民法院开庭审理的再审案件,同级人民检察院应当派员出席法庭。

《刑诉解释》

第四百六十五条 依照审判监督程序重新审判的案件,人民法院应当重点针对申诉、抗诉和决定再审的理由进行审理。必要时,应当对原判决、裁定认定的事实、证据和适用法律进行全面审查。

第四百六十六条 原审人民法院审理依照审判监督程序重新审判的案件,应当另行组成合议庭。

原来是第一审案件,应当依照第一审程序进行审判,所作的判决、裁定可以上诉、抗诉;原来是第二审案件,或者是上级人民法院提审的案件,应当依照第二审程序进行审判,所作的判决、裁定是终审的判决、裁定。

符合刑事诉讼法第二百九十六条、第二百九十七条规定的,可以缺席审判。〔2017年真题~再审的启动程序〕

第四百六十七条 对依照审判监督程序重新审判的案件,人民法院在依照第一审程序进行审判的过程中,发现原审被告人还有其他犯罪的,一般应当并案审理,但分案审理更为适宜的,可以分案审理。

第四百六十八条 开庭审理再审案件,再审决定书或者抗诉书只针对部分原审被告人,其他同案原审被告人不出庭不影响审理的,可以不出庭参加诉讼。

第四百六十九条 除人民检察院抗诉的以外,再审一般不得加重原审被告人的刑罚。再审决定书或者抗诉书只针对部分原审被告人的,不得加重其他同案原审被告人的刑罚。

第四百七十条 人民法院审理人民检察院抗诉的再审案件,人民检察院在开庭审理前撤回抗诉的,应当裁定准许;人民检察院接到出庭通知后不派员出庭,且未说明原因的,可以裁定按撤回抗诉处理,并通知诉讼参与人。

人民法院审理申诉人申诉的再审案件,申诉人在再审期间撤回申诉的,可以裁定准许;但认为原判确有错误的,应当不予准许,继续按照再审案件审理。申诉人经依法通知无正当理由拒不到庭,或者未经法庭许可中途退庭的,可以裁定按撤回申诉处理,但申诉人不是原审当事人的除外。

第四百七十一条 开庭审理的再审案件,系人民法院决定再审的,由合议庭组成人员宣读再审决定书;系人民检察院抗诉的,由检察员宣读抗诉书;系申诉人申诉的,由申诉人或其辩护人、诉讼代理人陈述申诉理由。

第四百七十二条 再审案件经过重新审理后,应当按照下列情形分别处理:

(一)原判决、裁定认定事实和适用法律正确、量刑适当的,应当裁定驳回申诉或者抗诉,维持原判决、裁定;

(二)原判决、裁定定罪准确、量刑适当,但在认定事实、适用法律等方面有瑕疵的,应当裁定纠正并维持原判决、裁定;

(三)原判决、裁定认定事实没有错误,但适用法律错误或者量刑不当的,应当撤销原判决、裁定,依法改判;

(四)依照第二审程序审理的案件,原判决、裁定事实不清、证据不足的,可以在查清事实后改判,也可以裁定撤销原判,发回原审人民法院重新审判。

原判决、裁定事实不清或者证据不足,经审理事实已经查清的,应当根据查清的事实依法裁判;事实仍无法查清,证据不足,不能认定被告人有罪的,应当撤销原判决、裁定,判决宣告被告人无罪。

第四百七十三条 原判决、裁定认定被告人姓名等身份信息有误,但认定事实和适用法律正确、量刑适当的,作出生效判决、裁定的人民法院可以通过裁定对有关信息予以更正。

第四百七十四条 对再审改判宣告无罪并依法享有申请国家赔偿权利的当事人,人民法院宣判时,应当告知其在判决发生法律效力后可以依法申请国家赔偿。

《高检规则》

第四百五十四条 人民法院开庭审理再审案件,同级人民检察院应当派员出席法庭。

第四百五十五条　人民检察院对于人民法院按照审判监督程序重新审判的案件,应当对原判决、裁定认定的事实、证据、适用法律进行全面审查,重点审查有争议的案件事实、证据和法律适用问题。

第四百五十六条　人民检察院派员出席再审法庭,如果再审案件按照第一审程序审理,参照本章第一节有关规定执行;如果再审案件按照第二审程序审理,参照本章第四节有关规定执行。

《刑事再审案件开庭审理程序规定(试行)》

第四条　参与过本案第一审、第二审、复核程序审判的合议庭组成人员,不得参与本案的再审程序的审判。

第五条　人民法院审理下列再审案件,应当依法开庭审理:
(一)依照第一审程序审理的;
(二)依照第二审程序需要对事实或者证据进行审理的;
(三)人民检察院按照审判监督程序提出抗诉的;
(四)可能对原审被告人(原审上诉人)加重刑罚的;
(五)有其他应当开庭审理情形的。

第六条　下列再审案件可以不开庭审理:
(一)原判决、裁定认定事实清楚,证据确实、充分,但适用法律错误,量刑畸重的;
(二)1979年《中华人民共和国刑事诉讼法》施行以前裁判的;
(三)原审被告人(原审上诉人)、原审自诉人已经死亡、或者丧失刑事责任能力的;
(四)原审被告人(原审上诉人)在交通十分不便的边远地区监狱服刑,提押到庭确有困难的;但人民检察院提出抗诉的,人民法院应征得人民检察院的同意;
(五)人民法院按照审判监督程序决定再审,按本规定第九条第(五)项规定,经两次通知,人民检察院不派员出庭的。

第七条　人民法院审理共同犯罪再审案件,如果人民法院再审决定书或者人民检察院抗诉书只对部分同案原审被告人(同案原审上诉人)提起再审,其他未涉及的同案原审被告人(同案原审上诉人)不出庭不影响案件审理的,可以不出庭参与诉讼。

部分同案原审被告人(同案原审上诉人)具有本规定第六条第(三)、(四)项规定情形不能出庭的,不影响案件的开庭审理。

第八条　除人民检察院抗诉的以外,再审一般不得加重原审被告人(原审上诉人)的刑罚。

根据本规定第六条第(二)、(三)、(四)、(五)、(六)项、第七条的规定,不具备开庭条件可以不开庭审理的,或者可以不出庭参加诉讼的,不得加重未出庭原审被告人(原审上诉人)、同案原审被告人(同案原审上诉人)的刑罚。

第十条　人民法院审理人民检察院提出抗诉的再审案件,对人民检察院接到出庭通知后未出庭的,应当裁定按人民检察院撤回抗诉处理,并通知诉讼参与人。

专题十九　涉外刑事诉讼程序与司法协助制度

考点72　涉外刑事诉讼程序

《刑诉解释》

第四百七十五条　本解释所称的涉外刑事案件是指:
(一)在中华人民共和国领域内,外国人犯罪或者我国公民对外国、外国人犯罪的案件;
(二)符合刑法第七条、第十条规定情形的我国公民在中华人民共和国领域外犯罪的案件;
(三)符合刑法第八条、第十条规定情形的外国人犯罪的案件;
(四)符合刑法第九条规定情形的中华人民共和国在所承担国际条约义务范围内行使管辖权的案件。

第四百七十九条　涉外刑事案件审判期间,人民法院应当将下列事项及时通报同级人民政府外事主管部门,并依照有关规定通知有关国家驻华使领馆:
(一)人民法院决定对外国籍被告人采取强制措施的情况,包括外国籍当事人的姓名(包括译名)、性别、入境时间、护照或者证件号码、采取的强制措施及法律依据、羁押地点等;
(二)开庭的时间、地点、是否公开审理等事项;
(三)宣判的时间、地点。

涉外刑事案件宣判后,应当将处理结果及时通报同级人民政府外事主管部门。

对外国籍被告人执行死刑的,死刑裁决下达后执行前,应当通知其国籍国驻华使领馆。

外国籍被告人在案件审理中死亡的,应当及时通报同级人民政府外事主管部门,并通知有关国家驻华使领馆。

第四百八十条　需要向有关国家驻华使领馆通知有关事项的,应当层报高级人民法院,由高级人民法院按照下列规定通知:
(一)外国籍当事人国籍国与我国签订有双边领事条约的,根据条约规定办理;未与我国签订双边领事条约,但参加《维也纳领事关系公约》的,根据公约规定办理;未与我国签订领事条约,也未参加《维也纳领事关系公约》,但与我国有外交关系的,可以根据外事主管部门的意见,按照互惠原则,根据有关规定和国际惯例办理;
(二)在外国驻华领馆领区内发生的涉外刑事案件,通知有关外国驻该地区的领馆;在外国领馆领区外发生的涉外刑事案件,通知有关外国驻华使馆;与我国有外交关系,但未设使领馆的国家,可以通知其代管国家驻华使领馆;无代管国家、代管国家不明的,可以不通知;
(三)双边领事条约规定通知时限的,应当在规定的期限内通知;没有规定的,应当根据或者参照《维也纳领事关系公约》和国际惯例尽快通知,至迟不得超过七日;
(四)双边领事条约没有规定必须通知,外国籍当事人要求不通知其国籍国驻华使领馆的,可以不通知,但应当由其本人出具书面声明。

高级人民法院向外国驻华使领馆通知有关事项,必要时,可以请人民政府外事主管部门协助。

第四百八十二条　涉外刑事案件审判期间,外国籍被告人在押,其国籍国驻华使领馆官员要求探视的,可以向受理案件的人民法院所在地的高级人民法院提出。人民法院应当根据我国与被告人国籍国签订的双边领事条约规定的时限予以安排;没有条约规定的,应当尽快安排。必要时,可以请人民政府外事主管部门协助。

涉外刑事案件审判期间,外国籍被告人在押,其监护人、近亲属申请会见的,可以向受理案件的人民法院所在地的高级人民法院提出,并依照本解释第四百八十六条的规定提与被告人关系的证明。人民法院经审查认为不妨碍案件审判的,可以批准。

被告人拒绝接受探视、会见的,应当由其本人出具书面声明。拒绝出具书面声明的,应当记录在案;必要时,应当录音录像。

探视、会见被告人应当遵守我国法律规定。

第四百八十三条　人民法院审理涉外刑事案件,应当公开进行,但依法不应公开审理的除外。

公开审理的涉外刑事案件,外国籍当事人国籍国驻华使领馆官员要求旁听的,可以向受理案件的人民法院所在地的高级人民法院提出申请,人民法院应当安排。

第四百八十四条　人民法院审判涉外刑事案件,使用中华人民共和国通用的语言、文字,应当为外国籍当事人提供翻译。翻译人员应当在翻译文件上签名。

人民法院的诉讼文书为中文本。外国籍当事人不通晓中文的,应当附有外文译本,译本不加盖人民法院印章,以中文本为准。

外国籍当事人通晓中国语言、文字,拒绝他人翻译,或者不需要诉讼文书外文译本的,应当由其本人出具书面声明。拒绝出具书面声明的,应当记录在案;必要时,应当录音录像。

第四百八十五条　外国籍被告人委托律师辩护,或者外国籍附带民事诉讼原告人、自诉人委托律师代理诉讼的,应当委托具有中华人民共和国律师资格并依法取得执业证书的律师。

外国籍被告人在押的,其监护人、近亲属或者其国籍国驻华使领馆可以代为委托辩护人。其监护人、近亲属代为委托的,应当提供与被告人关系的有效证明。

外国籍当事人委托其监护人、近亲属担任辩护人、诉讼代理人的,被委托人应当提供与当事人关系的有效证明。经审查,符合刑事诉讼法、有关司法解释规定的,人民法院应当准许。

外国籍被告人没有委托辩护人的,人民法院可以通知法律援助机构为其指派律师提供辩护。被告人拒绝辩护人辩护的,应当由其出具书面声明,或者将其口头声明记录在案;必要时,应当录音录像。被告人属于应当提供法律援助情形的,依照本解释第五十条规定处理。

第四百八十七条　对涉外刑事案件的被告人,可以决定限制出境;对开庭审理案件时必须到庭的证人,可以要求暂缓出境。限制外国人出境的,应当通报同级人民政府外事主管部门和当事人国籍国驻华使领馆。

人民法院决定限制外国人和中国公民出境的,应当书面通知被限制出境的人在案件审理终结前不得离境,并可以采取扣留护照或者其他出入境证件的办法限制其出境;扣留证件的,应当履行必要手续,并发给本人扣留证件的证明。

需要对外国人和中国公民在口岸采取边控措施的,受理案件的人民法院应当按照规定制作边控对象通知书,并附有关法律文书,层报高级人民法院办理交控手续。紧急情况下,需要采取临时边控措施的,受理案件的人民法院可以先向有关口岸所在地出入境边防检查机关交控,但应当在七日以内按照规定层报高级人民法院办理手续。

考点 73　刑事司法协助

(一)协助依据
《刑诉解释》

第四百九十一条　请求和提供司法协助,应当依照《中华人民共和国国际刑事司法协助法》、我国与有关国家、地区签订的刑事司法协助条约、移管被判刑人条约和有关法律规定进行。

对请求书的签署机关、请求书及所附材料的语言文字、有关办理期限和具体程序等事项,在不违反中华人民共和国法律的基本原则的情况下,可以按照刑事司法协助条约规定或者双方协商办理。

(二)拒绝情形
《刑诉解释》

第四百九十二条　外国法院请求的事项有损中华人民共和国的主权、安全、社会公共利益以及违反中华人民共和国法律的基本原则的,人民法院不予协助;属于有关法律规定的可以拒绝提供刑事司法协助情形的,可以不予协助。

(三)具体程序
《刑诉解释》

第四百九十三条　人民法院请求外国提供司法协助的,应当层报最高人民法院,经最高人民法院审核同意后交由有关对外联系机关及时向外国提出请求。

外国法院请求我国提供司法协助,有关对外联系机关认为属于人民法院职权范围的,经最高人民法院审核同意后转有关人民法院办理。

第四百九十四条　人民法院请求外国提供司法协助的请求书,应当依照刑事司法协助条约的规定提出;没有条约或者条约没有规定的,应当载明法律规定的相关信息并附相关材料。请求书及其所附材料应当以中文制作,并附有被请求国官方文字的译本。

外国请求我国法院提供司法协助的请求书,应当依照刑事司法协助条约的规定提出;没有条约或者条约没有规定的,应当载明我国法律规定的相关信息并附相关材料。请求书及所附材料应当附有中文译本。

(四)域外送达
《刑诉解释》
第四百九十五条 人民法院向在中华人民共和国领域外居住的当事人送达刑事诉讼文书,可以采用下列方式:
(一)根据受送达人所在国与中华人民共和国缔结或者共同参加的国际条约规定的方式送达;
(二)通过外交途径送达;
(三)对中国籍当事人,所在国法律允许或者经所在国同意的,可以委托我国驻受送达人所在国的使领馆代为送达;
(四)当事人是自诉案件的自诉人或者附带民事诉讼原告人的,可以向有权代其接受送达的诉讼代理人送达;
(五)当事人是外国单位的,可以向其在中华人民共和国领域内设立的代表机构或者有权接受送达的分支机构、业务代办人送达;
(六)受送达人所在国法律允许的,可以邮寄送达;自邮寄之日起满三个月,送达回证未退回,但根据各种情况足以认定已经送达的,视为送达;
(七)受送达人所在国法律允许的,可以采用传真、电子邮件等能够确认受送达人收悉的方式送达。

专题二十 执 行

考点75、76 执行程序

(一)死刑、无期徒刑和有期徒刑的执行

1 第二百六十二条 [死刑的停止执行]下级人民法院接到最高人民法院执行死刑的命令后,应当在七日以内交付执行。但是发现有下列情形之一的,应当停止执行,并且立即报告最高人民法院,由最高人民法院作出裁定:
(一)在执行前发现判决可能有错误的;
(二)在执行前罪犯揭发重大犯罪事实或者有其他重大立功表现,可能需要改判的;
(三)罪犯正在怀孕。
前款第一项、第二项停止执行的原因消失后,必须报请最高人民法院院长再签发执行死刑的命令才能执行;由于前款第三项原因停止执行的,应当报请最高人民法院依法改判。

《刑诉解释》
第四百九十九条 最高人民法院的执行死刑命令,由高级人民法院交付第一审人民法院执行。第一审人民法院接到执行死刑命令后,应当在七日以内执行。
在死刑缓期执行期间故意犯罪,最高人民法院核准执行死刑的,由罪犯服刑地的中级人民法院执行。
第五百条 下级人民法院在接到执行死刑命令后、执行前,发现有下列情形之一的,应当暂停执行,并立即将请求停止执行死刑的报告和相关材料层报最高人民法院:
(一)罪犯可能有其他犯罪的;
(二)共同犯罪的其他犯罪嫌疑人到案,可能影响罪犯量刑的;
(三)共同犯罪的其他罪犯被暂停或者停止执行死刑,可能影响罪犯量刑的;
(四)罪犯揭发重大犯罪事实或者有其他重大立功表现,可能需要改判的;
(五)罪犯怀孕的;
(六)判决、裁定可能有影响定罪量刑的其他错误的。
最高人民法院经审查,认为可能影响罪犯定罪量刑的,应当裁定停止执行死刑;认为不影响的,应当决定继续执行死刑。
第五百零一条 最高人民法院在执行死刑命令签发后、执行前,发现有前条第一款规定情形的,应当立即裁定停止执行死刑,并将有关材料移交下级人民法院。
第五百零二条 下级人民法院接到最高人民法院停止执行死刑的裁定后,应当会同有关部门调查核实停止执行死刑的事由,并及时将调查结果和意见层报最高人民法院审核。
第五百零三条 对下级人民法院报送的停止执行死刑的调查结果和意见,由最高人民法院原作出核准死刑判决、裁定的合议庭负责审查;必要时,另行组成合议庭进行审查。
第五百零四条 最高人民法院对停止执行死刑的案件,应当按照下列情形分别处理:
(一)确认罪犯怀孕的,应当改判;
(二)确认罪犯有其他犯罪,依法应当追诉的,应当裁定不予核准死刑,撤销判决,发回重新审判;
(三)确认原判决、裁定有错误或者罪犯有重大立功表现,需要改判的,应当裁定不予核准死刑,撤销判决,发回重新审判;
(四)确认原判决、裁定没有错误,罪犯没有重大立功表现,或者重大立功表现不影响原判决、裁定执行的,应当裁定继续执行死刑,并由院长重新签发执行死刑的命令。

《高检规则》
第六百四十九条 执行死刑前,人民检察院发现具有下列情形之一的,应当建议人民法院立即停止执行,并层报最高人民检察院负责死刑复核监督的部门:
(一)被执行人并非应当执行死刑的罪犯的;
(二)罪犯犯罪时不满十八周岁,或者审判的时候已满七十五周岁,依法不应当适用死刑的;
(三)罪犯正在怀孕的;
(四)共同犯罪的其他犯罪嫌疑人到案,共同犯罪的其他罪犯被暂停或者停止执行死刑,可能影响罪犯量刑的;
(五)罪犯可能有其他犯罪的;
(六)罪犯揭发他人重大犯罪事实或者有其他重大立功表现,可能需要改判的;
(七)判决、裁定可能有影响定罪量刑的其他错误的。
在执行死刑活动中,发现人民法院有侵害被执行死刑罪犯的人身权、财产权或者其近亲属、继承人合法权利等违法情形的,人民检察院应当依法提出纠正意见。

❷ **第二百六十四条　[死缓、无期、有期执行]** 罪犯被交付执行刑罚的时候,应当由交付执行的人民法院在判决生效后十日以内将有关的法律文书送达公安机关、监狱或者其他执行机关。

对判处死刑缓期二年执行、无期徒刑、有期徒刑的罪犯,由公安机关依法将该罪犯送交监狱执行刑罚。对被判处有期徒刑的罪犯,在被交付执行刑罚前,剩余刑期在三个月以下的,由看守所代为执行。对被判处拘役的罪犯,由公安机关执行。

对未成年犯应当在未成年犯管教所执行刑罚。

执行机关应当将罪犯及时收押,并且通知罪犯家属。

判处有期徒刑、拘役的罪犯,执行期满,应当由执行机关发给释放证明书。

《刑诉解释》

第五百一十一条　被判处死刑缓期执行、无期徒刑、有期徒刑、拘役的罪犯,第一审人民法院应当在判决、裁定生效后十日以内,将判决书、裁定书、起诉书副本、自诉状复印件、执行通知书、结案登记表送达公安机关、监狱或者其他执行机关。

第五百一十二条　同案审理的案件中,部分被告人被判处死刑,对未被判处死刑的同案被告人需要羁押执行刑罚的,应当根据前条规定及时交付执行。但是,该同案被告人参与实施有关死刑之罪的,应当在复核讯问被判处死刑的被告人后交付执行。

第五百一十三条　执行通知书回执经看守所盖章后,应当附卷备查。

第五百一十四条　罪犯在被交付执行前,因有严重疾病、怀孕或者正在哺乳自己婴儿的妇女、生活不能自理的原因,依法提出暂予监外执行的申请的,有关病情诊断、妊娠检查和生活不能自理的鉴别,由人民法院负责组织进行。

《高检规则》

第六百二十五条　人民检察院发现人民法院、公安机关、看守所等机关的交付执行活动具有下列情形之一的,应当依法提出纠正意见:

(一)交付执行的第一审人民法院没有在法定期间内将判决书、裁定书、人民检察院的起诉书副本、自诉状复印件、执行通知书、结案登记表等法律文书送达公安机关、监狱、社区矫正机构等执行机关的;

(二)对被判处死刑缓期二年执行、无期徒刑或者有期徒刑余刑在三个月以上的罪犯,公安机关、看守所自接到人民法院执行通知书等法律文书后三十日以内,没有将成年罪犯送交监狱执行刑罚,或者没有将未成年罪犯送交未成年犯管教所执行刑罚的;

(三)对需要收监执行刑罚而判决、裁定生效前未被羁押的罪犯,第一审人民法院没有及时将罪犯收监送交公安机关,并将判决书、裁定书、执行通知书等法律文书送达公安机关的;

(四)公安机关对需要收监执行刑罚但下落不明的罪犯,在收到人民法院的判决书、执行通知书等法律文书后,没有及时抓捕、通缉的;

(五)对被判处管制、宣告缓刑或者人民法院决定暂予监外执行的罪犯,在判决、裁定生效后或者收到人民法院暂予监外执行决定后,未依法交付罪犯居住地社区矫正机构执行,或者对被单处剥夺政治权利的罪犯,在判决、裁定生效后,未依法交付罪犯居住地公安机关执行的,或者人民法院依法交付执行,社区矫正机构或者公安机关应当接收而拒绝接收的;

(六)其他违法情形。

第六百五十条　判处被告人死刑缓期二年执行的判决、裁定在执行过程中,人民检察院监督的内容主要包括:

(一)死刑缓期执行期满,符合法律规定应当减为无期徒刑、有期徒刑条件的,监狱是否及时提出减刑建议提请人民法院裁定,人民法院是否依法裁定;

(二)罪犯在缓期执行期间故意犯罪,监狱是否依法侦查和移送起诉;罪犯确系故意犯罪,情节恶劣,查证属实,应当执行死刑的,人民法院是否依法核准或者裁定执行死刑。

被判处死刑缓期二年执行的罪犯在死刑缓期执行期间故意犯罪,执行机关向人民检察院移送起诉的,由罪犯服刑所在地设区的市级人民检察院审查决定是否提起公诉。

人民检察院发现人民法院对被判处死刑缓期二年执行的罪犯减刑不当的,应当依照本规则第六百三十九条、第六百四十条的规定,向人民法院提出纠正意见。罪犯在死刑缓期执行期间又故意犯罪,经人民检察院起诉后,人民法院仍然予以减刑的,人民检察院应当依照本规则相关规定,向人民法院提出抗诉。

(二)刑事裁判涉财产部分的执行

第二百七十一条　[罚金的执行] 被判处罚金的罪犯,期满不缴纳的,人民法院应当强制缴纳;如果由于遭遇不能抗拒的灾祸等原因缴纳确实有困难的,经人民法院裁定,可以延期缴纳、酌情减少或者免除。

第二百七十二条　[没收财产的执行] 没收财产的判决,无论附加适用或者独立适用,都由人民法院执行;在必要的时候,可以会同公安机关执行。

《刑诉解释》

第五百二十二条　刑事裁判涉财产部分和附带民事裁判应当由人民法院执行的,由第一审人民法院负责裁判执行的机构执行。

第五百二十三条　罚金在判决规定的期限内一次或者分期缴纳。期满无故不缴纳或者未足额缴纳的,人民法院应当强制缴纳。经强制缴纳仍不能全部缴纳的,在任何时候,包括主刑执行完毕后,发现被执行人有可供执行的财产的,应当追缴。

行政机关对被告人就同一事实已经处以罚款的,人民法院判处罚金时应当折抵,扣除行政处罚已执行的部分。

第五百二十四条　因遭遇不能抗拒的灾祸等原因缴纳罚金确有困难,被执行人申请延期缴纳、酌情减少或者免除罚金的,应当提交相关证明材料。人民法院应当在收到申请后一个月以内作出裁定。符合法定条件的,应当准许;不符合条件的,驳回申请。

第五百二十五条　判处没收财产的,判决生效后,应当立即执行。

第五百二十六条　执行财产刑,应当参照被扶养人住所地政府公布的上年度当地居民最低生活费标准,保留被执行人及其所扶养人的生活必需费用。

第五百二十七条　被判处财产刑,同时又承担附带民事赔偿责任的被执行人,应当先履行民事赔偿责任。

第五百二十八条　执行刑事裁判涉财产部分、附带民事裁判过程中,当事人、利害关系人认为执行行为违反法律规定,或者案外人对被执行标的书面提出异议的,人民法院应当参照民事诉讼法的有关规定处理。

第五百二十九条　执行刑事裁判涉财产部分、附带民事裁判过程中,具有下列情形之一的,人民法院应当裁定终结执行:

(一)据以执行的判决、裁定被撤销的;

(二)被执行人死亡或者被执行死刑,且无财产可供执行的;

(三)被判处罚金的单位终止,且无财产可供执行的;

(四)依照刑法第五十三条规定免除罚金的;

(五)应当终结执行的其他情形。

裁定终结执行后,发现被执行人的财产有被隐匿、转移等情形的,应当追缴。

第五百三十条　被执行财产在外地的,第一审人民法院可以委托财产所在地的同级人民法院执行。

第五百三十一条　刑事裁判涉财产部分、附带民事裁判全部或者部分被撤销的,已经执行的财产应当全部或者部分返还被执行人;无法返还的,应当依法赔偿。

第五百三十二条　刑事裁判涉财产部分、附带民事裁判的执行,刑事诉讼法及有关刑事司法解释没有规定的,参照适用民事执行的有关规定。

《刑事裁判涉财产部分执行的若干规定》

第一条　本规定所称刑事裁判涉财产部分的执行,是指发生法律效力的刑事裁判主文确定的下列事项的执行:

(一)罚金、没收财产;

(二)责令退赔;

(三)处置随案移送的赃款赃物;

(四)没收随案移送的供犯罪所用本人财物;

(五)其他应当由人民法院执行的相关事项。

刑事附带民事裁判的执行,适用民事执行的有关规定。

第二条　刑事裁判涉财产部分,由第一审人民法院执行。第一审人民法院可以委托财产所在地的同级人民法院执行。

第三条　人民法院办理刑事裁判涉财产部分执行案件的期限为六个月。有特殊情况需要延长的,经本院院长批准,可以延长。

第四条　人民法院刑事审判中可能判处被告人财产刑、责令退赔的,刑事审判部门应当依法对被告人的财产状况进行调查;发现可能隐匿、转移财产的,应当及时查封、扣押、冻结其相应财产。

第五条　刑事审判或者执行中,对于侦查机关已经采取的查封、扣押、冻结,人民法院应当在期限届满前及时续行查封、扣押、冻结。人民法院续行查封、扣押、冻结的顺位与侦查机关查封、扣押、冻结的顺位相同。

对侦查机关查封、扣押、冻结的财产,人民法院执行中可以直接裁定处置,无需侦查机关出具解除手续,但裁定中应当指明侦查机关查封、扣押、冻结的事实。

第六条　刑事裁判涉财产部分的裁判内容,应当明确、具体。涉案财物或者被害人人数较多,不宜在判决主文中详细列明的,可以概括叙明并另附清单。

判处没收部分财产的,应当明确没收的具体财物或者金额。

判处追缴或者责令退赔的,应当明确追缴或者退赔的金额或财物的名称、数量等相关情况。

第九条　判处没收财产的,应当执行刑事裁判生效时被执行人合法所有的财产。

执行没收财产或罚金刑,应当参照被扶养人住所地政府公布的上年度当地居民最低生活费标准,保留被执行人及其所扶养家属的生活必需费用。

第十条　对赃款赃物及其收益,人民法院应当一并追缴。

被执行人将赃款赃物投资或者置业,对因此形成的财产及其收益,人民法院应予追缴。

被执行人将赃款赃物与其他合法财产共同投资或者置业,对因此形成的财产中与赃款赃物对应的份额及其收益,人民法院应予追缴。

对于被害人的损失,应当按照刑事裁判认定的实际损失予以发还或者赔偿。

第十一条　被执行人将刑事裁判认定为赃款赃物的涉案财物用于清偿债务、转让或者设置其他权利负担,具有下列情形之一的,人民法院应予追缴:

(一)第三人明知是涉案财物而接受的;

(二)第三人无偿或者以明显低于市场的价格取得涉案财物的;

(三)第三人通过非法债务清偿或者违法犯罪活动取得涉案财物的;

(四)第三人通过其他恶意方式取得涉案财物的。

第三人善意取得涉案财物的,执行程序中不予追缴。作为原所有人的被害人对该涉案财物主张权利的,人民法院应当告知其通过诉讼程序处理。

第十二条　被执行财产需要变价的,人民法院执行机构应当依法采取拍卖、变卖等变价措施。

涉案财物最后一次拍卖未能成交,需要上缴国库的,人民法院应当通知有关财政机关以该次拍卖保留价予以接收;有关财政机关要求继续变价的,可以进行无保留价拍卖。需要退赔被害人的,以该次拍卖保留价以物退赔;被害人不同意以物退赔的,可以进行无保留价拍卖。

第十三条　被执行人在执行中同时承担刑事责任、民事责任,其财产不足以支付的,按照下列顺序执行:

(一)人身损害赔偿中的医疗费用;

(二)退赔被害人的损失；
(三)其他民事债务；
(四)罚金；
(五)没收财产。

债权人对执行标的依法享有优先受偿权，其主张优先受偿的，人民法院应当在前款第(一)项规定的医疗费用受偿后，予以支持。

第十四条 执行过程中，当事人、利害关系人认为执行行为违反法律规定，或者案外人对执行标的主张足以阻止执行的实体权利，向执行法院提出书面异议的，执行法院应当依照民事诉讼法第二百二十五条(现为第二百三十六条)的规定处理。

人民法院审查案外人异议、复议，应当公开听证。

第十五条 执行过程中，案外人或被害人认为刑事裁判中对涉案财物是否属于赃款赃物认定错误或者应予认定而未认定，向执行法院提出书面异议，可以通过裁定补正的，执行机构应当将异议材料移送刑事审判部门处理；无法通过裁定补正的，应当告知异议人通过审判监督程序处理。

考点77 暂予监外执行
(一)暂予监外执行的条件及批准、决定机关

第二百六十五条 [暂予监外执行]对被判处有期徒刑或者拘役的罪犯，有下列情形之一的，可以暂予监外执行：
(一)有严重疾病需要保外就医的；
(二)怀孕或者正在哺乳自己婴儿的妇女；
(三)生活不能自理，适用暂予监外执行不致危害社会的。

对被判处无期徒刑的罪犯，有前款第二项规定情形的，可以暂予监外执行。

对适用保外就医可能有社会危险性的罪犯，或者自伤自残的罪犯，不得保外就医。

对罪犯确有严重疾病，必须保外就医的，由省级人民政府指定的医院诊断并开具证明文件。

在交付执行前，暂予监外执行由交付执行的人民法院决定；在交付执行后，暂予监外执行由监狱或者看守所提出书面意见，报省级以上监狱管理机关或者设区的市一级以上公安机关批准。

《六机关规定》

33. 刑事诉讼法第二百五十四条(现第二百六十五条)第五款中规定："在交付执行前，暂予监外执行由交付执行的人民法院决定"。对于被告人可能被判处拘役、有期徒刑、无期徒刑，符合暂予监外执行条件的，被告人及其辩护人有权向人民法院提出暂予监外执行的申请，看守所可以将有关情况通报人民法院。人民法院应当进行审查，并在交付执行前作出是否暂予监外执行的决定。

(二)暂予监外执行的监督

第二百六十六条 [检察院对暂予监外执行的监督]监狱、看守所提出暂予监外执行的书面意见的，应当将书面意见的副本抄送人民检察院。人民检察院可以向决定或者批准机关提出书面意见。

第二百六十七条 [暂予监外执行的监督]决定或者批准暂予监外执行的机关应当将暂予监外执行决定抄送人民检察院。人民检察院认为暂予监外执行不当的，应当自接到通知之日起一个月以内将书面意见送交决定或者批准暂予监外执行的机关，决定或者批准暂予监外执行的机关接到人民检察院的书面意见后，应当立即对该决定进行重新核查。

《刑诉解释》

第五百一十五条 被判处无期徒刑、有期徒刑或者拘役的罪犯，符合刑事诉讼法第二百六十五条第一款、第二款的规定，人民法院决定暂予监外执行的，应当制作暂予监外执行决定书，写明罪犯基本情况、判决确定的罪名和刑罚、决定暂予监外执行的原因、依据等。

人民法院在作出暂予监外执行决定前，应当征求人民检察院的意见。

人民检察院认为人民法院的暂予监外执行决定不当，在法定期限内提出书面意见的，人民法院应当立即对该决定重新核查，并在一个月以内作出决定。

对暂予监外执行的罪犯，适用本解释第五百一十九条的有关规定，依法实行社区矫正。

人民法院决定暂予监外执行的，由看守所或者执行取保候审、监视居住的公安机关自收到决定之日起十日以内将罪犯移送社区矫正机构。

《高检规则》

第六百二十九条 人民检察院发现人民法院、监狱、看守所、公安机关暂予监外执行的活动具有下列情形之一的，应当依法提出纠正意见：
(一)将不符合法定条件的罪犯提请、决定暂予监外执行的；
(二)提请、决定暂予监外执行的程序违反法律规定或者没有完备的合法手续，或者对于需要保外就医的罪犯没有省级人民政府指定医院的诊断证明和开具的证明文件的；
(三)监狱、看守所提出暂予监外执行书面意见，没有同时将书面意见副本抄送人民检察院的；
(四)罪犯被决定或者批准暂予监外执行后，未依法交付罪犯居住地社区矫正机构实行社区矫正的；
(五)对符合暂予监外执行条件的罪犯没有依法提请暂予监外执行的；
(六)人民法院在作出暂予监外执行决定前，没有依法征求人民检察院意见的；
(七)发现罪犯不符合暂予监外执行条件，在暂予监外执行期间严重违反暂予监外执行监督管理规定，或者暂予监外执行的条件消失且刑期未满，应当收监执行而未及时收监执行的；
(八)人民法院决定将暂予监外执行的罪犯收监执行，并将有关法律文书送达公安机关、监狱、看守所后，监狱、看守所未及时收监执行的；
(九)对不符合暂予监外执行条件的罪犯通过贿赂、欺骗等非法手段被暂予监外执行以及在暂予监外执行期间脱逃的罪犯，监狱、看守所未建议人民法院将其监外执

行期间、脱逃期间不计入执行刑期或者对罪犯执行刑期计算的建议违法、不当的；

（十）暂予监外执行的罪犯刑期届满，未及时办理释放手续的；

（十一）其他违法情形。

第六百三十二条 人民检察院经审查认为暂予监外执行不当的，应当自接到通知之日起一个月以内，向决定或者批准暂予监外执行的机关提出纠正意见。下级人民检察院认为暂予监外执行不当的，应当立即层报决定或者批准暂予监外执行的机关的同级人民检察院，由其决定是否向决定或者批准暂予监外执行的机关提出纠正意见。

第六百三十四条 对于暂予监外执行的罪犯，人民检察院发现罪犯不符合暂予监外执行条件、严重违反有关暂予监外执行的监督管理规定或者暂予监外执行的情形消失而罪犯刑期未满的，应当通知执行机关收监执行，或者建议决定或者批准暂予监外执行的机关作出收监执行决定。

(三)暂予监外执行的收监

第二百六十八条　[暂予监外执行的收监] 对暂予监外执行的罪犯，有下列情形之一的，应当及时收监：

（一）发现不符合暂予监外执行条件的；

（二）严重违反有关暂予监外执行监督管理规定的；

（三）暂予监外执行的情形消失后，罪犯刑期未满的。

对于人民法院决定暂予监外执行的罪犯应当予以收监的，由人民法院作出决定，将有关的法律文书送达公安机关、监狱或者其他执行机关。

不符合暂予监外执行条件的罪犯通过贿赂等非法手段被暂予监外执行的，在监外执行的期间不计入执行刑期。罪犯在暂予监外执行期间脱逃的，脱逃的期间不计入执行刑期。

罪犯在暂予监外执行期间死亡的，执行机关应当及时通知监狱或者看守所。

《全国人民代表大会常务委员会关于〈中华人民共和国刑事诉讼法〉第二百五十四条第五款、第二百五十七条第二款的解释》

罪犯在被交付执行前，因有严重疾病、怀孕或者正在哺乳自己婴儿的妇女、生活不能自理的原因，依法提出暂予监外执行的申请的，有关病情诊断、妊娠检查和生活不能自理的鉴别，由人民法院负责组织进行。

根据刑事诉讼法第二百五十七条（现第二百六十八条）第二款的规定，对人民法院决定暂予监外执行的罪犯，有刑事诉讼法第二百五十七条（现第二百六十八条）第一款规定的情形，依法应当予以收监的，在人民法院作出决定后，由公安机关依照刑事诉讼法第二百五十三条（现第二百六十四条）第二款的规定送交执行刑罚。

《刑诉解释》

第五百一十六条 人民法院收到社区矫正机构的收监执行建议书后，经审查，确认暂予监外执行的罪犯具有下列情形之一的，应当作出收监执行的决定：

（一）不符合暂予监外执行条件的；

（二）未经批准离开所居住的市、县，经警告拒不改正，或者拒不报告行踪、脱离监管的；

（三）因违反监督管理规定受到治安管理处罚，仍不改正的；

（四）受到执行机关两次警告，仍不改正的；

（五）保外就医期间不按规定提交病情复查情况，经警告拒不改正的；

（六）暂予监外执行的情形消失后，刑期未满的；

（七）保证人丧失保证条件或者因不履行义务被取消保证人资格，不能在规定期限内提出新的保证人的；

（八）违反法律、行政法规和监督管理规定，情节严重的其他情形。

第五百一十七条 人民法院应当在收到社区矫正机构的收监执行建议书后三十日以内作出决定。收监执行决定书一经作出，立即生效。

人民法院应当将收监执行决定书送达社区矫正机构和公安机关，并抄送人民检察院，由公安机关将罪犯交付执行。

第五百一十八条 被收监执行的罪犯有不计入执行刑期情形的，人民法院应当在作出收监决定时，确定不计入执行刑期的具体时间。

《六机关规定》

34. 刑事诉讼法第二百五十七条（现第二百六十八条）第三款规定："不符合暂予监外执行条件的罪犯通过贿赂等非法手段被暂予监外执行的，在监外执行的期间不计入执行刑期。罪犯在暂予监外执行期间脱逃的，脱逃的期间不计入执行刑期。"对于人民法院决定暂予监外执行的罪犯具有上述情形的，人民法院在决定予以收监的同时，应当确定不计入刑期的期间。对于监狱管理机关或者公安机关决定暂予监外执行的罪犯具有上述情形的，罪犯被收监后，所在监狱或者看守所应当及时向所在地的中级人民法院提出不计入执行刑期的建议书，由人民法院审核裁定。

《公安部规定》

第三百一十条第三款 不符合暂予监外执行条件的罪犯通过贿赂等非法手段被暂予监外执行的，或者罪犯在暂予监外执行期间脱逃的，罪犯被收监执行后，所在看守所应当提出不计入执行刑期的建议，经设区的市一级以上公安机关审查同意后，报请所在地中级以上人民法院审核裁定。

第三编　特别程序

专题二十一　未成年人刑事案件诉讼程序

考点79 未成年人刑事案件诉讼程序

1 第二百八十条　[未成年人犯罪案件中强制措施的适用] 对未成年犯罪嫌疑人、被告人应当严格限制适用逮捕措施。人民检察院审查批准逮捕和人民法院决定逮捕，应当讯问未成年犯罪嫌疑人、被告人，听取辩护律师的意见。

对被拘留、逮捕和执行刑罚的未成年人与成年人应当分别关押、分别管理、分别教育。

《高检规则》

第四百六十二条　人民检察院对未成年犯罪嫌疑人审查逮捕，应当根据未成年犯罪嫌疑人涉嫌犯罪的性质、情节、主观恶性、有无监护与社会帮教条件、认罪认罚等情况，综合衡量其社会危险性，严格限制适用逮捕措施。

第四百六十三条　对于罪行较轻、具备有效监护条件或者社会帮教措施，没有社会危险性或者社会危险性较小的未成年犯罪嫌疑人，应当不批准逮捕。

对于罪行比较严重，但主观恶性不大，有悔罪表现，具备有效监护条件或者社会帮教措施，具有下列情形之一，不逮捕不致发生社会危险性的未成年犯罪嫌疑人，可以不批准逮捕：

（一）初次犯罪、过失犯罪的；
（二）犯罪预备、中止、未遂的；
（三）防卫过当、避险过当的；
（四）有自首或者立功表现的；
（五）犯罪后认罪认罚，或者积极退赃，尽力减少和赔偿损失，被害人谅解的；
（六）不属于共同犯罪的主犯或者集团犯罪中的首要分子的；
（七）属于已满十四周岁不满十六周岁的未成年人或者系在校学生的；
（八）其他可以不批准逮捕的情形。

对于没有固定住所、无法提供保证人的未成年犯罪嫌疑人适用取保候审的，可以指定合适的成年人作为保证人。

第四百六十四条　审查逮捕未成年犯罪嫌疑人，应当重点查清其是否已满十四、十六、十八周岁。

对犯罪嫌疑人实际年龄难以判断，影响对该犯罪嫌疑人是否应当负刑事责任认定的，应当不批准逮捕。需要补充侦查的，同时通知公安机关。

《人民检察院办理未成年人刑事案件的规定》

第十三条　人民检察院办理未成年犯罪嫌疑人审查逮捕案件，应当根据未成年犯罪嫌疑人涉嫌犯罪的事实、主观恶性、有无监护与社会帮教条件等，综合衡量其社会危险性，严格限制适用逮捕措施，可捕可不捕的不捕。

第十八条　讯问未成年犯罪嫌疑人一般不得使用械具。对于确有人身危险性，必须使用械具的，在现实危险消除后，应当立即停止使用。

第二十一条　对未成年犯罪嫌疑人作出批准逮捕决定后，应当依法进行羁押必要性审查。对不需要继续羁押的，应当及时建议予以释放或者变更强制措施。

第五十一条　人民检察院审查未成年人与成年人共同犯罪案件，一般应当将未成年人与成年人分案起诉。但是具有下列情形之一的，可以不分案起诉：

（一）未成年人系犯罪集团的组织者或者其他共同犯罪中的主犯的；
（二）案件重大、疑难、复杂，分案起诉可能妨碍案件审理的；
（三）涉及刑事附带民事诉讼，分案起诉妨碍附带民事诉讼部分审理的；
（四）具有其他不宜分案起诉情形的。

对分案起诉至同一人民法院的未成年人与成年人共同犯罪案件，由未成年人刑事检察机构一并办理更为适宜的，经检察长决定，可以由未成年人刑事检察机构一并办理。

分案起诉的未成年人与成年人共同犯罪案件，由不同机构分别办理的，应当相互了解案件情况，提出量刑建议时，注意全案的量刑平衡。

2 第二百八十一条　[讯问、审判未成年犯罪嫌疑人、被告人的特殊规定] 对于未成年人刑事案件，在讯问和审判的时候，应当通知未成年犯罪嫌疑人、被告人的法定代理人到场。无法通知、法定代理人不能到场或者法定代理人是共犯的，也可以通知未成年犯罪嫌疑人、被告人的其他成年亲属，所在学校、单位、居住地基层组织或者未成年人保护组织的代表到场，并将有关情况记录在案。到场的法定代理人可以代为行使未成年犯罪嫌疑人、被告人的诉讼权利。

到场的法定代理人或者其他人员认为办案人员在讯问、审判中侵犯未成年人合法权益的，可以提出意见。讯问笔录、法庭笔录应当交给到场的法定代理人或者其他人员阅读或者向他宣读。

讯问女性未成年犯罪嫌疑人，应当有女工作人员在场。

审判未成年人刑事案件，未成年被告人最后陈述后，其法定代理人可以进行补充陈述。

询问未成年被害人、证人，适用第一款、第二款、第三款的规定。

《刑诉解释》

第五百五十五条　人民法院审理未成年人刑事案件，在讯问和开庭时，应当通知未成年被告人的法定代理人到场。法定代理人无法通知、不能到场或者是共犯的，也可以通知合适成年人到场，并将有关情况记录在案。

到场的法定代理人或者其他人员，除依法行使刑事诉讼法第二百八十一条第二款规定的权利外，经法庭同意，可以参与对未成年被告人的法庭教育等工作。

适用简易程序审理未成年人刑事案件，适用前两款规定。

第五百五十六条　询问未成年被害人、证人，适用前条规定。

审理未成年人遭受性侵害或者暴力伤害案件，在询问未成年被害人、证人时，应当采取同步录音录像等措施，尽量一次完成；未成年被害人、证人是女性的，应当由女性工作人员进行。

第五百六十七条　被告人实施被指控的犯罪时不满十八周岁，开庭时已满十八周岁、不满二十周岁的，人民法院开庭时，一般应当通知其近亲属到庭。经法庭同意，近亲属可以发表意见。近亲属无法通知、不能到场或者是共犯的,应当记录在案。

第五百七十条 开庭前和休庭时,法庭根据情况,可以安排未成年被告人与其法定代理人或者合适成年人会见。

第五百七十一条 人民法院应当在辩护台靠近旁听区一侧为未成年被告人的法定代理人或者合适成年人设置席位。

审理可能判处五年有期徒刑以下刑罚或者过失犯罪的未成年人刑事案件,可以采取适合未成年人特点的方式设置法庭席位。

第五百七十二条 未成年被告人或者其法定代理人当庭拒绝辩护人辩护的,适用本解释第三百一十一条第二款、第三款的规定。

重新开庭后,未成年被告人或者其法定代理人再次当庭拒绝辩护人辩护的,不予准许。重新开庭时被告人已满十八周岁的,可以准许,但不得再另行委托辩护人或者要求另行指派律师,由其自行辩护。

第五百七十三条 法庭审理过程中,审判人员应当根据未成年被告人的智力发育程度和心理状态,使用适合未成年人的语言表达方式。

发现有对未成年被告人威胁、训斥、诱供或者讽刺等情形的,审判长应当制止。

第五百七十四条 控辩双方提出对未成年被告人判处管制、宣告缓刑量刑建议的,应当向法庭提供有关未成年被告人能够获得监护、帮教以及对所居住社区无重大不良影响的书面材料。

第五百七十五条 对未成年被告人情况的调查报告,以及辩护人提交的有关未成年被告人情况的书面材料,法庭应当审查并听取控辩双方意见。上述报告和材料可以作为办理案件和教育未成年人的参考。

人民法院可以通知作出调查报告的人员出庭说明情况,接受控辩双方和法庭的询问。

第五百七十六条 法庭辩论结束后,法庭可以根据未成年人的生理、心理特点和案件情况,对未成年被告人进行法治教育;判决未成年被告人有罪的,宣判后,应当对未成年被告人进行法治教育。

对未成年被告人进行教育,其法定代理人以外的成年亲属或者教师、辅导员等参与有利于感化、挽救未成年人的,人民法院应当邀请其参加有关活动。

适用简易程序审理的案件,对未成年被告人进行法庭教育,适用前两款规定。

《高检规则》

第四百六十五条 在审查逮捕、审查起诉中,人民检察院应当讯问未成年犯罪嫌疑人,听取辩护人的意见,并制作笔录附卷。辩护人提出书面意见的,应当附卷。对于辩护人提出犯罪嫌疑人无罪、罪轻或者减轻、免除刑事责任、不适宜羁押或者侦查活动有违法情形等意见的,检察人员应当进行审查,并在相关工作文书中叙明辩护人提出的意见,说明是否采纳的情况和理由。

讯问未成年犯罪嫌疑人,应当通知其法定代理人到场,告知法定代理人依法享有的诉讼权利和应当履行的义务。到场的法定代理人可以代为行使未成年犯罪嫌疑人的诉讼权利,代为行使权利时不得损害未成年犯罪嫌疑人的合法权益。

无法通知、法定代理人不能到场或者法定代理人是共犯的,也可以通知未成年犯罪嫌疑人的其他成年亲属,所在学校、单位或者居住地的村民委员会、居民委员会、未成年人保护组织的代表到场,并将有关情况记录在案。未成年犯罪嫌疑人明确拒绝法定代理人以外的合适成年人到场,且有正当理由的,人民检察院可以准许,但应当在征求其意见后通知其他合适成年人到场。

到场的法定代理人或者其他人员认为检察人员在讯问中侵犯未成年犯罪嫌疑人合法权益提出意见的,人民检察院应当记录在案。对合理意见,应当接受并纠正。讯问笔录应当交由到场的法定代理人或者其他人员阅读或者向其宣读,并由其在笔录上签名或者盖章,并捺指印。

讯问女性未成年犯罪嫌疑人,应当有女性检察人员参加。

询问未成年被害人、证人,适用本条第二款至第五款的规定。询问应当以一次为原则,避免反复询问。

第四百六十六条 讯问未成年犯罪嫌疑人应当保护其人格尊严。

讯问未成年犯罪嫌疑人一般不得使用戒具。对于确有人身危险性必须使用戒具的,在现实危险消除后应当立即停止使用。

《人民检察院办理未成年人刑事案件的规定》

第十七条 人民检察院办理未成年犯罪嫌疑人审查逮捕案件,应当讯问未成年犯罪嫌疑人,听取辩护律师的意见,并制作笔录附卷。

讯问未成年犯罪嫌疑人,应根据该未成年人的特点和案件情况,制定详细的讯问提纲,采取适宜该未成年人的方式进行,讯问用语应当准确易懂。

讯问未成年犯罪嫌疑人,应当告知其依法享有的诉讼权利,告知其如实供述案件事实的法律规定和意义,核实其是否有自首、立功、坦白等情节,听取其有罪的供述或者无罪、罪轻的辩解。

讯问未成年犯罪嫌疑人,应当通知其法定代理人到场,告知法定代理人依法享有的诉讼权利和应当履行的义务。无法通知、法定代理人不能到场或者法定代理人是共犯的,也可以通知未成年犯罪嫌疑人的其他成年亲属,所在学校、单位或者居住地的村民委员会、居民委员会、未成年人保护组织的代表等合适成年人到场,并将有关情况记录在案。到场的法定代理人可以代为行使未成年犯罪嫌疑人的诉讼权利,行使时不得侵犯未成年犯罪嫌疑人的合法权益。

未成年犯罪嫌疑人明确拒绝法定代理人以外的合适成年人到场,人民检察院可以准许,但应当另行通知其他合适成年人到场。

到场的法定代理人或者其他人员认为办案人员在讯问中侵犯未成年犯罪嫌疑人合法权益的,可以提出意见。

讯问笔录应当交由到场的法定代理人或者其他人员阅读或者向其宣读，并由其在笔录上签字、盖章或者捺指印确认。

讯问女性未成年犯罪嫌疑人，应当有女性检察人员参加。

询问未成年被害人、证人，适用本条第四款至第七款的规定。

❸ **第二百八十二条** [附条件不起诉的适用条件] 对于未成年人涉嫌刑法分则第四章、第五章、第六章规定的犯罪，可能判处一年有期徒刑以下刑罚，符合起诉条件，但有悔罪表现的，人民检察院可以作出附条件不起诉的决定。人民检察院在作出附条件不起诉决定以前，应当听取公安机关、被害人的意见。

对附条件不起诉的决定，公安机关要求复议、提请复核或者被害人申诉的，适用本法第一百七十九条、第一百八十条的规定。

未成年犯罪嫌疑人及其法定代理人对人民检察院决定附条件不起诉有异议的，人民检察院应当作出起诉的决定。

《全国人民代表大会常务委员会关于〈中华人民共和国刑事诉讼法〉第二百七十一条①第二款的解释》

人民检察院办理未成年人刑事案件，在作出附条件不起诉的决定以及考验期满作出不起诉的决定以前，应当听取被害人的意见。被害人对人民检察院对未成年犯罪嫌疑人作出的附条件不起诉的决定和不起诉的决定，可以向上一级人民检察院申诉，不适用刑事诉讼法第一百七十六条（现第一百八十条）关于被害人可以向人民法院起诉的规定。

《高检规则》

第四百六十九条 对于符合刑事诉讼法第二百八十二条第一款规定条件的未成年人刑事案件，人民检察院可以作出附条件不起诉的决定。

人民检察院在作出附条件不起诉的决定以前，应当听取公安机关、被害人、未成年犯罪嫌疑人及其法定代理人、辩护人的意见，并制作笔录附卷。

第四百七十条 未成年犯罪嫌疑人及其法定代理人对拟作出附条件不起诉决定提出异议的，人民检察院应当提起公诉。但是，未成年犯罪嫌疑人及其法定代理人提出无罪辩解，人民检察院经审查认为无罪辩解理由成立的，应当按照本规则第三百六十五条的规定作出不起诉决定。

未成年犯罪嫌疑人及其法定代理人对案件作附条件不起诉处理没有异议，仅对所附条件及考验期有异议的，人民检察院可以依法采纳其合理的意见，对考察的内容、方式、时间等进行调整；其意见不利于对未成年犯罪嫌疑人帮教，人民检察院不采纳的，应当进行释法说理。

人民检察院作出起诉决定前，未成年犯罪嫌疑人及其法定代理人撤回异议的，人民检察院可以依法作出附条件不起诉决定。

第四百七十一条 人民检察院作出附条件不起诉的决定后，应当制作附条件不起诉决定书，并在三日以内送达公安机关、被害人或者其近亲属及其诉讼代理人、未成年犯罪嫌疑人及其法定代理人、辩护人。

人民检察院应当面向未成年犯罪嫌疑人及其法定代理人宣布附条件不起诉决定，告知考验期限、在考验期内应当遵守的规定以及违反规定应负的法律责任，并制作笔录附卷。

第四百七十二条 对附条件不起诉的决定，公安机关要求复议、提请复核或者被害人提出申诉的，具体程序参照本规则第三百七十九条至第三百八十三条的规定。被害人不服附条件不起诉决定的，应当告知其不适用刑事诉讼法第一百八十条关于被害人可以向人民法院起诉的规定，并做好释法说理工作。

前款规定的复议、复核、申诉由相应人民检察院负责未成年人检察的部门进行审查。

《人民检察院办理未成年人刑事案件的规定》

第二十九条 对于犯罪时已满十四周岁不满十八周岁的未成年人，同时符合下列条件的，人民检察院可以作出附条件不起诉决定：

（一）涉嫌刑法分则第四章、第五章、第六章规定的犯罪；

（二）根据具体犯罪事实、情节，可能被判处一年有期徒刑以下刑罚；

（三）犯罪事实清楚，证据确实、充分，符合起诉条件；

（四）具有悔罪表现。

第三十条 人民检察院在作出附条件不起诉的决定以前，应当听取公安机关、被害人、未成年犯罪嫌疑人的法定代理人、辩护人的意见，并制作笔录附卷。被害人是未成年人的，还应当听取被害人的法定代理人、诉讼代理人的意见。

第三十三条 人民检察院作出附条件不起诉的决定后，应当制作附条件不起诉决定书，并在三日以内送达公安机关、被害人或者其近亲属及其诉讼代理人、未成年犯罪嫌疑人及其法定代理人、辩护人。

送达时，应当告知被害人或者其近亲属及其诉讼代理人，如果对附条件不起诉决定不服，可以自收到附条件不起诉决定书后七日以内向上一级人民检察院申诉。

人民检察院应当面向未成年犯罪嫌疑人及其法定代理人宣布附条件不起诉决定，告知考验期限、在考验期内应当遵守的规定和违反规定应负的法律责任，以及可以对附条件不起诉决定提出异议，并制作笔录附卷。

第三十四条 未成年犯罪嫌疑人在押的，作出附条件不起诉决定后，人民检察院应当作出释放或者变更强制措施的决定。

第三十九条 人民检察院在作出附条件不起诉决定后，应当在十日内将附条件不起诉决定书报上级人民检察院主管部门备案。

上级人民检察院认为下级人民检察院作出的附条件不起诉决定不适当的，应当及时撤销下级人民检察院作

---

① 现为第二百八十二条，编者注。

出的附条件不起诉决定,下级人民检察院应当执行。

4 第二百八十三条 [附条件不起诉的考验期]在附条件不起诉的考验期内,由人民检察院对被附条件不起诉的未成年犯罪嫌疑人进行监督考察。未成年犯罪嫌疑人的监护人,应当对未成年犯罪嫌疑人加强管教,配合人民检察院做好监督考察工作。

附条件不起诉的考验期为六个月以上一年以下,从人民检察院作出附条件不起诉的决定之日起计算。

被附条件不起诉的未成年犯罪嫌疑人,应当遵守下列规定:

(一)遵守法律法规,服从监督;
(二)按照考察机关的规定报告自己的活动情况;
(三)离开所居住的市、县或者迁居,应当报经考察机关批准;
(四)按照考察机关的要求接受矫治和教育。

《高检规则》

第四百七十三条 人民检察院作出附条件不起诉决定的,应当确定考验期。考验期为六个月以上一年以下,从人民检察院作出附条件不起诉的决定之日起计算。

第四百七十四条 在附条件不起诉的考验期内,由人民检察院对被附条件不起诉的未成年犯罪嫌疑人进行监督考察。人民检察院应当要求未成年犯罪嫌疑人的监护人对未成年犯罪嫌疑人加强管教,配合人民检察院做好监督考察工作。

人民检察院可以会同未成年犯罪嫌疑人的监护人、所在学校、单位、居住地的村民委员会、居民委员会、未成年人保护组织等的有关人员,定期对未成年犯罪嫌疑人进行考察、教育,实施跟踪帮教。

第四百七十五条 人民检察院对于被附条件不起诉的未成年犯罪嫌疑人,应当监督考察其是否遵守下列规定:

(一)遵守法律法规,服从监督;
(二)按照规定报告自己的活动情况;
(三)离开所居住的市、县或者迁居,应当报经批准;
(四)按照要求接受矫治和教育。

第四百七十六条 人民检察院可以要求被附条件不起诉的未成年犯罪嫌疑人接受下列矫治和教育:

(一)完成戒瘾治疗、心理辅导或其他适当的处遇措施;
(二)向社区或者公益团体提供公益劳动;
(三)不得进入特定场所,与特定的人员会见或者通信,从事特定的活动;
(四)向被害人赔偿损失、赔礼道歉等;
(五)接受相关教育;
(六)遵守其他保护被害人安全以及预防再犯的禁止性规定。

第四百七十七条 考验期届满,检察人员应当制作附条件不起诉考察意见书,提出起诉或者不起诉的意见,报请检察长决定。

考验期满作出不起诉的决定以前,应当听取被害人意见。

《人民检察院办理未成年人刑事案件的规定》

第四十条 人民检察院决定附条件不起诉的,应当确定考验期。考验期为六个月以上一年以下,从人民检察院作出附条件不起诉的决定之日起计算。考验期不计入案件审查起诉期限。

考验期的长短应当与未成年犯罪嫌疑人所犯罪行的轻重、主观恶性的大小和人身危险性的大小、一贯表现及帮教条件等相适应,根据未成年犯罪嫌疑人在考验期的表现,可以在法定期限范围内适当缩短或者延长。

第四十三条 在附条件不起诉的考验期内,人民检察院应当对被附条件不起诉的未成年犯罪嫌疑人进行监督考察。未成年犯罪嫌疑人的监护人应当对未成年犯罪嫌疑人加强管教,配合人民检察院做好监督考察工作。

人民检察院可以会同未成年犯罪嫌疑人的监护人、所在学校、单位、居住地的村民委员会、居民委员会、未成年人保护组织等的有关人员定期对未成年犯罪嫌疑人进行考察、教育,实施跟踪帮教。

第四十四条 未成年犯罪嫌疑人经批准离开所居住的市、县或者迁居,作出附条件不起诉决定的人民检察院可以要求迁入地的人民检察院协助进行考察,并将考察结果函告作出附条件不起诉决定的人民检察院。

5 第二百八十四条 [考验期满的后果]被附条件不起诉的未成年犯罪嫌疑人,在考验期内有下列情形之一的,人民检察院应当撤销附条件不起诉的决定,提起公诉:

(一)实施新的犯罪或者发现决定附条件不起诉以前还有其他犯罪需要追诉的;
(二)违反治安管理规定或者考察机关有关附条件不起诉的监督管理规定,情节严重的。

被附条件不起诉的未成年犯罪嫌疑人,在考验期内没有上述情形,考验期满的,人民检察院应当作出不起诉的决定。

《高检规则》

第四百七十九条 被附条件不起诉的未成年犯罪嫌疑人,在考验期内具有下列情形之一的,人民检察院应当撤销附条件不起诉的决定,提起公诉:

(一)实施新的犯罪的;
(二)发现决定附条件不起诉以前还有其他犯罪需要追诉的;
(三)违反治安管理规定,造成严重后果,或者多次违反治安管理规定的;
(四)违反有关附条件不起诉的监督管理规定,造成严重后果,或者多次违反有关附条件不起诉的监督管理规定的。

第四百八十条 被附条件不起诉的未成年犯罪嫌疑人,在考验期内没有本规则第四百七十九条规定的情形,考验期满的,人民检察院应当作出不起诉的决定。

《人民检察院办理未成年人刑事案件的规定》

第四十五条 考验期届满,办案人员应当制作附条件不起诉考察意见书,提出起诉或者不起诉的意见,经部门负责人审核,报请检察长决定。

人民检察院应当在审查起诉期限内作出起诉或者不起诉的决定。

作出附条件不起诉决定的案件,审查起诉期限自人民检察院作出附条件不起诉决定之日起中止计算,自考验期限届满之日起或者人民检察院作出撤销附条件不起诉决定之日起恢复计算。

第四十七条 对于未成年犯罪嫌疑人在考验期内实施新的犯罪或者在决定附条件不起诉以前还有其他犯罪需要追诉的,人民检察院应当移送侦查机关立案侦查。

第四十八条 被附条件不起诉的未成年犯罪嫌疑人,在考验期内没有本规定第四十六条规定的情形,考验期满的,人民检察院应当作出不起诉的决定。

第四十九条 对于附条件不起诉的案件,不起诉决定宣布后六个月内,办案人员可以对被不起诉的未成年人进行回访,巩固帮教效果,并做好相关记录。

第五十条 对人民检察院依照刑事诉讼法第一百七十三条(现第一百七十七条)第二款规定作出的不起诉决定和经附条件不起诉考验期满不起诉的,在向被不起诉的未成年人及其法定代理人宣布不起诉决定书时,应当充分阐明不起诉的理由和法律依据,并结合社会调查,围绕犯罪行为对被害人、对本人及家庭、对社会等造成的危害,导致犯罪行为发生的原因及应当吸取的教训等,对被不起诉的未成年人开展必要的教育。如果侦查人员、合适成年人、辩护人、社工等参加有利于教育被不起诉未成年人的,经被不起诉的未成年人及其法定代理人同意,可以邀请他们参加,但要严格控制参与人范围。

对于犯罪事实清楚,但因未达刑事责任年龄不起诉、年龄证据存疑而不起诉的未成年犯罪嫌疑人,参照上述规定举行不起诉宣布教育仪式。

6 第二百八十五条 [未成年人犯罪案件的不公开审理]审判的时候被告人不满十八周岁的案件,不公开审理。但是,经未成年被告人及其法定代理人同意,未成年被告人所在学校和未成年人保护组织可以派代表到场。

7 第二百八十六条 [犯罪记录封存制度]犯罪的时候不满十八周岁,被判处五年有期徒刑以下刑罚的,应当对相关犯罪记录予以封存。

犯罪记录被封存的,不得向任何单位和个人提供,但司法机关为办案需要或者有关单位根据国家规定进行查询的除外。依法进行查询的单位,应当对被封存的犯罪记录的情况予以保密。

专题二十二 当事人和解的公诉案件诉讼程序

考点80 当事人和解的公诉案件诉讼程序

第二百八十八条 [刑事和解的适用条件]下列公诉案件,犯罪嫌疑人、被告人真诚悔罪,通过向被害人赔偿损失、赔礼道歉等方式获得被害人谅解,被害人自愿和解的,双方当事人可以和解:

(一)因民间纠纷引起,涉嫌刑法分则第四章、第五章规定的犯罪案件,可能判处三年有期徒刑以下刑罚的;

(二)除渎职犯罪以外的可能判处七年有期徒刑以下刑罚的过失犯罪案件。

犯罪嫌疑人、被告人在五年以内曾经故意犯罪的,不适用本章规定的程序。

第二百八十九条 [自行和解]双方当事人和解的,公安机关、人民检察院、人民法院应当听取当事人和其他有关人员的意见,对和解的自愿性、合法性进行审查,并主持制作和解协议书。

第二百九十条 [和解的效力]对于达成和解协议的案件,公安机关可以向人民检察院提出从宽处理的建议。人民检察院可以向人民法院提出从宽处理的建议;对于犯罪情节轻微,不需要判处刑罚的,可以作出不起诉的决定。人民法院可以依法对被告人从宽处罚。

《刑诉解释》

第五百九十四条 双方当事人在侦查、审查起诉期间已经达成和解协议并全部履行,被害人或者其法定代理人、近亲属又提起附带民事诉讼的,人民法院不予受理,但有证据证明和解违反自愿、合法原则的除外。

专题二十三 缺席审判程序

考点81 缺席审判程序

1 第二百九十一条 [缺席判决的条件]对于贪污贿赂犯罪案件,以及需要及时进行审判,经最高人民检察院核准的严重危害国家安全犯罪、恐怖活动犯罪案件,犯罪嫌疑人、被告人在境外,监察机关、公安机关移送起诉,人民检察院认为犯罪事实已经查清,证据确实、充分,依法应当追究刑事责任的,可以向人民法院提起公诉。人民法院进行审查后,对于起诉书中有明确的指控犯罪事实,符合缺席审判程序适用条件的,应当决定开庭审判。

前款案件,由犯罪地、被告人离境前居住地或者最高人民法院指定的中级人民法院组成合议庭进行审理。

《刑诉解释》

第五百九十九条 对人民检察院依照刑事诉讼法第二百九十一条第一款的规定提起公诉的案件,人民法院审查后,应当按照下列情形分别处理:

(一)符合缺席审判程序适用条件,属于本院管辖,且材料齐全的,应当受理;

(二)不属于可以适用缺席审判程序的案件范围、不属于本院管辖或者不符合缺席审判程序的其他适用条件的,应当退回人民检察院;

(三)材料不全的,应当通知人民检察院在三十日以内补送;三十日以内不能补送的,应当退回人民检察院。

第六百条 对人民检察院依照刑事诉讼法第二百九十一条第一款的规定提起公诉的案件,人民法院立案后,应当将传票和起诉书副本送达被告人,传票应当载明被告人到案期限以及不按时到案的法律后果等事项;应当将起诉书副本送达被告人近亲属,告知其有权代为委托辩护人,并通知其敦促被告人归案。

第六百零一条 人民法院审理人民检察院依照刑事诉讼法第二百九十一条第一款的规定提起公诉的案件,

被告人有权委托或者由近亲属代为委托一至二名辩护人。委托律师担任辩护人的,应当委托具有中华人民共和国律师资格并依法取得执业证书的律师;在境外委托的,应当依照本解释第四百八十六条的规定对授权委托进行公证、认证。

被告人及其近亲属没有委托辩护人的,人民法院应当通知法律援助机构指派律师为被告人提供辩护。

被告人及其近亲属拒绝法律援助机构指派的律师辩护的,依照本解释第五十条第二款的规定处理。

第六百零二条　人民法院审理人民检察院依照刑事诉讼法第二百九十一条第一款的规定提起公诉的案件,被告人的近亲属申请参加诉讼的,应当在收到起诉书副本后、第一审开庭前提出,并提供与被告人关系的证明材料。有多名近亲属的,应当推选一至二人参加诉讼。

对被告人的近亲属提出申请的,人民法院应当及时审查决定。

第六百零三条　人民法院审理人民检察院依照刑事诉讼法第二百九十一条第一款的规定提起公诉的案件,参照适用公诉案件第一审普通程序的有关规定。被告人的近亲属参加诉讼的,可以发表意见,出示证据,申请法庭通知证人、鉴定人等出庭,进行辩论。

第六百零四条　对人民检察院依照刑事诉讼法第二百九十一条第一款的规定提起公诉的案件,人民法院审理后应当参照本解释第二百九十五条的规定作出判决、裁定。

作出有罪判决的,应当达到证据确实、充分的证明标准。

经审理认定的罪名不属于刑事诉讼法第二百九十一条第一款规定的罪名的,应当终止审理。

适用缺席审判程序审理案件,可以对违法所得及其他涉案财产一并作出处理。

《高检规则》

第五百零五条　对于监察机关移送起诉的贪污贿赂犯罪案件,犯罪嫌疑人、被告人在境外,人民检察院认为犯罪事实已经查清,证据确实、充分,依法应当追究刑事责任的,可以向人民法院提起公诉。

对于公安机关移送起诉的需要及时进行审判的严重危害国家安全犯罪、恐怖活动犯罪案件,犯罪嫌疑人、被告人在境外,人民检察院认为犯罪事实已经查清,证据确实、充分,依法应当追究刑事责任的,经最高人民检察院核准,可以向人民法院提起公诉。

前两款规定的案件,由有管辖权的中级人民法院的同级人民检察院提起公诉。

人民检察院提起公诉的,应当向人民法院提交被告人已出境的证据。

❷ 第二百九十二条　[缺席判决文书送达]人民法院应当通过有关国际条约规定的或者外交途径提出的司法协助方式,或者被告人所在地法律允许的其他方式,将传票和人民检察院的起诉书副本送达被告人。传票和起诉书副本送达后,被告人未按要求到案的,人民法院应当开庭审理,依法作出判决,并对违法所得及其他涉案财产作出处理。

❸ 第二百九十三条　[委托辩护、应当法援]人民法院缺席审判案件,被告人有权委托辩护人,被告人的近亲属可以代为委托辩护人。被告人及其近亲属没有委托辩护人的,人民法院应当通知法律援助机构指派律师为其提供辩护。

❹ 第二百九十四条　[缺席判决的上诉权、抗诉权]人民法院应当将判决书送达被告人及其近亲属、辩护人。

被告人或者其近亲属不服判决的,有权向上一级人民法院上诉。辩护人经被告人或者其近亲属同意,可以提出上诉。

人民检察院认为人民法院的判决确有错误的,应当向上一级人民法院提出抗诉。

❺ 第二百九十五条　[重新审理的情形]在审理过程中,被告人自动投案或者被抓获的,人民法院应当重新审理。

罪犯在判决、裁定发生法律效力后到案的,人民法院应当将罪犯交付执行刑罚。交付执行刑罚前,人民法院应当告知罪犯有权对判决、裁定提出异议。罪犯对判决、裁定提出异议的,人民法院应当重新审理。

依照生效判决、裁定对罪犯的财产进行的处理确有错误的,应当予以返还、赔偿。

《高检规则》

第五百零九条　审查起诉期间,犯罪嫌疑人自动投案或者被抓获的,人民检察院应当重新审查。

对严重危害国家安全犯罪、恐怖活动犯罪案件报请核准期间,犯罪嫌疑人自动投案或者被抓获的,报请核准的人民检察院应当及时撤回报请,重新审查案件。

第五百一十条　提起公诉后被告人到案,人民法院拟重新审理的,人民检察院应当商人民法院将案件撤回并重新审查。

❻ 第二百九十六条　[中止之缺席判决]因被告人患有严重疾病无法出庭,中止审理超过六个月,被告人仍无法出庭,被告人及其法定代理人、近亲属申请或者同意恢复审理的,人民法院可以在被告人不出庭的情况下缺席审理,依法作出判决。

《刑诉解释》

第六百零五条　因被告人患有严重疾病导致缺乏受审能力,无法出庭受审,中止审理超过六个月,被告人仍无法出庭,被告人及其法定代理人、近亲属申请或者同意恢复审理的,人民法院可以根据刑事诉讼法第二百九十六条的规定缺席审判。

符合前款规定的情形,被告人无法表达意愿的,其法定代理人、近亲属可以代为申请或者同意恢复审理。

《高检规则》

第五百一十一条　因被告人患有严重疾病无法出庭,中止审理超过六个月,被告人仍无法出庭,被告人及其法定代理人、近亲属申请或者同意恢复审理的,人民检察院可以建议人民法院适用缺席审判程序审理。

❼ 第二百九十七条　[死亡、审监之缺席判决]被告人死亡的,人民法院应当裁定终止审理,但有证据证明被

告人无罪,人民法院经缺席审理确认无罪的,应当依法作出判决。

人民法院按照审判监督程序重新审判的案件,被告人死亡的,人民法院可以缺席审理,依法作出判决。

《刑诉解释》

第六百零六条 人民法院受理案件后被告人死亡的,应当裁定终止审理;但有证据证明被告人无罪,经缺席审理确认无罪的,应当判决宣告被告人无罪。

前款所称"有证据证明被告人无罪,经缺席审理确认无罪",包括案件事实清楚,证据确实、充分,依据法律认定被告人无罪的情形,以及证据不足,不能认定被告人有罪的情形。

第六百零七条 人民法院按照审判监督程序重新审判的案件,被告人死亡的,可以缺席审理。有证据证明被告人无罪,经缺席审理确认无罪的,应当判决宣告被告人无罪;虽然构成犯罪,但原判量刑畸重的,应当依法作出判决。

专题二十四 犯罪嫌疑人、被告人逃匿、死亡案件违法所得的没收程序

考点82 犯罪嫌疑人、被告人逃匿、死亡案件违法所得的没收程序

第二百九十八条 [违法所得的没收程序的启动] 对于贪污贿赂犯罪、恐怖活动犯罪等重大犯罪案件,犯罪嫌疑人、被告人逃匿,在通缉一年后不能到案,或者犯罪嫌疑人、被告人死亡,依照刑法规定应当追缴其违法所得及其他涉案财产的,人民检察院可以向人民法院提出没收违法所得的申请。

公安机关认为有前款规定情形的,应当写出没收违法所得意见书,移送人民检察院。

没收违法所得的申请应当提供与犯罪事实、违法所得相关的证据材料,并列明财产的种类、数量、所在地及查封、扣押、冻结的情况。

人民法院在必要的时候,可以查封、扣押、冻结申请没收的财产。

第二百九十九条 [没收违法所得的审理程序] 没收违法所得的申请,由犯罪地或者犯罪嫌疑人、被告人居住地的中级人民法院组成合议庭进行审理。

人民法院受理没收违法所得的申请后,应当发出公告。公告期间为六个月。犯罪嫌疑人、被告人的近亲属和其他利害关系人有权申请参加诉讼,也可以委托诉讼代理人参加诉讼。

人民法院在公告期满后对没收违法所得的申请进行审理。利害关系人参加诉讼的,人民法院应当开庭审理。

第三百条 [违法所得的没收程序的审理结果] 人民法院经审理,对查证属于违法所得及其他涉案财产,除依法返还被害人的以外,应当裁定予以没收;对不属于应当追缴的财产的,应当裁定驳回申请,解除查封、扣押、冻结措施。

对于人民法院依照前款规定作出的裁定,犯罪嫌疑人、被告人的近亲属和其他利害关系人或者人民检察院可以提出上诉、抗诉。

第三百零一条 [终止审理和财产返还、赔偿] 在审理过程中,在逃的犯罪嫌疑人、被告人自动投案或者被抓获的,人民法院应当终止审理。

没收犯罪嫌疑人、被告人财产确有错误的,应当予以返还、赔偿。

《刑诉解释》

第六百一十条 在省、自治区、直辖市或者全国范围内具有较大影响的犯罪案件,或者犯罪嫌疑人、被告人逃匿境外的犯罪案件,应当认定为刑事诉讼法第二百九十八条第一款规定的"重大犯罪案件"。

专题二十五 依法不负刑事责任的精神病人的强制医疗程序

考点83 依法不负刑事责任的精神病人的强制医疗程序

1 第三百零二条 [精神病人强制医疗程序的适用条件] 实施暴力行为,危害公共安全或者严重危害公民人身安全,经法定程序鉴定依法不负刑事责任的精神病人,有继续危害社会可能的,可以予以强制医疗。[2014年真题~强制医疗程序的适用条件]

《高检规则》

第五百三十四条 对于实施暴力行为,危害公共安全或者严重危害公民人身安全,已经达到犯罪程度,经法定程序鉴定依法不负刑事责任的精神病人,有继续危害社会可能的,人民检察院应当向人民法院提出强制医疗的申请。

提出强制医疗的申请以及对强制医疗决定的监督,由负责捕诉的部门办理。

2 第三百零三条 [强制医疗程序的申请和决定] 根据本章规定对精神病人强制医疗的,由人民法院决定。

公安机关发现精神病人符合强制医疗条件的,应当写出强制医疗意见书,移送人民检察院。对于公安机关移送的或者在审查起诉过程中发现的精神病人符合强制医疗条件的,人民检察院应当向人民法院提出强制医疗的申请。人民法院在审理案件过程中发现被告人符合强制医疗条件的,可以作出强制医疗的决定。

对实施暴力行为的精神病人,在人民法院决定强制医疗前,公安机关可以采取临时的保护性约束措施。

《刑诉解释》

第六百三十一条 人民检察院申请对依法不负刑事责任的精神病人强制医疗的案件,由被申请人实施暴力行为所在地的基层人民法院管辖;由被申请人居住地的人民法院审判更为适宜的,可以由被申请人居住地的基层人民法院管辖。

第六百四十条 第二审人民法院在审理刑事案件过程中,发现被告人可能符合强制医疗条件的,可以依照强

制医疗程序对案件作出处理,也可以裁定发回原审人民法院重新审判。

《高检规则》

第五百三十五条 强制医疗的申请由被申请人实施暴力行为所在地的基层人民检察院提出;由被申请人居住地的人民检察院提出更为适宜的,可以由被申请人居住地的基层人民检察院提出。

第五百三十九条 人民检察院应当在接到公安机关移送的强制医疗意见书后三十日以内作出是否提出强制医疗申请的决定。

对于公安机关移送的强制医疗案件,经审查认为不符合刑事诉讼法第三百零二条规定条件的,应当作出不提出强制医疗申请的决定,并向公安机关书面说明理由。认为需要补充证据的,应当书面要求公安机关补充证据,必要时也可以自行调查。

公安机关补充证据的时间不计入人民检察院办案期限。

第五百四十条 人民检察院发现公安机关应当启动强制医疗程序而不启动的,可以要求公安机关在七日以内书面说明不启动的理由。

经审查,认为公安机关不启动理由不能成立的,应当通知公安机关启动强制医疗程序。

公安机关收到启动强制医疗程序通知书后,未按要求启动强制医疗程序的,人民检察院应当提出纠正意见。

第五百四十二条 人民检察院发现公安机关对涉案精神病人不应当采取临时保护性约束措施而采取的,应当提出纠正意见。

认为公安机关应当采取临时保护性约束措施而未采取的,应当建议公安机关采取临时保护性约束措施。

第五百四十三条 在审查起诉中,犯罪嫌疑人经鉴定系依法不负刑事责任的精神病人的,人民检察院应当作出不起诉决定。认为符合刑事诉讼法第三百零二条规定条件的,应当向人民法院提出强制医疗的申请。

❸ 第三百零四条 [对强制医疗程序申请的审理]人民法院受理强制医疗的申请后,应当组成合议庭进行审理。

人民法院审理强制医疗案件,**应当通知被申请人或者被告人的法定代理人到场。被申请人或者被告人没有委托诉讼代理人的,人民法院应当通知法律援助机构指派律师为其提供法律帮助。**〔2014年真题~强制医疗案件的审理程序〕

《刑诉解释》

第六百三十四条 审理强制医疗案件,应当通知被申请人或者被告人的法定代理人到场;被申请人或者被告人的法定代理人经通知未到场的,可以通知被申请人或者被告人的其他近亲属到场。

被申请人或者被告人没有委托诉讼代理人的,应当自受理强制医疗申请或者发现被告人符合强制医疗条件之日起三日以内,通知法律援助机构指派律师担任其诉讼代理人,为其提供法律帮助。〔2014年真题~强制医疗案件的审理程序〕

第六百三十五条 审理强制医疗案件,应当组成合议庭,开庭审理。但是,被申请人、被告人的法定代理人请求不开庭审理,并经人民法院审查同意的除外。

审理强制医疗案件,应当会见被申请人,听取被害人及其法定代理人的意见。

第六百三十六条 开庭审理申请强制医疗的案件,按照下列程序进行:

(一)审判长宣布法庭调查开始后,先由检察员宣读申请书,后由被申请人的法定代理人、诉讼代理人发表意见;

(二)法庭依次就被申请人是否实施了危害公共安全或者严重危害公民人身安全的暴力行为、是否属于依法不负刑事责任的精神病人、是否有继续危害社会的可能进行调查;调查时,先由检察员出示证据,后由被申请人的法定代理人、诉讼代理人出示证据,并进行质证;必要时,可以通知鉴定人出庭对鉴定意见作出说明;

(三)法庭辩论阶段,先由检察员发言,后由被申请人的法定代理人、诉讼代理人发言,并进行辩论。

被申请人要求出庭,人民法院经审查其身体和精神状态,认为可以出庭的,应当准许。出庭的被申请人,在法庭调查、辩论阶段,可以发表意见。

检察员宣读申请书后,被申请人的法定代理人、诉讼代理人无异议的,法庭调查可以简化。

《高检规则》

第五百四十四条 人民法院对强制医疗案件开庭审理的,人民检察院应当派员出席法庭。

❹ 第三百零五条 [强制医疗的审理期限和申请复议]人民法院经审理,对于被申请人或者被告人符合强制医疗条件的,应当在一个月以内作出强制医疗的决定。

被决定强制医疗的人、被害人及其法定代理人、近亲属对强制医疗决定不服的,可以向上一级人民法院申请复议。〔2014年真题~被强制医疗当事人的救济权〕

《刑诉解释》

第六百三十七条 对申请强制医疗的案件,人民法院审理后,应当按照下列情形分别处理:

(一)符合刑事诉讼法第三百零二条规定的强制医疗条件的,应当作出对被申请人强制医疗的决定;

(二)被申请人属于依法不负刑事责任的精神病人,但不符合强制医疗条件的,应当作出驳回强制医疗申请的决定;被申请人已经造成危害结果的,应当同时责令家属或者监护人严加看管和医疗;

(三)被申请人具有完全或者部分刑事责任能力,依法应当追究刑事责任的,应当作出驳回强制医疗申请的决定,并退回人民检察院依法处理。

第六百四十一条 人民法院决定强制医疗的,应当在作出决定后五日以内,向公安机关送达强制医疗决定书和强制医疗执行通知书,由公安机关将被决定强制医疗的人送交强制医疗。

第六百四十二条 被决定强制医疗的人、被害人及其法定代理人、近亲属对强制医疗决定不服的,可以自收到决定书第二日起五日以内向上一级人民法院申请复议。复议期间不停止执行强制医疗的决定。

第六百四十三条 对不服强制医疗决定的复议申请,上一级人民法院应当组成合议庭审理,并在一个月以内,按照下列情形分别作出复议决定:

(一)被决定强制医疗的人符合强制医疗条件的,应当驳回复议申请,维持原决定;

(二)被决定强制医疗的人不符合强制医疗条件的,应当撤销原决定;

(三)原审违反法定诉讼程序,可能影响公正审判的,应当撤销原决定,发回原审人民法院重新审判。

第六百四十四条 对本解释第六百三十九条第一项规定的判决、决定,人民检察院提出抗诉,同时被决定强制医疗的人、被害人及其法定代理人、近亲属申请复议的,上一级人民法院应当依照第二审程序一并处理。

第六百四十九条 审理强制医疗案件,本章没有规定的,参照适用本解释的有关规定。

《高检规则》

第五百四十九条 人民法院收到被决定强制医疗的人、被害人及其法定代理人、近亲属复议申请后,未组成合议庭审理,或者未在一个月以内作出复议决定,或者有其他违法行为的,人民检察院应当提出纠正意见。

第五百五十条 人民检察院对于人民法院批准解除强制医疗的决定实行监督,发现人民法院解除强制医疗的决定不当的,应当提出纠正意见。

答案速查

1.ABD	2.D	3.C
4.B	5.C	6.ABC
7.D	8.B	9.A
10.A	11.ABC	12.ABC
13.A	14.B	15.BD
16.ABD	17.BCD	18.AB
19.ABC	20.AD	21.ACD
22.BC	23.ABC	24.ABD
25.BCD	26.CD	27.CD
28.D	29.AB	30.AB
31.BCD	32.BD	33.D
34.ABCD	35.BC	36.C
37.AC	38.B	39.ABCD
40.D	41.C	42.BCD
43.ABD	44.ABCD(原答案为C)	
45.CD	46.ABCD	47.A
48.D	49.ABCD	50.BCD
51.ABD	52.BC	53.C
54.C	55.B	56.ABCD
57.AB	58.A	59.D
60.C	61.D	62.ACD
63.A	64.B	65.ABD
66.D	67.A	68.D
69.A	70.D	71.C
72.B	73.AD	74.ABC(原答案为AC)
75.A	76.A	77.ACD
78.D	79.B(原答案为A)	80.ABC
81.B	82.C	83.ABC
84.C	85.D	86.B
87.D	88.D	89.AD
90.C	91.B	92.A
93.B	94.ABC	95.B
96.BD	97.BD(原答案为B)	98.B
99.D	100.AD	101.D
102.AD	103.CD	104.B
105.AC	106.C	107.D
108.B	109.D	110.ABD
111.A	112.BC	113.A
114.D	115.C	116.ABD
117.AD	118.D	
119.AB(原答案为ABD)		120.ABD
121.D	122.AB	123.ABCD
124.D	125.ABC	126.ABCD
127.D	128.AB	129.BD
130.AC	131.ACD	132.ABCD
133.BC	134.B	135.C
136.C	137.C	138.B
139.C	140.CD	
141.BCD(原答案为ABCD)		142.D
143.BD	144.ABC	145.D
146.B	147.ABCD	148.A
149.AB	150.ACD	151.C
152.BCD	153.ABCD(原答案为C)	
154.ABCD	155.B	156.ACD
157.B	158.BD	159.C
160.ABCD	161.C	162.D
163.ACD	164.B	165.B
166.(1)D;(2)B	167.B	168.B
169.D(原答案为BD)		170.AC(原答案为A)
171.D	172.B	173.C
174.A	175.ABCD(原答案为D)	
176.AB(原答案为A)		177.C
178.ACD	179.D	180.ABD
181.BC	182.D	183.A
184.C	185.BD	186.B
187.B	188.ABCD	189.BCD
190.AC	191.A	192.ACD
193.ACD	194.B	195.BC
196.ABD	197.B	198.D
199.BC	200.AB	
201.(1)ABCD;(2)ACD;(3)D		202.B(原答案为BC)
203.ABC	204.B	205.AC
206.B	207.A	208.D
209.D	210.ABC	211.B
212.AC	213.ABCD	214.D
215.D	216.BC	217.A
218.ABD	219.ABCD	220.D
221.D	222.B	223.D
224.C	225.B	226.ABD
227.B	228.C	229.D
230.ABC	231.B	232.C
233.C	234.ABC	235.ACD
236.ABD	237.A	238.D
239.ABCD(原答案为B)		240.D
241.ABD(原答案为BD)		
242.AC(原答案为ABC)		243.AB

· 142 ·

244.ABCD(原答案为B)	245.AB	317.BC(原答案为B)	318.ABC
246.BD	247.C	248.D	319.D	320.C	321.ABCD
249.B	250.ABCD(原答案为C)	322.ABD	323.B	324.ABCD
251.ACD	252.ABCD(原答案为C)	325.ABD	326.BD	327.D
253.B	254.AB	255.ABD	328.D	329.ABC	330.BCD
256.AC	257.C	258.B	331.D	332.B	333.C(原答案为B)
259.ABCD	260.C	261.ABC	334.C	335.ABD	336.D
262.ABCD	263.ABC	264.D	337.ABC	338.A	339.C
265.BC	266.B	267.BD	340.B	341.B	342.A(原答案为AC)
268.A	269.ABD(原答案为AB)	343.(1)ABC(原答案为AB);(2)BD;(3)AD
270.B	271.ABD	272.B	344.BCD	345.A	346.A
273.AB	274.B	275.D	347.AD	348.(1)AC;(2)ABC
276.BC	277.ABD	349.ABCD	350.C	351.D
278.ABC(原答案为BC)	279.BD	352.B	353.B	354.B
280.ACD	281.ACD	282.C	355.AD	356.B	357.ABC
283.C	284.(1)B;(2)ABD;(3)BC	358.ABC	359.ABD	360.AC
285.C	286.A	287.C	361.(1)BCD;(2)BC;(3)B	362.ABCD
288.D	289.(1)AC;(2)ABCD;(3)CD	363.B	364.AB	365.AB
290.B	291.BD	292.D(原答案为C)	366.ABCD(原答案为A)	367.ABCD
293.C	294.AB	295.C	368.CD	369.ABCD	370.C
296.BC	297.D	298.D	371.C	372.C	373.ABC
299.CD(原答案为D)	300.AB	374.C	375.ABC	376.A
301.ABCD(原答案为D)	302.BC	377.AC	378.ACD	379.ABCD
303.D	304.C	305.BD	380.AB	381.ABD	382.B
306.A	307.B	308.A	383.C	384.B	385.BD
309.ABD	310.ACD(原答案为AD)	386.B	387.A	388.B
311.AD	312.D	313.AB	389.B	390.C	
314.ABCD	315.D	316.D	391.(1)BC;(2)BCD	